반경환 명시감상 ❶

국립중앙도서관 출판시도서목록(CIP)

반경환 명시감상. 1 / 지은이: 반경환. -- 개정판. -- 대전 : 지혜, 2013
  p. ;   cm. -- (반경환 문학전집 ; 07)

ISBN 978-89-97386-45-1 04810 : ₩15000
ISBN 978-89-97386-44-4(세트) 04810

한국 현대시[韓國 現代詩]
평론[評論]

811.709-KDC5
895.715-DDC21   CIP2013000747

반경환 명시감상 ①

이 '명시감상'을
사랑하는 나의 아내, 딸 송림과 아들 기림에게
그리고 우리 한국인들에게 바칩니다

발표된 모든 시는 독자의 몫이라서, 독자는 자기 안목으로 읽고 감상할 권리와 자유가 있다. 『애지』에 연재되는 반경환 형의 명시감상도 그렇게 읽고 있다. 집요하고 끈질긴 깊은 공부를 한시도 놓지 않는 반경환 형의 박학다식함과 시에 대한 남다른 애정의 폭과 깊이가 그대로 전달되는 명시감상에서 독자들은 물론 시를 쓴 시인 자신도 놀랄거라 생각하며 읽어왔다. 시공부를 하는 예비시인들은 물론 시인 자신들도 아찔하고 깜짝스런 놀라움으로 멍멍해지는 행복에 빠질 것이다. 하느님은 인간이 행복해지기를 바라시지만, 숭고함에 이르기를 더 바라시는 것 같다는 생각을, 왜 반경환의 명시감상을 읽으면서 하게 되는지 나도 모르겠다. 아마도 시를 통해서 숭고함에 이를 수 있다고 믿기 때문이리라.

— 유안진 시인·전 서울대 교수

그는 허수虛手 아비로 거론되는 평단의 기수가 아니라 실명實名으로 거론되는 反骨의 표본적 인물이다. 1990년대부터 이 땅에 논쟁문화를 일으켰고, 낙천주의 사상을 시에 끌어들인 최초의 평론가다. 특히 계간시전문지 『애지愛知』를 창간하면서 철학과 인문과학을 토대로 시분석법에 독자적인 코드를 사용하여 '시의 지형학'에 새로운 지평을 열고 있어 주목된다.

— 송수권 시인·순천대 교수

우리 시대의 비판 논객인 반경환이 우리 시에 담긴 종교적, 축제적 요소들을 발견하고 해석하고 평가한 시 해설서를 낸다. 메타 차원에서는 가차없는 논쟁자의 면모를 보였던 그가, 텍스트 차원에서는 개개 작품에 대한 한없는 매혹을 스스럼없이 보여준다. 이처럼 좋은 시편들 앞에서 그는, 순한 독자가 되어, 시신詩神들이 던져주는 목소리를 우리에게 즐겁게 들려준다. 그래서 이 책은 한 사람의 비평가 안에 무기와 악기가 공존할 수 있음을 뚜렷이 보여주는 첨예한 물증이 될 것이다.

— 유성호 문학평론가·한양대 교수

시의 바다, 그 푸른 망망대해를 항해하는 가난한 배 한 척, 그 배에 홀로 앉아 외로운 힘으로 시의 그물을 힘껏 던지는 시인 반경환! 이 책은 그가 시의 바다에 그물을 던지고 밤새워 부표를 확인하고 끌어올린 만선이라는 이름의 시집이다. 시집이 도착한 부두길 어디를 걸어가도 살아 펄펄 뛰는 물고기들의 노랫소리가 들린다. 당신의 영혼은 지금 배가 고픈가. 그렇다면 오늘 아침은 반경환 시인이 우리의 가난한 밥상에 정성껏 차려 올린 싱싱한 시의 생선을 맛있게 배불리 먹고 스스로 행복하라.

— 정호승 시인

이 책의 교정본을 읽다보니 머리에 이런 말들이 두서없이 떠올랐다. 비평 문장의 화려한 축제, 슬픈 영혼을 달래주는 진혼곡, 시와 지적 사유를 향한 편애의 극치, 애지중지, 반경환이라는 이름을 단 연애편지, 욕망의 전차…….

― 안도현 시인·원광대 교수

반경환이 읽어주는 '명시'엔 한 가지 특별한 점이 있다. 좋은 시를 '찜'하되, 달콤한 주례사만 잔뜩 발라놓는 것이 아니라 소금 같은 쓴 소리도 거침없이 간 쳐 놓는다는 것이다. 이는, 그의 시에 대한 진정한 애정이자, 독자를 위한 올바른 길라잡이의 태도라 할 수 있을 것이다.

― 문인수 시인

나는 그를 이렇게 말하고 싶다. "비판, 비판, 그리고 또 비판!" 혹은 "반경환은 비판한다, 고로 존재한다!" 비판은 그의 사랑이고 그의 열정이고 그의 인생이다. 사람들아, 온갖 잡물들로 뒤엉킨 바다를 뒤집어엎는 성난 태풍의 파란을 보아라. 물무늬나 물거품은 대수가 아니니 정결한 세계를 꿈꾸는 파도의 영혼을 보면 그만이다.

― 이형권 문학평론가·충남대 교수

천마 페가수스처럼 날아올라 사자의 마음으로 글을 쓰는 우리 시대의 낙천주의자 반경환 형이 최근의 시 70편을 애지의 숲으로 초대하여 사색과 탐색의 향연을 펼쳐냈다. 간단한 한 편의 시가 그의 숲으로 들어가자 시 속에 숨어 있던 치유의 기능이 되살아나 우리들 마음의 아픔을 달래주고 오래된 상처를 어루만져 주는가 하면 하늘로 솟아올라 환희의 기쁨에 가슴 터지게 하고 팽팽한 장력으로 생의 의지를 끌어올리니, 종국에는 황홀한 영생불사의 꿈까지 만방에 퍼지게 하니, 그런 기적이 애지의 제국에 일어날 줄 누가 알았겠는가. 그가 알고 있는 모든 사상과 이론을 총동원하여 각각의 시 한 편을 이 세상 유일 절대의 시로 만들어 그 시인이 아니면 어느 누구도 쓸 수 없는 종교적 극치의 세계로 부양시키는 그의 전력투구의 글쓰기는, 일찍이 이 세상에서 유래를 찾아보기 힘든 전지전능한 왕좌王座에 놓인 것임을 말하지 않을 수 없다.

― 이숭원 문학평론가·서울여대 교수

반경환의 시 읽기는 바람 부는 벌판에서 참숯으로 구워 먹는 고기 맛이다.
그의 시 읽기는 무엇에 기댐이 없이 홀로 생생하게 이루어지기 때문이다.
무엇에도 기대지 않아 그의 시 읽기에서는 시의 결과 숨결을 느낄 수 있다.
예술품의 결과 살을 잘 비추어내는 정교한 카메라라고나 할까.
이 책은 진정한 시 읽기가 어떠해야 하는가를 보여주는 전범이라 할 수 있다.

― 김재혁 시인·고려대 독문과 교수

반경환은 내가 알기에 한국의 어느 평론가보다도 순수한 열정을 지닌 사람이다. 그는 단순한 문학평론가이기를 넘어서서 철학사상가로 우뚝 서있다. 그리고 누구보다 공부를 많이 하는 내 친구 중의 하나이다. 그의 명시감상에는 순수한 열정과 넘쳐나는 학식이 협력하여 하나의 문학적 진경이 나타난다. 막힘이 없이 강물처럼 도도하게 흘러가는 문장이 그걸 증명한다. 그의 명시감상에는 논리적인 틀, 다시 말해 사상적인 틀만 크고 확고한 것이 아니라, 작품을 읽어내는 미세한 감성이 살아있다. 그리고 문단에서 아직 크게 알려져 있지 않은 숨겨진 보물들을 발굴하여 내는 탁월한 미덕을 지니고 있다.

— 최서림 시인·서울산업대 교수

반경환은 한국문단의 돈키호테이다. 그는 단기필마로 아무도 범접하지 못한 철옹성을 향해 날카로운 비평의 창을 겨눈다. 거칠 것 없는 용기와 도전정신으로 빗발치는 화살 속을 뚫고 나아간다. 그는 잘난 중심이 아니라 변방의 바닷가에서 진주를 발견하는 일을 기꺼이 비평의 미덕으로 삼는다. 아, 만약 그마저 없다면 한국문단은 얼마나 일방적이고 적막할 것인가.

— 김선태 시인·문학평론가·목포대 교수

비평의 본질은 해석과 판단에 있다. 하지만 우리 비평의 현재는 주례사와 같은 해석의 과잉으로 사실상 판단의 영역이 실종된 상태이다. 그동안 반경환의 비평은 이러한 평단의 문제점을 날카롭고 정직하게 비판하고 성찰하는 전위로서의 역할을 해왔다. 이제 그는 객관적인 판단 위에 정교한 해석의 집을 짓고 있다. 무분별한 이론의 남용과 막연한 감상의 수준을 뛰어 넘어 해석의 풍요로움을 열어가고 있는 것이다. 『반경환 명시감상』은 비평이란 무엇인가 혹은 비평이란 어떠해야 하는가를 가장 충실하게 보여주고 있음에 틀림없다.

— 하상일 문학평론가·동의대 문창과 교수

반경환 선생의 글은 깊고 넓다. 선생의 글은 언제나 인간 정신의 중심에 선 문학이 역사와 철학을 포괄하는 지점에 놓여있는 동시에, 감성과 지성이라는 대립되는 두 가치를 명백하고 변별적인 사유로 통합하고 있기 때문이다. 특히 『반경환 명시감상』은 작품에 내재된 다양한 가치들을 자기 초월적 조화로 이끌어내면서, 시의 새롭고 궁극적인 가치의 완전성에 도달하고 있기 때문에 더욱 아름답다.

—김병호 시인·협성대 교수

| 개정 증보판 저자 서문 |

　나의 최대의 문학적 성과는 『행복의 깊이』 1, 2, 3, 4권이며, 그 다음의 성과는 『비판, 비판, 그리고 또 비판』 1, 2권이라고 생각한다. 『행복의 깊이』 1, 2, 3, 4권은 한국문학을 사상과 이론의 차원으로 끌어올린 책들이고, 『비판, 비판, 그리고 또 비판』 1, 2권은 모든 학문의 예비학으로서의 비판철학의 토대를 마련한 책들이다.

　뼈와 살이 삭혀지고, 티없이 맑고 깨끗한 영혼이 발효된다.
　고전古典이란 수천 년의 시간이 지날수록 그 맛과 향기가 깊어지는 책을 말한다.
　『행복의 깊이』 1, 2, 3, 4권과 『비판, 비판, 그리고 또 비판』 1, 2권은 적어도 한 100년쯤 땅속 깊이 묻어둔다면, 대한민국의 역사와 함께, 우리 한국인들의 영혼의 향기로서 더욱더 빛나게 될 것이다.

　순수하고 때묻지 않은 인간만이 시를 쓰고 시를 논할 자격이 있다.

『반경환 명시감상』은 한국문단의 이단자로서는 보기 드물게 수많은 독자들로부터 사랑을 받은 책들이다.
　낙천주의 사상가로서, 혹은 영원한 이단자로서 그만큼 망외望外의 소득이기는 하지만, 나는 이 『반경환 명시감상』도 수천 년의 시간을 견디어내고, 그 맛과 향기가 더욱더 깊어질 것이라고 믿어 의심하지 않는다.
　사상과 이론의 정립과 논쟁의 문화(비판철학의 토대)의 확립은 두 말할 것도 없이 제일급의 명시를 읽어내는 나의 이 안목에 기초를 두고 있다고 해도 지나친 말이 아닐 것이다.
　더, 더군다나 요즈음처럼 책이 팔리지 않는 시대에, 반경환 문학 전집을 출간한다는 것은 어떠한 황제의 기쁨보다도 더 크다고 하지 않을 수가 없다.

　'반경환 선생께, 지혜사랑의 뜻을 새기며, 고마움으로……'
　일찍이 스스로, 자발적으로, 파문을 자청한 제자에게, 이러한 글(책)을 보내주신 선생님께 이 명시감상을 보내드려야겠다.

2013년 1월 1일
'애지의 숲'을 거닐면서……

| 저자 서문 |

나는 가만히 사랑 애자愛字와 알 지자知字를 생각해본다. '애지愛知'는 나의 피와 땀과 눈물이며, 생명 그 자체라고 할 수가 있다. 나는 '애지'라는 말 속에 나의 육체와 영혼과 생명을 불어 넣고자, 언제, 어느 때나 최선의 노력을 다해왔던 것이다. 왜냐하면 나에게는 '지혜사랑의 이름'으로 '낙천주의'라는 지상낙원을 연출해내고, 우리 한국인들을 '사상가와 예술가의 민족', 즉, '고급문화인'으로 육성해내고자 하는 꿈이 있었기 때문이다. 계간시전문지『애지』, 애지문학상, 애지문학회, 애지시선은 나의 '네 기둥'이며, 우리 '애지문화'의 버팀목이었던 것이다.

어쩌다가 세상에, 자기 자신의 생명(분신)과도 같았던 '애지시선'의 이름을 빼앗겨 버리는 바보같은 실수를 했단 말인가! '애지하면 반경환이고 반경환하면 애지'라는 공식이 무너진 날, 나는 '애지의 숲'을 거닐면서, 하나님도 감동할 '애지의 눈물'을 흘리면서, '지혜사랑 시집'을 출간하는 한편, '반경환의 명시감상'을 쓸 수밖에 없었다.

시는 종교적 기능과 교육적 기능과 축제적 기능을 갖고 있고, 또한 시는 진정제 효과와 강장제 효과와 흥분제 효과와 영생불사의 효과를 갖고 있다. 모든 시는 인간의 기도(종교적 기능)와 삶의 지혜(교육적 기능)와 그리고 즐거움의 요소(축제적 기능)를 갖고 있다. 모든 시는 인간의 상처를 어루만져주고(진정제 효과), 삶에의 의지를 고양시켜주고(강장제 효과), 하늘을 찌를 듯한 환희에의 기쁨과 하늘이 무너져 내릴듯한 슬픔을 가져다가 주고(흥분제 효과), 그리고 마지막으로 비록, 잠시 잠깐 동안이기는 하지만, 그 주체자를 전지전능한 신의 위치로 인도해주기도 한다(영생불사의 효과).

시는 언어의 예술이다. 우리는 언어가 있기 때문에, 하늘과 땅과 사물과 동식물들을 구분하고, 또, 그리고, 이 언어가 있기 때문에, 상호간의 의사소통은 물론, 과거와 현재와의 대화를 꿈꾸며, 머나먼 미래를 향해 나아가게 된다. 요컨대 언어가 있기 때문에 우리 인간들은 만물의 영장, 즉, '역사적 인간'이 되었다고 할 수가 있는 것이다. 시는 예술 중의 예술이며, 그의 삶은 시신詩神의 은총 속에 행복한 삶으로 가득차게 된다.

나는 문학비평가(문학평론가)가 아니라, 이 세상에 오직 단 한 사람뿐인 철학예술가이다. 나는 시를 쓰듯이 이 '명시감상'을 썼고, 이

'명시감상'을 철학예술의 차원으로 승화시키고자 최선의 노력을 다해왔다고 자부한다. 비평도 예술이 되지 않으면 안 되고, 철학도 예술이 되지 않으면 안 된다. 나는 기존의 유명한 시인들의 유명한 작품에 주목하지를 않고, 유명 시인과 무명 시인들의 신작시―송수권, 유홍준, 문태준, 문인수, 천양희, 안도현, 정호승, 이대흠, 손택수, 장옥관, 문정희, 박노해, 유안진, 김종옥, 김정원, 강정이, 박언숙, 이인주, 양해열, 문혜진, 박현, 조영심, 이종진, 이영식, 정가일, 운영애, 황학주 등의 70여 명의 신작시―에 초점을 맞춤으로써, 마치 신세계를 개척해나가는 것처럼 전인미답적인 길을 걸어가고자 했었던 것이다. 왜냐하면 신작시들이란 이제 막 탄생을 했고, 대부분이 아직 그 평가가 이루어지지 않고 있었기 때문이다. 나는 가능한 한, 한 편의 시를 분석하기 위하여 최대한의 자료수집과 시간을 투자했고, 중·고등학교의 학생들의 논술 지도의 입문서가 되었으면 하는 소망과 함께, 대한민국의 대학생들과 전문가들과 모든 독자들의 필독서가 되었으면 하는 작지 않은 소망을 갖고 있었던 것이다.

  나는 고통의 영원한 주인이며, 고통은 나의 영원한 하인이다.

  나는 이 고통을 '지혜사랑', 즉, '애지'라는 채찍으로 다스릴 줄을 알고 있다.

내가 '애지시선'을 그토록 훌륭하고 그토록 뛰어난 사람들과 잘못 계약을 하지 않았다면 이 '명시감상'은 영원히 쓸 수가 없었을 것인지도 모른다. 나에게 온몸의 생살을 후벼파고, 멀쩡한 팔과 다리를 절단한 듯한 고통을 안겨준 그들에게 진심으로 감사를 드린다. 그 아픔, 그 고통이 있었기 때문에, 그 아픔, 그 고통을 극복하고자 이 '명시감상'에다가 나의 생명과 영혼을 불어 넣을 수가 있었던 것이다.

또 하나, 내가 이 '명시감상'을 쓰면서 덕본 것이 있다면, 인터넷 백과사전이며, 그 백과사전은 내가 자료를 찾는데, 최고의 도움을 주었던 것이다. 나는 풀과 나무와 동물 등의 자료를 찾는데 그 백과사전을 이용했던 것이지, 사상과 이론의 자료를 찾고자 그 백과사전을 뒤적이지는 않았다.

사상과 이론은 원전을 읽으며 그 원전들을 인용하는 즐거움과, 궁극적으로는 그 원전을 뛰어넘어 서서, 자기 자신만의 사상과 이론을 정립할 수 있는 발판으로 삼지 않으면 안 된다. 사상과 이론마저도 그 조악한 인터넷 백과사전에 의존하려는 어중이 떠중이들은 이 『반경환 명시감상』을 읽을 자격조차도 없다.

송수권 시인에서 문혜진 시인까지, 천양희 시인에서 이종진 시인까지, 그 모든 시인들에게 진심으로 감사를 드린다. 이태화 변호사—단 한 번의 편집권에 대한 간섭도 없이 명목뿐인 발행인과 편집인으로서 『애지』를 물심양면으로 후원해 왔던 이태화 변호사—와 이형권 교수와 우리 애지문학회 회원들과, 그리고 나의 사랑하는 가족들에게도 진심으로 감사를 드린다.

반경환 명시감상 ❶

차례

1 | 문맹 유홍준 · 24
2 | 테니스 치는 여자 이재무 · 31
3 | 한겨울 나무마을에 간다 최금녀 · 38
4 | 休 이영식 · 46
5 | 여우비 이인원 · 55

6 | 돌과 박새 장석주 · 64
7 | 내 오십의 부록 정숙자 · 71
8 | 가재미 문태준 · 80
9 | 나비, 봄을 짜다 김종옥 · 92
10 | 쉬 문인수 · 100

11 | 홍어 장옥관 · 109
12 | 아버지 강신용 · 120
13 | 경단 만들기 문영수 · 129
14 | 강이 날아오른다 손택수 · 140
15 | 폐가 송종규 · 147

16 | 낚시 이후 함민복 · 157
17 | 술 석 잔 마신 얼굴로 이지담 · 166
18 | 출석 부른다 이태선 · 176
19 | 줄탁 김정원 · 186
20 | 그리운 연어 박이화 · 194

21 | 색깔은 말이다　박종국 · 203
22 | 동그라미　이대흠 · 215
23 | 나빌레라　이은채 · 227
24 | 외딴 유치원　반칠환 · 238
25 | 맵고 아린　강정이 · 248

26 | 교대근무　엄재국 · 260
27 | 하나님 놀다가세요　신현정 · 269
28 | 전전긍긍　안도현 · 278
29 | 위험한 식사　최문자 · 289
30 | 명품　김현식 · 298

31 | 채송화　송찬호 · 308
32 | 김치와 서정시　송수권 · 317
33 | 뉴욕 1　정영숙 · 330
34 | 팬티와 빤쓰　손현숙 · 340
35 | 어쨌든,　윤영애 · 351

36 | 수묵 산수　김선태 · 362
37 | 돈　고두현 · 371
38 | 알피니스트　천양희 · 382
39 | 송광사 해우소　최명룡 · 393
40 | 露宿共和國　양해열 · 404

차례 • 반경환 명시감상 ❷

41 | 사량도 가는 길 정진규 • 24
42 | 기일 박용하 • 34
43 | 긴 질문에 대한 짧은 대답 이화은 • 43
44 | 황홀한 죽음 전순영 • 56
45 | 굴비 박 현 • 69

46 | 홍어 문혜진 • 79
47 | 부레옥잠 김신용 • 88
48 | 변검쇼 2 정채원 • 98
49 | 간장독을 열다 김평엽 • 111
50 | 새 민경환 • 124

51 | 열무밭에서 박정원 • 133
52 | 강 정영선 • 145
53 | 삼천포에 가면 최서림 • 158
54 | 선녀의 선택 유안진 • 170
55 | 공룡 뱃속 박미영 • 183

56 | 파르마콘 이인주 • 196
57 | 아득한 성자 조오현 • 208
58 | 나의 아내 문정희 • 221
59 | 고슴도치 정가일 • 233
60 | 거풍 김병호 • 243

22

61 | 청련, 청년, 백련　이진명 • 256
62 | 물음으로 가는 길　박노해 • 267
63 | 발가락에 대하여　박언숙 • 282
64 | 박쥐 머릿장　최금녀 • 291
65 | 여름 한때　천양희 • 300

66 | 벌레시인　강영은 • 315
67 | 소주병 속에도 시간이 흐르고 있다　한영숙 • 327
68 | 허물　정호승 • 339
69 | 회화나무 평전　윤영숙 • 347
70 | 염색　유종인 • 363

71 | 목련　조영심 • 373
72 | 낙타사파리　이영식 • 384
73 | 슬픈 年代　이종진 • 398
74 | 자음 이전　황학주 • 407

| 명
| 시
| ·
| 1

유홍준
문맹

펄프를 물에 풀어, 백지를 만드는 제지공들은 하느님같다
흰 눈을 내려
세상을 문자 이전으로 되돌려놓는 조물주같다

티 없는, 죄 없는
순백
無化의 길……

더욱 완전한 백지에 이르고자
없애고 없애고 또 없애는 것이 제지공의 길이다, 제지공의 삶이다, 마치 거지의 길이며 성자의 삶 같다

그러므로,

오늘도 백지를 만드는 제지공들은 자꾸만 문자를 잃어간다, 문맹이 되어 간다

　문명에서—문맹으로

　휴일 없이
　3교대 종이공장 제지공들은 출근을 한다

　— 『나는, 웃는다』, 창비, 2006년

나는 "일찍이 직업은 자기 자신의 존재의 근거를 확보해나가는 방법적 수단이며, 우리는 그 직업을 통하여 돈과 명예와 권력을 획득해나간다. 직업이 좋으면 맛 있는 음식과 좋은 의복을 입고 이 세상을 더욱더 아름답고 풍요롭게 살아갈 수가 있지만, 직업을 잃으면 자기 자신의 존재의 근거는커녕, 더없이 불행하고 비인간적인 삶을 살아갈 수밖에 없게 된다. 요컨대 직업에 의해서 다양한 계층과 계급 간의 구별이 생기고, 우리 인간들의 행복과 불행이 결정된다고 해도 과언이 아니다"(『행복의 깊이』 2)라고 역설한 바가 있다. 오르한 파묵의 『내 이름은 빨강』 속에는, 그의 일생내내 피와 땀과 눈물로, 아니, 자기 자신의 붉디 붉은 피로써 그림을 그려오다가 끝끝내는 눈이 멀었지만, 그러나, 자기 자신의 기억과 그 익숙한 손놀림에 의해서 불후의 명작들을 창출해내는 세밀화가들의 장인 정신과 그 삶의 애환들이 너무나도 비극적이고 너무나도 아름답게 묘사되어 있다. 쾌락을 가까이 하고 성실함을 멀리하는 자들은 대부분이 사기꾼이며 음모자들이기가 십상이고, 모든 장인들의 적대자들에 지나지 않는다. 그들은 오늘도 장인들의 부를 훔치거나 가로채가고, 타인들에 대한 끊임없는 비방과 중상모략으로 그가 속한 사회와 국가의 건강함을 축내게 된다. 장인 정신은 모든 직업인의 사명이며 그 의지의 꽃이다. 장인 정신이 가장 아름답고 화려하면 그의 삶의 목표는 달성되고 그는 더욱더 아름답고 풍요로운 세계를 살아가게 된다.

 유홍준의 「문맹」은 기독교의 창세기만큼이나 장중하고 울림이 크며, 우리 인간들의 아름다운 삶과 아름다운 예술(시)에 대하여 시사해주는 바가 크다고 하지 않을 수가 없다. "펄프를 물에 풀어, 백지를 만드는 제지공들은 하느님같다/ 흰눈을 내려/ 세상을 문자 이전으로 되돌려놓는 조물주같다"라는 시구는 "하나님이 가라사대 빛이 있으라 하시매 빛이 있었고 그 빛이 하나님의 보시기에 좋았더라. 하나님이 빛과 어둠을 나누사 빛을 낮이라 칭하시고 어두움을 밤이라 칭하시니라"는 천지창조의 하나님의 말씀에 맞닿아 있고, "티 없는, 죄 없는/ 순백/ 無化의 길……// 더욱 완전한 백지에 이르고자/ 없애고 없애고 또 없애는 것이 제지공의 길이다, 제지공의 삶이다, 마치 거지의 길이며 성자의 삶 같다"라는 시구는 누구나 다같이 하나님이 되고 부처가 될 수 있다는 잠언적이고 경구적인 말씀(진리)에 맞닿아 있다. 우리 인간들은 배를 만들고 기차를 만들고 비행기를 만들고 인공위성을 만들었다. 또한 우리 인간들은 문자를 만들고 종이를 만들고 금속활자를 만들고 컴퓨터를 만들었다. 모든 문명과 문화는 우리 인간들의 무한한 노역의 산물이며, 그 위대함의 크기와 정비례한다. 우리 인간들은 이 세계를 창조할 수도 있고 전지전능한 신이 될 수도 있다. 우리 인간들은 유한한 존재에 불과하지만 그가 창조한 세계는 영원하며, 또한 우리 인간들의 삶은 매우 보잘 것 없고 초라하지만, 그의 최선의 노력을 다하는 삶은 아름다운 예술(시)로 그 영원한 생명력을 잃지 않게 된다. 나는 유홍준의 「문맹」을 읽으면서 나의 호흡이 정지되고 시간이 멈춰서는 황홀함의 세계를 맛보게 되었다. 요컨대 그의 때 끼고 더러운 삶과, 온갖 가난과 불륜과, 또 더러운 욕망이 씻겨지면서, 가난한 제지공들의 삶이 마치, '성자의 삶'처럼 더욱더 아름답고 행복한 삶으로 피어오르고 있었던 것이다. 자리즉이타自利卽利他라는 말이 있다. 부처에게는 중생을 구원하는 것이 자기의 이익이 되고 시인에게는 더욱더 좋은 시를 쓰는 것이 자기의 이익이 되며, 그리고 마지막으로 제지공에게는 더욱더 좋은 종이를 만드는 것이 자기의 이익이 된다. 그 이익은 "휴일없이/ 3교대 종이공장 제지공들"의 성실함의 댓가이며, 다른 한편, 그 이익은 자기 자신의 이익은 물론, 타인들의 이익이 되기도 한다. "문명에서—문맹으로"의 삶이 또다시 "문맹에서—문명으로"의 삶으로 꽃 피어나게 된다. 누구나 부처가 되고 예수가 될 수는 있지만, 그러나 그 부처와 예수가 될 수 있는 사람은 단 한 사람 뿐이다. 누구나 호머가 되고 보들레르가 될 수가 있지만, 그러나 이 「문맹」이라는 시를 이처럼 아름답게 쓸 수 있는 사람은 유홍준이라는 단 한 사람의 시인일 뿐이다.

"펄프를 물에 풀어, 백지를 만드는 제지공들은 하느님같다", "흰 눈을 내려/ 세상을 문자 이전으로 되돌려놓는 조물주같다", "더욱 완전한 백지에 이르고자/ 없애고 없애고 또 없애는 것이 제지공의 길이다, 제지공의 삶이다." "마치 거지의 길이며 성자의 삶 같다", "오늘도 백지를 만드는 제지공들은 자꾸만 문자를 잃어간다, 문맹이 되어간다/ 문명에서─문맹으로"라는 유홍준 시인의 잠언적이고 경구적인 문체는 돌 속의 내장을 뚫고 들어가 만인들의 심금을 울릴 수 있는 대서사시인의 그것이라고 할 수가 있다.

  모든 작가는 개성과 독창성을 통하여 자기 자신의 존재를 압도적으로 인식시키려고 하지만, 그러나 진정한 작가는 구태여 개성과 독창성을 외치지 않아도 된다. 왜냐하면 그는 이미 서명을 하지 않아도 그의 작품 자체가 그의 개성과 독창성을 보증해주고 있기 때문이다. 그러나 그가 진정한 작가의 정신을 망각하고 돈과 명예와 권력을 위해서 봉사를 하게 되면 그의 영원성은 물론, 그의 개성과 독창성마저도 사라져 버리고, 그는 아주 더럽고 추하며 평범한 작가로 떨어지게 된다. 유홍준 시인은 시인으로서 비천하고 별 볼 일 없는 출신성분을 지녔지만, 그러나 이제 그는 대한민국 최고의 시인으로서 그 존재의 가치를 드높이고 있다. 첫 번째로, 그는 모든 문자의 세계를 갈아엎고 최초의 문명의 세계에서 또다른 문자의 세계를 창조해낼 만큼 지적인 능력을 지녔고, 두 번째로, 더럽고 추하며 죄 많은 세계를 "티 없는, 죄 없는/ 순백/ 無化의 길"로 정화시킬 만큼 윤리의식을 지녔고, 그리고 마지막으로 고사알라(결정론자)나 푸라나 카사파(도덕부정론자), 또는 예수가 외양간(마굿간)에서 태어났듯이, 제지공의 비천한 삶과 천역을 가장 아름답고 훌륭한 성역으로 승화시킨 대서사시인의 솜씨와 장인 정신을 지녔다. 자기 자신의 개성과 독창성을 무화시키고, "더욱 완전한 백지에 이르고자/ 없애고 없애고 또 없애는 것이 제지공의 길이다, 제지공의 삶이다, 마치 거지의 길이며 성자의 삶 같다"라는 시구처럼 또다른 개성과 독창성을 연출해내고 있듯이. 진정한 장인은 모든 가치관과 사상과 종교를 "없애고 없애고 또 없애는" 신성모독자이며, 그는 또한 모든 '문맹'을 '문명'으로 연출해놓는 창조자이다. 요컨대 진정한 장인은 신성모독자이며, 진정한 신성모독자는 낙천주의자라고 할 수가 있는 것이다.

'聖道'는 득도得道를 한 사람이 가는 길이며, '凡道'는 평범한 사람이 가는 길이고, 그리고 '愚道'는 어리석거나 사악한 인간들이 가는 길이다. 성도聖道의 척도는 분명한 역사 철학적인 목표가 있어야 하고, 그리고 그 목표를 향해가는 의지와 성실함이 있어야 한다. 평범한 사람이나 어리석은 사람도 성실할 수가 있지만, 그러나 그는 득도할 수 있는 분명한 역사 철학적인 목표가 없다. 바로 이 차이가 성자와 범인, 성자와 어리석은 사람을 가르는 기준이 된다.

| 명
| 시
| ·
| 2

이재무
테니스 치는 여자

테니스 치는 여자는 물 속 유영하는 물고기 같다
그녀의 동작은 단순하지만 매우 율동적이다
물 오른 그녀의 종아리는 자작나무의 허리처럼 매끄럽다
땀 밴 등허리에 낙지발처럼 와서 안기는 햇발
통통, 바람 많이 든 공처럼 그녀의 종아리가 튀어 오르면
수음하는 소년처럼 나는 숨이 가쁘다 두 팔에 힘을 주어
그녀가 라켓을 휘두를 때 깜짝깜짝 놀라며 파랗게 몸을 뒤집는
이파리들, 내 마음의 사기 그릇들 반짝반짝 웃는다
네트를 넘어오는 발 빠른 공에 시선을 집중하는
그녀의 눈 속으로 오후의 낡고 오래된 시간들이 갑자기
생기를 띠고 소용돌이 치며 빨려들어 가고 있다
날마다 오후 세 시 공원에 나와 하얀 미니스커트 차림으로
테니스를 치는 여자 그녀를 바라보는 동안
내 마음의 뜰에 그리움의 풀씨 내려와 싹을 틔운다

알맞게 달구어진 그녀의 팔뚝이 지나간 허공에
몰려드는 파란 공기 입자들 그녀가 테니스를 치는 동안
세상은 발칙한 소녀와 같이 건방지고 젊어진다 그녀가 간간이
터뜨리는 웃음으로 세상은 환하고 눈부신 꽃밭이 된다
테니스 치는 여자는 공중을 나는 새처럼 가볍다
저 가벼움이야말로 무거운 세상을 이기는 힘이 아닐까
세상의 짐을 내려놓고 풍경이 되어 풍경 속을 거닌다

― 「푸른 고집」, 천년의 시작, 2004년

오늘날 자본주의 사회는 시간이 곧 돈이며, 그 모든 것이 시간(속도)과의 전쟁이라고 할 수가 있다. 타인들보다 더 잘 시간을 관리해야 하고, 또, 그리고, 타인들보다 모든 일들을 더 빠르고 정확하게 처리하지 않으면 안 된다. '아날로그 시대'에서 '디지털 시대'로의 변모는 우리 인간들의 '인식의 혁명'을 불러 일으켰고, 그 혁명을 주도한 것은 컴퓨터에 의한 '인터넷 기술의 향상'이라고 할 수가 있다. 미래학자 앨빈 토플러는 그 속도와의 충돌을 역설하면서, '선두'와 '느림보'라는 아홉 가지의 유형들을 제시놓고 있다. 시속 100마일의 속도로 달리는 것은 기업들이며, 시속 90마일의 속도로 달리는 것은 비정부기구, 즉 시민단체들이다. 시속 60마일의 속도로 달리는 것은 가정들이며, 시속 30마일의 속도로 달리는 것은 노동조합들이다. 또한 시속 25마일의 속도로 달리는 것은 관료조직들이며, 시속 10마일의 속도로 달리는 것은 교육제도들이다. 그리고, 이밖에도 세계관리기구는 5마일, 의회, 백악관, 정부의 조직들은 3마일, 그리고 가장 느리고 더딘 속도를 자랑하는 집단들은 법원을 비롯한 법조인들의 단체들이라고 할 수가 있다(앨빈 토플러, 『부의 미래』). 요컨대 종이(서류) 없는 회사와 관공서의 탄생을 꿈꾸고 있는 빌 케이츠와도 같은 사람들에 의해서 오늘날의 변화는 가속의 페달을 밟고 있는 것이며, 궁극적으로는 사이버 공간에서의 인터넷 생활 양식에 적응하지 못하는 사람들은 점점 더 도태의 위기를 맞이하고 있는 실정이라고 하지 않을 수가 없다. '세계화'라는 미명 아래 모든 시장이 개방되면서, 문화선진국들은 고용 없는 성장을 계속하고 있다. 자본과 상품이 실시간대로 국경을 넘나들고, 다국적 기업들은 값싼 땅과 값싼 인건비와 그리고 면세혜택을 찾아서 그 공장들을 옮겨가고 있다. 문화선진국들의 고용 없는 성장은 제조업의 공동화 현상으로 이어지고, 제조업의 공동화 현상은 대량실업의 양산으로 이어진다. 시간의 속도는 자본의 속도이며, 자본의 속도는 '최고 이윤법칙'의 속도이다. 대부분의 기업들은 그 속도와의 경쟁에서 살아 남으려고 '저비용―고효율'의 산업현장을 찾아나서고, 그 반면에, 대부분의 우리 인간들은 그 속도와의 경쟁이 두려워서, '고비용―저효율'의 구조 속에서 안주하려고 한다. 자본가들의 가장 무거운 짐은 '고비용―저효율 구조'이며, 우리 인간들의 가장 무거운 짐은 '저비용―고효율 구조'이다.

 이재무 시인은 1958년 충남 부여에서 태어나 1983년 『삶의 문학』으로 등단했고, 첫 시집 『섣달 그믐』에서부터 제7시집 『푸른 고집』에 이르기까지, 20여년 동안 주옥같은 시를 써온 중견 시인이다. 그의 「테니스 치는 여자」는 이 세상에서 가장 '무거운 짐'을 내려놓고, 푸르고 푸른 봄날 오후, 모처럼만에 '에로스의 환한 웃음꽃'을 피워놓고 있는 시라고 할 수가 있다. '테니스 치는 여자'의 동작은 단순하지만 매우 율동적이고, 그녀는 바야흐르 '물 속을 유영하는 물고기'와도 같게 된다. 그녀의 땀 밴 등허리에는 낙지발처럼 햇발이 안겨 들고, 그녀의 종아리가 통통통, 튀어오르면 '나는 수음하는 소년처럼 숨이 가쁘게' 된다. 이때에 '나는 수음하는 소년처럼 숨이 가쁘다'라는 시적 표현은 나는 그녀의 젊고 예쁘고 건강한 모습에 반했다는 뜻이며, 따라서 그녀가 테니스 라켓을 휘두를 때마다 '내 마음은 사기그릇들처럼 반짝반짝 웃게 된다'는 것이다. 그는 이미 하얀 미니스커트 차림의 그녀의 미모에 반해서 부서지기 쉽고 깨어지기 쉬운 사기그릇들로 변모된 것이며, 따라서 그는 마치 발정기에는 목숨을 걸고 제짝을 찾아나서는 수컷들처럼, 그녀와의 달디 단 입맞춤과 그 황홀한 성교를 꿈꾸고 있는 것이다. 어느덧 그는 디지털 시대의 속도와의 전쟁과 '저비용―고효율 구조'라는 무거운 짐도 내려 놓은 채, "테니스를 치는 여자 그녀를 바라보는 동안/ 내 마음의 뜰에 그리움의 풀씨 내려와 싹을" 틔우게 된다. 산책은 한가함과 여가를 필요로 하고, 운동도 한가함과 여가를 필요로 한다. 풍경을 바라보거나 풍경이 되는 것도 한가함과 여가를 필요로 하고, 사랑도 한가함과 여가를 필요로 한다. 산책, 운동, 풍경, 사랑은 속도보다는 느림의 영역에 속하고, 그 느림의 영역에서만이 제대로 발아하고 그 개화를 맞이하게 된다. 그러나 그 느림은 느림이 아니라, 그 어떠한 속도보다도 더 빠른 속도를 지닌다. 왜냐하면 그 느림의 주체자는 어느덧 상상력이라는 날개를 달고 처음 본 그녀와의 사랑을 통해서,

"내 마음의 뜰에 그리움의 풀씨의 새싹들"을 틔우게 하고 있기 때문이다. 사랑하는 자는 상상력의 날개를 타고, 첫 만남에서부터 임신까지, 그리고 그 임신에서부터 출산까지를 가장 날렵하고 신속하게 연출해놓고 있는 것이다. 디지털 혁명은 상상력의 혁명이며, 그 상상력을 가능케 하는 것은 느림의 속도학이다. 더 많이, 더 빨리, 그리고 더욱더 정확하게 반응해야 하는 것은 산업현장과 삶의 현장에서의 일이지만, 그러나 노동 뒤에는 휴식이, 밝은 대낮 뒤에는 밤이 필요하듯이, 그 속도를 가능하게 하는 것은 산책, 운동, 풍경, 사랑 등의 '느림의 속도학'이라고 할 수가 있다. 이재무 시인은 그의 걸작품, 「테니스를 치는 여자」를 통해서, 이 세상을 테니스 치듯, 운동경기 하듯, 살고 싶다고 말한다. 테니스는 운동이기 때문에 건강에 좋고, 또한 테니스는 유희(놀이)이기 때문에 이 세상의 무거운 짐들을 내려놓고 "공중을 나는 새처럼" 자유—자재롭게 날아다닐 수가 있다. 그녀가 테니스를 치는 동안, 이재무 시인의 생식선이 발달하고, 또 그녀가 테니스를 치는 동안, 어느덧 이재무 시인과 그녀 사이에서는 "내 마음의 뜰에 그리움의 풀씨"같은 아이들이 생겨나게 된다. 따라서 "세상은 발칙한 소녀와 같이 건방지고 젊어진다"라는 시구는 그녀가 그만큼 젊고 예쁘고 건강하며, 또한 그만큼 사랑스럽다는 뜻으로 읽지 않으면 안 된다. '발칙하다'는 '몹시 버릇없다', '하는 짓이 괘씸하다'의 뜻이지만, 그러나 그 발칙하다는 반어와 역설의 어법을 타고 그녀에 대한 무한 사랑으로 변모하게 된다. 이재무 시인의 「테니스 치는 여자」는 반어와 역설의 환한 웃음, 또, 그리고, 그 짐승스러운 성적 욕망과 순수한 사랑의 결합으로 '에로스의 환한 웃음꽃'

을 선사해주고 있다고 해도 틀린 말이 아니다.

　이재무 시인은 오늘도 아름답고 젊고 예쁜 여자와의 사랑을 원하고, 그리고 그녀와 함께, 그 아름답고 화려한 지상낙원에서의 영원한 행복을 원한다.

　　　　테니스를 치는 여자 그녀를 바라보는 동안
　　　　내 마음의 뜰에 그리움의 풀씨 내려와 싹을 틔운다
　　　　알맞게 달구어진 그녀의 팔뚝이 지나간 허공에
　　　　몰려드는 파란 공기 입자들 그녀가 테니스를 치는 동안
　　　　세상은 발칙한 소녀와 같이 건방지고 젊어진다 그녀가 간간이
　　　　터뜨리는 웃음으로 세상은 환하고 눈부신 꽃밭이 된다
　　　　테니스 치는 여자는 공중을 나는 새처럼 가볍다
　　　　저 가벼움이야말로 무거운 세상을 이기는 힘이 아닐까
　　　　세상의 짐을 내려놓고 풍경이 되어 풍경 속을 거닌다

| 명
| 시
| ·
| 3

최금녀
한겨울 나무마을에 간다

나무마을로 간다
키가 큰 잣, 리키타, 상수리, 느릅
그 아래 작은 집 한 채씩 짓고 사는
산뽕, 갈매, 산죽, 다릅

이 겨울 나무마을은
하나같이 독한 마음으로
머리털 깎고 선방禪房에 들어갔다

눈도 그 동네 눈은 참선을 한다
나뭇가지에 앉았다가 슬그머니
땅으로 내려와 가부좌를 튼다

깎지 못하는 머리털을 이고

나는 나무마을로 간다

비탈진 쪽으로 뿌리 버팅겨 섰던
뿌리의 등허리, 흙 밖으로 불거졌던
등 시린 나무
이 추위 어떻게 지내는지,
중심은 아직도 탄탄한지

작년 봄, 옆구리 여기저기에
링거 줄 매달고 중환자였던 고로쇠나무,
입춘은 가까워오는데 또 어쩐다?

오늘 눈이나 마음 푸근하게 쏟아져
여린 싹들도 눈이불 다 덮어주고
관자놀이에 심줄 돋은 뿌리와
못자국이 험한 고로쇠도
푹 덮어주었으면 좋겠다

선방 나무들도 동안거 해제解制하고
숲으로 뛰어나와 두 팔 벌리고
하늘이 내려주는 복을 받으며 기뻐하리라.

―『저 분홍빛 손들』, 문학아카데미, 2006년

시란 무엇인가? 시는 언어 예술이며 낙천주의를 양식화시킨 것이다. 언어는 우리 인간들의 사상과 감정의 표현수단이며, 언어가 없다면 우리 인간들의 역사(문명과 문화)는 가능하지가 않게 된다. 시인은 언어의 예술가이며, 예술가 중의 예술가이다. 낙천주의란 무엇인가? 낙천주의란 이 세상의 삶을 즐겁고 기쁘게 향유할 수 있는 사상을 말한다. 우리는 시가 있기 때문에 어렵고 힘든 삶을 극복하고, 또, 그리고 행복한 삶을 살아갈 수가 있는 것이다. 시의 사회적 기능에는 종교적 기능과 교육적 기능, 그리고 축제적 기능이 있다. 시의 효과에는 진정제 효과와 강장제 효과, 그리고 흥분제 효과와 영생불사의 효과가 있다. 시의 사회적 기능과 시의 네 가지 효과에 대하여는 나의 『행복의 깊이』 1, 2, 3권을 참고하여 주기를 바란다.

만일, 그렇다면 우리는 어떻게 아름답고 행복한 삶을 살아갈 수가 있단 말인가? 이 질문은 영원히 풀리지 않는 수수께끼이며, 그 질문에 대한 단 하나의 모범답안이 마련된다면 우리 인간들의 삶의 역사는 종말을 맞이하게 될 것이다. 진정으로 아름다운 삶도 부재하고 진정으로 행복한 삶도 부재한다. 랭보의 말대로, '이 세상에 힘 없는 존재'가 있을 수가 없듯이, 형이상학이란 그 결핍을 극복하려고 생겨난 학문이라고 하지 않을 수가 없다. 형이상학이란 초월의 문제를 다루는 학문이며, 그 형이상학을 토대로 하여 기독교, 불교, 힌두교, 이슬람교, 그리고 모든 신화와 종교들이 생겨나게 되었던 것이다. 신은 전지전능하고 영원불멸의 존재이며, 우리 인간들은 무능하고 유한한 존재이다. 천국은 신성한 장소이며, 대지는 더럽고 누추한 장소이다. 따라서 우리 인간들은 존재의 결핍과 그 유한성을 극복하기 위하여 전지전능한 하나님께 제물을 올리고, 이 세상 그 어디에도 존재하지 않는 이상적인 천국을 상정하게 되었던 것이다.

시는 행복에의 약속이며 낙천주의를 양식화시킨 것이다. 그러나 모든 것이 가능하고 어느 것 하나 부족한 것이 없는 행복한 삶은 가능하지도 않고, 이 세상의 삶을 즐겁고 기쁘게 향유할 수 있기는커녕, 너무나도 어렵고 힘든 삶만이 계속 진행되고 있을 뿐인 것이다. 대부분의 형이상학자들이나 사제 계급은 물론, 반형이상학적 기치를 내걸었던 하이데거마저도 '존재의 결핍'과 '무'를 '악'으로 단정해왔다는 사실이 그것을 말해준다. 바로, 이 지점에서, '존재의 결핍'과 '존재의 유한성'을 '악'으로 단정해온 것이 우리 인간들의 근본적인 한계였다고 나는 믿어 의심하지 않는다. 오히려, 거꾸로 '존재의 결핍'이 삶의 이유가 되어주고, 또한 '존재의 유한성'이 삶의 이유가 되어주었던 것이 아닐까? 왜냐하면 존재의 결핍과 존재의 유한성을 극복하겠다는 의지 자체가 꿈과 희망을 부여해주고, 그 주체자로 하여금 이 세상을 살아갈 수 있게 해주고 있었기 때문이다. 존재의 결핍을 모르며, 언제, 어느 때나 영원불멸의 삶만을 살아가는 신은 불행하고 또 불행한 존재에 지나지 않는다.

　최금녀 시인의 시적 경향은 두 가지인데, 하나는 고전적인 세계이며, 나머지 하나는 현대적인 세계이다. 고전적인 세계에서는 우리 인간들의 아름다운 삶을 옹호하고, 현대적인 세계에서는 문명의 이기利器들을 통하여 자기 자신의 정체성과 우리 인간들의 존재의 기원을 찾아나선다. 「감꼭지에 마우스를 대고」, 「사이버 속의 그를 만나러 간다」, 「맛보기 강의」, 「내 몸에도 바코드가 있다」는 현대적인 세계이며, 「저 분홍빛 손들」, 「야생차를 마시며」, 「물드무」, 「한겨울 나무마을에 간다」는 고전적인 세계이다. 최금녀 시인의 「한겨울 나무마을에 간다」는 그의 '자연주의'가 가장 아름답고 빼어나게 승화된 시라고 할 수가 있다. 이때의 자연주의는 에밀 졸라류의 더러운 자연주의도 아니고, 장 자크 루소류의 자연주의도 아니다. 그의 자연주의는 인간의 눈으로 자연을 인간화시킨다는 점에서는 인문주의에 가깝고, 그러나 그 인간중심주의의 사악함을 버리고 자연과 인간의 경계를 지워버린다는 점에서는 자연주의라고 할 수가 있다. 그러나 그의 자연주의는 궁극적으로 이 세상과 우리 인간들의 삶을 옹호하고 있다는 점에서 낙천주의 사상으로 설명할 수가 있다. 모든 사상도 행복에의 약속이며, 낙천주의를 양식화시킨 것이다.

　우선 최금녀 시인은 '산'이나 '숲'으로 간다고 하지 않고 "나무마을로 간다"라고 시적으로 노래하며 첫 연을 시작한다. '키가 큰 잣, 리키다, 상수리, 느릅, 산뽕, 갈메, 산죽, 다릅'은 그 나무마을의 구성원들이며, 그 나무들은 그들 나름대로 크고 작은 집을 짓고 살아간다. 첫 연이 "나무마을로 간다"라는 시적인 표현으로 사실적인 묘사에 치중해 있다면, 제2연은 시인의 사유의 깊이에 치중해 있다고 할 수가 있다. 그 사유의 깊이는 "이 겨울 나무마을은/ 하나 같이 독한 마음으로/ 머리털 깎고 선방禪房에 들어갔다"라는 시구에서 알 수가 있듯이, 입산속리入山俗離하여 끊임없이 정진하고 있는 수도승들의 정신 세계에 맞닿아 있다. "이 겨울 나무마을은/ 하나같이 독한 마음으로/ 머리털 깎고 선방禪房에 들어갔다"라는 시구는 제일급의 시인만이 쓸 수 있는 비수와도 같은 표현이며, 그 내공內攻의 깊이를 어렵지 않게 짐작할 수가 있는 것이다. 그리고 제3연은 그 비수와도 같은 시적 표현을 부드럽게 감싸면서, 마치 옛날 이야기하듯이, "눈도 그 동네 눈은 참선을 한다/ 나뭇가지에 앉았다가 슬그머니/ 땅으로 내려와 가부좌를 튼다"라고 노래를 한다. 한겨울 나무마을은 모든 죄악이 말갛게 씻어지고, 너무나도 아름답고 행복한 마을이 된다.

하지만 시인은 죄 많은 속세에 파묻혀서, 또는 그 죄 많은 속세에 미련이 남아서 "깎지 못한 머리털을 이고", "나무마을로" 가게 된다. "깎지 못하는 머리털"은 선방에 들어간 나무들이나 참선을 하는 "눈"에 대비되어 시적 화자의 자기 반성과 부끄러움이 묻어나는 시구이고, 그러나 그럼에도 불구하고 "나는 나무마을로 간다"라는 시적인 표현은 비록, 잠시 잠깐이지만 속세의 때를 씻고 티없이 맑고 깨끗하게 살아가겠다는 보살님의 마음에 맞닿아 있다. 따라서 최금녀 시인은 어느새 대자대비한 보살님이 되어서 제5연과 제6연에서는 "비탈진 쪽으로 뿌리 버팅겨 섰던" "등 시린 나무들"과 "작년 봄,

옆구리 여기저기에／ 링거 줄 매달고 중환자였던 고로쇠나무들"의 안부가 궁금해진다. 그 궁금증은 대자대비의 측은지심과 시인의 이타적인 사랑을 뜻한다. 독한 마음으로 선방에 들어간 나무들이나 참선을 하는 눈들에게 경의를 표하면서도, 다른 한편으로는 등 시린 나무와 사악한 인간들에 의해서 중병을 앓고 있는 고로쇠나무에게도 따뜻한 사랑의 마음을 잊지 않고 있는 것이다. 시인이 보살이 되고, 보살이 부처가 된다. 따라서 그 대자대비한 마음으로 제7연과 제8연에서는,

    오늘 눈이나 마음 푸근하게 쏟아져
    여린 싹들도 눈이불 다 덮어주고
    관자놀이에 심줄 돋은 뿌리와
    못자국이 험한 고로쇠도
    푹 덮어주었으면 좋겠다

    선방 나무들도 동안거 해제解制하고
    숲으로 뛰어나와 두 팔 벌리고
    하늘이 내려주는 복을 받으며 기뻐하리라.

라고, 만물의 축복을 기원하게 된다.
  최금녀 시인의 「한겨울 나무마을에 간다」라는 시를 읽으면서, 나는 존재의 결핍과 존재의 유한성은 모든 사물들과 우리 인간들의 축복 자체라고 생각하지 않을 수가 없었다. 그 존재의 결핍과 존재

의 유한성이 없다면 어느 누가 독한 마음으로 선방에 들어가겠으며, 그리고 또한 어느 누가 출가수행을 결심할 수가 있겠는가? 그 존재의 결핍과 존재의 유한성이 득도得道의 욕망을 불러 일으켜 주고, 다른 한편으로는 어렵고 힘든 삶을 살아가고 있는 이 세상의 사람들을 따뜻하게 아껴주고 사랑하게 하고 있는 것이다. 꿈, 희망, 사랑, 기도, 축복, 소원, 추억, 슬픔, 기쁨, 우울, 쓸쓸함, 유쾌함, 불쾌, 불안, 공포, 연민, 초조 등은 존재의 결핍과 존재의 유한성과 관련이 있는 말들이며, 그 말들은 우리 인간들의 행복한 삶과 아주 깊은 관련이 있는 말들인 것이다. 존재의 결핍과 존재의 유한성은 '악'이 아니라 '선'이며, '하나님의 은총' 그 자체인 것이다.

존재의 결핍과 존재의 유한성의 토대 위에서 모든 종교와 신화가 탄생하고, 또, 그리고 그 토대 위에서만이 우리 인간들의 행복한 삶이 가능해진다. 최금녀 시인의 「한겨울 나무마을에 간다」라는 시는 대자대비한 시인의 천성과 함께, 참으로 아름답고 행복한 형이상학적인 삶을 선사해주고 있다고 하지 않을 수가 없다.

명시·4

이영식
休

대포항
방파제 위에 늘어선 즉석 회 센터
붐비던 시간 한풀 꺾이자
허리에 묵직하게 둘렀던 전대,
고무장갑 벗은 과수댁 담배 한 개비 꺼내 문다

생선함지박 비린내 밀쳐놓고
회 치던 손가락 사이로
휴
깊이 빨아들였다 내뿜는 구름계단
갯바위에 파랑친다

관광객 등살에 잔뜩 웅크렸던 조가비들
슬며시 문 열고 손 내민다

축축하고 짭조름한 삶, 서로 안부 확인한 뒤
팔을 거두는데

씨부럴 것들
요로콤 개좆같이 생겨 워쩌자는 겨
개불 허리 톡톡 쳐서 일으켜 세우는
과수댁의 굴 껍질 같은,
休―

―『애지』, 2006년 겨울호

이영식 시인은 2000년 『문학사상』으로 등단한 이후, 『공갈빵이 먹고 싶다』, 『희망온도』라는 시집을 출간한 시인이지만, 그러나 그는 대쪽같은 장인정신으로 무장을 하고, 우리 한국어와 우리 한국인들의 영광을 위하여 쾌속 진군 중이라고 할 수가 있다. 그는 그 어느 누구보다도 탁월한 도덕감각을 지녔고, 또, 그리고, 풍자와 해학의 시인이기도 하지만, 그러나 이 「休」에서처럼 서술자의 입장에서 그 대상을 사실적이고도 객관적으로 드러낼 수 있는 가장 탁월한 묘사력을 지닌 시인이기도 하다. 그는 제3자의 입장에서, 대상과의 '미학적 거리'를 유지한 채, 그의 언어의 렌즈를 '동해의 대포항'에다가 그 초점을 맞춘다. 좀 더 구체적으로 말하자면, "대포항/ 방파제 위에 늘어선 즉석 회 센터", 즉, "고무장갑을 벗은 과수댁"에 그 초점을 맞춘 것이며, 그리고 그때는 "붐비던 시간이 한풀 꺾이고" 마침내 "과수댁"이 "담배 한 개비"를 꺼내 문 시간이라고 할 수가 있다.

그 시간은 잠시 하던 일을 중단하고 휴식을 취하는 '休'의 시간이며, "생선함지박 비린내 밀쳐놓고/ 회 치던 손가락 사이로/ 휴"하고 깊은 한숨을 내뿜는 시간이다. 휴식의 시간은 잠시 자기를 돌볼 수 있는 시간이지만, 그러나 그 시간은 과수댁의 한숨만이 저절로 새어 나오는 시간이기도 하다. 과수댁은 존재론적 근거가 위태로운 위기의 여인이고, 이때의 담배 한 대는 어렵고 힘든 삶을 진정시켜주는 마취제라고 할 수가 있다. 그리고 그 담배 한 대는 그녀의 너무나도 자연스럽고 간절한 그 한숨에 구체적인 형상을 부여해주고 있는데, 왜냐하면 그녀의 한숨이 어느새 "구름계단"이 되어서 "갯바위에 파랑"을 치고 있기 때문이다. 과수댁의 한숨이 구름계단이 되어서 갯바위에 파랑을 칠 때, 바로 그때, 시인의 언어의 렌즈는 그 과수댁의 모습을 뒤로 밀쳐내고 그녀의 생선함지박에 그 초점을 맞춘다. 그녀의 생선함지박에는 수많은 조가비들이 들어 있고, 그 조가비들 역시도 그 「休」의 시간을 이용하여 서로의 안부를 확인하고 있다. "관광객 등살에 잔뜩 웅크렸던 조가비들/ 슬며시 문 열고 손 내민다"라는 시구가 그것을 말해주고, 또한 "축축하고 짭조름한 삶, 서로 안부 확인한 뒤/ 팔을 거두는데"라는 시구가 그것을 말해준다. 시인은 서술자로서, 오직 '미학적 거리'만을 유지할 뿐, 절대로 그의 감정을 드러내거나 어느 누구의 편을 들지는 않는다. 시인은 오직 냉정하며 그 미학적 구조를 단 하나의 불협화음이나 튀는 말들을 배제한 채, 극적인 구조로 이끌어 나가고 있을 뿐인 것이다. 관광객들의 등쌀에 잔뜩 웅크렸던 조가비들이 슬며시 문 열고 서로의 안부를 확인하고 있는데, 그러나 이제는 시인의 언어의 렌즈가 다시금 그 과수댁에다가 그 초점을 맞추게 된다. "씨부럴 것들/ 요로콤 개좆같이 생겨 워쩌자는 겨"는 과수댁의 천하 제일의 명언이며, 이 「休」의 공간을 아주 다의적인 공간으로 이끌어 올리는 명언이기도 한 것이다. "개불 허리 톡톡 쳐서 일으켜 세우는/ 과수댁의 굴 껍질 같은/ 休"는 사내의 품과 사내의 그것이 그리운 과수댁의 심술과 질투의 산물이기는 하지만, "씨부럴 것들/ 요로콤 개좃같이 생겨 워쩌자는 겨"는 입속말이면서도, 뜻밖의 말실수이기도 한 것이다. "씨부럴 것들/ 요로콤 개좃같이 생겨 워쩌자는 겨"는 절대로 더럽고 추한 것에 대한 비난이나 거부의 말이 아니며, 그것은 오히려, 거꾸로, 사내의 그것이 그리운 과수댁의 간절한 그리움의 말이기도 한 것이다. 쾌락원칙은 욕망을 충족시키려고 하고, 현실원칙은 욕망을 억압하여 도덕적으로 비난받는 짓을 삼가려고 한다. 전자는 '이드심리학'으로 설명되고 후자는 '에고심리학'으로 설명된다. 과수댁은 사내의 품이 그립지만, 그러나 그녀의 도덕감각은 그 욕망을 한사코 억압한다. "씨부럴 것들/ 요로콤 개좃같이 생겨 워쩌자는 겨"가 입속말일 때는 타인들이 전혀 들을 수가 없다는 점에서 혼자만의 은근한 말이 되지만, 그러나 그것이 시인의 언어의 렌즈에 포착되었을 때는, 바로 그때에는 입속말이 아닌 말실수인 것이다. 꿈이, 몽정이 억압된 욕망의 무의식적인 충족이라면, 말실수는 그 억압된 욕망이 표출된 기제인 것이다. 과수댁의 입속말도 무엇보다도 그리운 사내의 그것에 맞닿아 있고, 또한 그녀의 말실수도, 말실수만이 아닌 무엇보다도 그리운 사내의 그것에 맞닿아 있다. 무한 정진 중인 수도승에게 춘화의 주인공이 되어서 달라붙는 성모 마리아상, 또, 그리고, 순결을 맹세한 비구니에게 거대한 남근이 되어서 달라 붙는 부처님의 초상─. 그러나 이러한 사실들은 우리 인간들의 성적 욕망에 비추어 얼마나 인간적이고 자연스러운 현상이란 말인가? 하지만 과수댁의 비극은 더욱더 비극적일 수밖에 없는데, 왜냐하면 그녀는 순결을 맹세하지도 않았고, 또 그리고 사내를 만나는 것이 그렇게 패륜적인 일도 아니기 때문이다. 그러나 그것은 어디까지나 이 세상의 현실과는 아무런 상관도 없는 원론적인 말에 지나지 않으며, 일부일처제와 이 세상의 사회적 윤리 의식은 과수댁은 과수댁답게 너무나도 고귀하고 아름다운 정숙만을 요구하고 있기 때문이다.

  과수댁에게 남편이 없다는 것은 이중적인, 아니, 삼중적인 고통을 안겨주게 된다. 첫 번째는 성적욕망이 충족될 수 없는 고통이며, 두 번째는 생활현실의 고통이며, 세 번째는 아이의 아버지로서, 또는 교육자로서의 남편의 부재에서 오는 고통이다. 첫 번째의 성적욕망이 충족되지 않는 고통은 신경쇠약과 강박증과 히스테리로 이어지고, 그리고 궁극적으로는 정신분열증의 그것으로 이어질 수도 있다. 성적욕망이 충족되지 않으면 그 날카롭고 예민한 성격 때문에 신경쇠약으로 이어질 수도 있고, 또, 그리고, 그것에 대한 무조건적인 집착으로 강박증이나 히스테리로 이어질 수도 있다. 두 번째의 생활현실의 고통은 부부간의 협업과 분업의 관계가 파탄을 맞이하게 되었기 때문이라고 할 수가 있다. 남편은 한 집안의 가장으로서 생활비는 물론, 어렵고 힘든 일을 떠맡아야만 하고, 아내는 아이를 낳고 기르며, 집안의 살림을 떠맡아야만 한다. 남편이 없다는 것은 "대포항/ 방파제 위에 늘어선 즉석 회 센터"에서처럼, 생활비를 직접 벌어야 한다는 것을 뜻하고, 또한 남편이 없다는 것은 "생선함지박 비린내 밀쳐놓고/ 회 치던 손가락 사이로/ 휴"하고, 한숨을 내뱉아야만 한다는 것을 뜻한다. 그리고 마지막으로 「休」의 전면이나 그 행간 속에는 드러나 있지 않지만, 「休」의 이면과 그 한숨의 본질적 의미 속에는 아이들의 아버지로서, 또는 아이들의 교육자로서의 남편이 없다는 사실이 아주 깊이 있게 각인되어 있다고 할 수가 있는 것이다. 어머니의 자식 사랑은 조건이 없는 사랑이고, 아버지의 자식 사랑은 조건이 있는 사랑이다. 어머니는 그 자식이 어떠한 죄―그것이 비록, 살인, 강도, 강간 같은 범죄일지라도―를 지었을지라도 한결같이 그 자식을 감싸주지만, 그러나 아버지는 그 자식이 죄를 지으면 너무나도 가혹하게 벌을 주고, 그리고, 이와는 정반대방향에서, 그의 자식이 만인의 귀감이 된다면, 자기 자신의 상속자로서 더없이 후한 상―왕위의 승계같은―을 주게 된다. 어머니의 사랑은 자식의 양육에 알맞는 사랑이고 아버지의 사랑은 자식의 교육에 알맞는 사랑이다. 「休」의 과수댁, 아니, 그 어머니의 어렵고 힘든 삶과 그 한숨을 생각해볼 때, 그녀의 자식들이 제대로 사랑을 받고 훌륭한 인물들로 성장할 수 있는 가능성은 거의 100%가 없다고 해도 지나친 말이 아니다.

  한자의 '休'는 "1 쉴휴(暇息也), 2 아름다울 휴(美也, 善也), 3 기쁠 휴(慶也), 4 겨를 휴(暇也), 5 물러갈 휴(退致仕), 6 넉넉할 휴(有容), 7, 죄를 놓을 휴(宥也), 8 검소할 휴(儉也), 9 그칠 휴(止也)"의 뜻이 담겨 있으며, 또한 그것을 국어사전적인 의미로 정리한다면, "1 쉬다, 2 그치다, 중지하다, 3 편안하다, 4 기뻐하다, 좋아하다"가 될 것이다. 그러나 이영식의 「休」의 의미는 아름답고 넉넉하고, 편안하고 검소하며, 또한 그만큼의 즐거움과 기쁨의 의미가 없고, 오직 휴식과 한숨과 휴업의 의미만을 띠게 된다. 제2연의 '휴'는 휴식과 한숨의 '휴'이고, 제4연의 '休'는 휴식과 한숨과, 그리고, 그 사타구니(성적욕망)의 휴업을 뜻한다. 이처럼, 한글의 '휴'와 한자의 '休'를 동시에 다르게 사용한 것은 이러한 말의 미묘한 차이와 함께, 그것의 말놀이 효과를 노린 것이라고 할 수가 있다. 한글의 '휴'는 한숨의 소리가 되지만, 한자의 '休'는 한숨의 소리가 될 수가 없다. 따라서 제2연의 '휴'와 제4연의 '休'를 동시에 다르게 표기했으면서도, 시의 제목을 「休」로 정한 것은 제목의 「休」 속에는 휴식과 한숨과 휴업의 의미가 다같이 내포되어 있다고 보아야 할 것이다.

이영식 시인의 「休」는 어느 과수댁의 삶의 애환과 고통을 노래한 시이면서도, 그리고 그 작품은 시인의 대쪽같은 장인정신이 낳은 걸작품이라고 하지 않을 수가 없다. 그는 일찍이 "作爲만 있고 行爲가 없으며", 그리고 "신변잡기"(「백치시인 1」)에 파묻힌 채, 대쪽같은 장인정신이 없는 대한민국의 현대시인들을 가장 날카롭고 예리하게 비판한 바가 있다.

나는 이러한 이영식 시인의 대쪽같은 장인정신이 우리 한국어와 우리 한국인들의 영광으로 이어지리라고 믿어 의심하지 않는다.

내 머리맡에 놓인 시인이라는 이름을 가만히 들여다 보면 불알 두 쪽은 달렸는데 남자가 없다, 대쪽 같은 기개가 없다

한때는 사상이니 이념이니 더운피 개천에 풀어 저잣거리에 이름값

이라도 한 모양인데, 요즈음은 신변잡기 파리채 놀음이나 다름아니다.

作爲만 있고 行爲가 없다, 활어(活語?)라면 살 저미 등뼈 내놓고 초고추장이라도 튀어야 할 게 아닌가

가끔 언어를 비틀어 귀신 씨나락 까먹는 소리로 성찬을 베풀기도 하지만 돌아서면 어느새 개다리소반에 찬밥이다

시인의 모자를 쓰고 보니 어깨가 자꾸 움츠러든다, 걸음 걸음이 조심스럽고 그림자조차 더 낮은 곳으로 눕는다

언제부턴가 나는 한 마리 풍뎅이가 되어간다, 목 비틀린 채 땅바닥에서 헛바퀴를 돌고 있는 외뿔풍뎅이다
세상의 저녁, 어느 한 불빛이 내 시를 읽고 있는가? 우리가 상한 날개 껴입고 헛춤을 추는 것은 아직도 추락할 꿈이 남아 있음이라.

― 이영식, 「백치시인 1」(『희망온도』, 천년의 시작, 2006년) 전문

명시·5

이인원
여우비

벌건 대낮

꼭지까지 취해버린 칸나 꽃대가

돌아서서 울컥

속엣것을 토해내는 순간

차가운 도마뱀 꼬리가

휘익,

발등을 스쳐 지나

갔다

— 『애지』, 2006년 겨울호

나는 시인은 '언어의 사제'('언어의 마술사')로서 잠언적이고 경구적인 문체를 자유 자재롭게 사용할 수 있어야만 한다고 생각한다. 잠언箴言이란 선악의 시비를 분간할 수 있는 짧은 말을 뜻하고, 경구警句란 도덕이나 예술의 진리를 간결하게 표현한 句를 뜻한다. 이해하는 자는 날개가 있다는 말도 있고, 지혜는 가장 빠른 새라는 말도 있다. "오 계절이여 오 성곽이여!/ 이 세상에 흠 없는 영혼이 어디 있겠는가"의 랭보, "바람이 분다/ 그러나 이제는 살려고 애써야 한다"의 발레리, "혁명은 안 되고 나는 방만 바꾸어버렸다"의 김수영, "모두들 병들었는데 아무도 아프지 않았다"의 이성복, "정적이여, 바위를 뚫고 스며드는 매미소리"의 마쯔오 바쇼오, "오월 장맛비, 큰강을 앞에 두고 집이 두어 채"의 요사 부손 등을 생각해볼 때, 아니, 그보다도 더욱더 많은 수많은 대시인들을 생각해볼 때, 나는 나의 그 신념이 더욱더 타당성을 띠고 있다고 생각한다. 모든 시인들은 사물의 이치를 깨달으며 날개를 얻게 되고, 그리고 그 새로운 지혜를 통하여, 이 세상에서 가장 빠르게 그의 이상적인 천국으로 날아가게 된다.

시인은 언어의 사제이며, 그는 침묵함으로써 이 세상의 진리를 드러낸다. 상징적이고 함축적인 언어, 아니, 잠언적이고 경구적인 언어는 말이 아니고 침묵이며, 이 침묵은 어느 수사학자의 말보다도 더 많은 진리를 내포하고 있다고 해도 과언이 아니다. 침묵은 언어의 정점이고 언어는 침묵의 토대이다. 하이꾸(俳句)는 일본의 대표적인 시의 양식이며, 그것은 5—7—5의 기본구조, 즉, 불과 17자의 음절로 이루어진 이 세계에서 가장 짧은 시라고 할 수가 있다. "정적이여, 바위를 뚫고 스며드는 매미소리"의 마쯔오 바쇼오의 시가 그렇고, "오월 장맛비, 큰강을 앞에 두고 집이 두어 채"의 요사 부손의 시가 그렇다. 하이꾸란 "감동적인 침묵을 만들어내는 언어장치"(『순간 속에 영원을 담는다』, 창비)이며, 그 짧은 시행 속에, 아니 그 여백 속에, 우리 인간들의 사상과 감정을 표현하고 있는 시의 양식인 것이다. 하이꾸는 어느 누구라도 쉽게 배우고 쓸 수 있는 대중성과 서민성이 그 장점이며, 따라서 일본은 이미 오래 전부터 '하이꾸 시대'를 맞이하게 되었다고 한다. 일본에서는 하이꾸 전문 월간지가 8개, 그 동인지가 800개에 이르며, 그리고 하이꾸 애호가들은 1,000만 명에 이른다고 한다. 그리고 이미 오래 전부터 전 세계로 퍼져 나아가, 라이나 마리아 릴케, 에즈라 파운드, 엘리어트와도 같은 시인들을 탄생(매료)시켰으며, 오늘날 국제하이꾸 교류협회의 회원국수는 50여 개국에 이른다고 한다. 하이꾸의 장점은 이 단시의 형태와 그 잠언적이고 경구적인 침묵의 언어라고 할 수가 있다. 이 세상에서 가장 짧고 간결한 시구 속에다가 이 세상에서 가장 아름답고 멋진 진리를 표현해낸다는 것―. 바로 이것이 전 세계인들을 매료시켰던 것이고, 따라서 대부분의 외국인들은 자기 자신들의 모국어로 하이꾸를 짓고 있다는 것이다.

일본의 하이꾸의 또다른 특징은 '의외성'과 '당연성'이다. '의외성'이란 친숙한 것, 이미 알고 있는 것을 새롭게 표현해내는 것을 말하고, '당연성'이란 관념 속의 현실이 아닌, 구체적인 삶 속의 현실을 표현해내는 것을 말한다. 일본의 하이꾸가 하이까이(혹은 렌꾸 連歌)에서 그 홋꾸(發句)만을 따로 떼어내 양식화시킨 것이기는 하지만, 그러나 일본의 하이꾸만이 잠언적이고 경구적인 언어를 지향하는 것은 아니다. 모든 제일급의 시인들은 침묵의 언어의 대가이며, 또, 그리고, 잠언적이고 경구적인 언어의 대가이다. 랭보, 발레리, 김수영, 이성복 등의 시인이 마쯔오 바쇼오와 요사 부손 등에 뒤떨어지기는커녕, 오히려, 거꾸로, 그들을 능가하고 있다고 나는 생각한다. 바로, 이 지점에서, 가장 중요한 것은 우리 한국인들은 어떻게 일본의 하이꾸처럼, 우리 한국인들만의 시의 양식을 안출해낼 수 있을까라는 話頭일 것이다. 이 절대절명의 話頭를 해결해내지 못한다면, 우리 한국인들은 영원히 일본인들보다도 더욱더 더럽고 추한 '왜놈들'에 지나지 않게 될 것이다.

내가 사물을 소유했다고 믿었지만, 내가 사물(돈, 보석)의 노예가 되어 있음을 깨닫고 사르트르의 '로캉탱'(『구토』의 주인공)은 구토를 한다. 햄릿은 그의 아버지와 숙부를 통해서 인간 사회의 권력의 더러움을 깨닫고 구토를 하며, 프로이트는 아버지를 살해하고 어머니와 동침하려는 우리 인간들의 성적 욕망을 바라보면서 구토를 한다. 설사가 배탈이 났을 때, 즉 소화불량증의 객관적 상관물이라면, 구토는 위 속의 음식물을 토해내는 생리적인 현상을 말한다. 구토는 이미 상한 음식물에 대한 거부현상일 수도 있고, 체했을 때처럼 소화불량증의 현상일 수도 있고, 그리고 더러운 것을 보았거나 그토록 잔인하고 불쾌한 사건들을 마주했을 때처럼, 그때까지 먹은 것을 모조리, 다 토해내는 현상일 수도 있다. 사르트르의 『구토』의 주인공인 로캉탱이나 햄릿, 그리고 프로이트의 '구토'는 더러운 것을 보았거나 불쾌한 사건들을 마주했을 때의 그것일 수밖에 없지만, 이인원 시인의 "벌건 대낮/ 꼭지까지 취해버린 칸나 꽃대가/ 돌아서서 울컥/ 속엣것을 토해내는 순간"의 구토는 그 구토의 원인과 그 의미가 너무나도 불분명하다. 시의 문맥상으로는 "벌건 대낮/ 꼭지까지 취해버린 칸나 꽃대가/ 돌아서서 울컥/ 속엣것을 토해내는 순간"에서처럼, 술 취한 여인의 구토로 보이지만, 그러나 그것은 어디까지나 표면적인 현상일 뿐인 것이다. 상징과 은유를 모르고, 또 그리고 잠언과 경구를 모르는 독자들은 겉으로 드러난 문맥만을 보지만, 철학예술가는 심리학의 대가답게 그 문맥의 이면을 구성하는 다양한 조건들과 그 이유를 따져보게 된다.

  칸나canna는 칸나과의 다년초이며, 근경根莖이 있고, 줄기는 넙죽하며, 그 키는 2미터까지 자라난다. 그리고 잎은 파초잎과 비슷하며 여름과 가을에는 매우 아름답고 빨간 꽃을 피운다. 만일, 그렇다면, 벌건 대낮, 왜 칸나 꽃대는 꼭지까지 취해버리고 속엣것을 모조리다 토해내게 되었던 것일까? 벌건 대낮은 사회적인 관습상, 일을 하는 시간이지 술을 마시는 시간이 아니다.

만일, 그렇다면 그녀는 실연을 당한 것일까? 칸나는 여름과 가을철에 빨간 꽃을 피우는 화초이며, 그 계절은 푸르디 푸른 청춘에서 노년의 삶으로의 퇴화를 뜻한다. 줄리에트는 사랑하는 로미오를 따라서 죽음을 선택했고, 성 춘향이는 변사또의 수청을 거절했다. 하지만 칸나 꽃대는 그처럼 사랑할 수 있는 남자가 있기는커녕, 자기 자신의 순결과 사랑을 유린당한 메디아처럼, 원한 맺힌 저주감정과 무서운 복수감정으로 벌건 대낮부터 이처럼 술을 마신 것인지도 모른다. 파리스 백작도 더러운 놈이고, 변사또도 더러운 놈이고, 그리고 황금양털의 주인공인 이아손도 더러운 놈이다. 그 더러운 놈들이 벌건 대낮부터 술에 취하게 만들고, 그리고 그 더러운 놈들이 이제까지의 모든 것들을 다 토해내게 만들고 있는 것이다.

그러나, 만일, 이처럼 실연을 당한 것이 아니라면, 그녀는 이미 한물이 간 창녀이며, 밑 빠진 독에 물 붓기식으로 빚더미 생활을 하고 있는 것이 아닐까? 그녀의 고향에는 다 허물어진 움막집 한 채와 이미 노동력을 상실한 아버지와 그리고 나이 어린 두 동생들이 자나 깨나 그녀의 구원의 손길만을 기다리고 있는 것인지도 모른다. 이미 한물이 간 몸을 팔고 또 팔아도 악덕 포주의 손아귀에서 벗어날 가망성이 없건만, 그러나 이제는 그 어느 건달놈들도 그녀의 존재 따위는 거들떠 보지도 않는다. 이른 아침부터 머리끝까지 부아는 치밀어 오르고, 한 잔, 두 잔, 빈 속에 걸친 술이 이 세상의 그 모든 것을 다 토해내게 만들고 있는 것인지도 모른다.

그러나, 만일, 그녀가 한물이 간 창녀가 아니라면, 그녀는 '미인박복'이라는 비극의 주인공이 아닐까? 그녀가 잠시 잠깐 동안 외간 남자와 바람을 피운 사이, 그녀를 너무나도 사랑하고 또 사랑했기 때문에, 그토록 사랑했던 남편이 그의 어린 두 남매를 데리고 분신자살을 결행해버린 것이 아닐까? 미인은 축복받은 존재가 아니고 저주받은 존재이다. 왜냐하면 그녀의 미모는 만인들의 욕망과 질투의 대상이 되고 있기 때문이다. 미인은 박복한 존재이며, 저주받은 존재이다. 그녀는 그녀를 미인으로 태어나게 한 하나님을 저주하고, 또, 그리고 잠시 잠깐 동안 외간 남자와의 '에로스의 향연'을 벌인 것을 가지고, 그처럼 '막가파식'의 분신자살을 결행한 남편이 밉고 또 미운 것이다. 칸나 꽃대는 실연을 당한 여인이며, 창녀이고, 그리고 천하일색의 미인이라고 할 수가 있다.
  우리 인간들은 들뢰즈와 가타리의 말대로, '욕망하는 기계들'인지도 모른다. 욕망이 욕망을 부르고, 그리고 그 욕망이 또다른 욕망을 부르고, 그리고 끝끝내는 욕망의 대상과 자기 자신마저도 파멸시켜 버린다. 자연의 파괴는 삶의 터전의 파괴이며, 삶의 터전의 파괴는 우리 인간들의 삶의 종말을 뜻한다. 미인은 욕망하는 존재(기계)이고, 미인은 자기 자신을 저주한다. 그러니까 그녀는 벌건 대낮부터 술을 마시고 그 모든 것들을 개처럼 씹어대다가, 그리고 끝끝내는 모든 속엣것들을 다 토해내게 된다. 미인이 바라보는 세상은 아름답고 풍요롭지도 않고, 더없이 추하고 살벌한 풍경들 뿐이다. 어쨌든 그녀는 박복한 미인이지만, 그러나 그녀의 인생을 탕진한 죄는 도저히 그 무엇으로도 변제가 가능하지가 않다. 실연을 당했어도 곧바로 그 아픔을 털고 일어나지 못한 죄, 만인들의 귀감이 되는 사회인이 되지 못하고 함부로 몸을 팔아버린 죄, 또 그리고 주색잡기에 빠져서 그토록 착한 남편과 어린 아이들을 버리고 외간 남자와 놀아난 죄, 그 죄의 댓가는 그녀의 원한 맺힌 저주감정과 무서운 복수감정을 넘어서서, 인생무상이라는 허무감과 함께, 이처럼 그녀를 '구토'의 주인공이 되어가게 하고 있는 것인지도 모른다.

미인은 후회하는 존재이며, 저주하는 존재이고, 그리고 구토하는 존재이다. 따라서 "벌건 대낮/ 꼭지까지 취해버린 칸나 꽃대가/ 돌아서서 울컥/ 속엣것을 토해내는 순간/ 차가운 도마뱀의 꼬리가/ 휘익/ 발등을 스쳐 지나"가게 된 것이다. '여우비'는 볕이 좋은 날, 잠시 잠깐 동안 뿌리는 비를 말하며, 이 시의 문맥상, '칸나 꽃대'에 대한 영향 만점의 채찍(각성제)으로 작용을 하고 있다고 보지 않으면 안 된다. 여우비는 도마뱀이 되고, 그 도마뱀은 냉혈동물의 속상상, 술에 취한 그녀와 잘못 살아온 그녀를 '죽비'로 내려치듯, 그처럼 꾸짖고 있는 것이다. "이 망할 계집년아, 이제부터라도 제발 정신 좀 차리거라!" 바로 이 말이 「여우비」의 제일급의 전언이라고 할 수가 있는 것이다.

이인원 시인의 「여우비」는 그 짧은 단시의 형태임에도 불구하고, 마쯔오 바쇼오와 요사 부손의 대표작보다도 더 뛰어난 시이며, 더 깊은 울림을 지닌 시라고 하지 않을 수가 없다. "벌건 대낮/ 꼭지까지 취해버린 칸나 꽃대가/ 돌아서서 울컥/ 속엣것을 토해내는 순간"의 의외성과 "차가운 도마뱀의 꼬리가/ 휘익/ 발등을 스쳐 지나/ 갔다"의 경구성이 그것이며, 따라서 이인원 시인의 「여우비」는 끊임없는 침묵의 언어로 잠언적이고 경구적인 시어들을 탄생시켰다고 하지 않을 수가 없다. 새로운 사상, 새로운 지혜는 끊임없이 침묵의 언어를 지향하고, 그것은 잠언적이고 경구적인 시어들로 그 모습을 드러내게 된다. 반전과 급전이 교차하는 극적인 구조를 지니고 있으면서도, 너무나도 객관적이고 보편적인 '미학적 거리'를 유지하고 있는 이 「여우비」는 분명히 한국현대시의 또다른 진수라고도 할 수가 있는 것이다.

명시 · 6

장석주
돌과 박새

　아궁이 잿속 불구덩에 묻은 감자만 하랴. 네 속은 내가 안다, 참 시커멓게도 탔구나. 난 쓸데없이 많은 책을 읽었어. 덧없는 것들과 관계하느라 인생을 허비하고 산비알같은 명예를 잃었어. 사랑하는 것들은 참 멀리 있구나. 무슨 염치로 당신의 이쁜 엉덩이를 보겠어. 가슴에 벙어리 종달새 암수 한 쌍, 첫 수확한 토종꿀같이 오는 황혼, 하늘에 진흙으로 구운 구름들, 거리엔 남의 애를 밴 여자들이 걷는다. 난 무분별과 어리석음으로 청춘을 낭비했어. 박새들아, 내 빚을 탕감해 줘. 굳고 정한 여자와의 약속도 못 지켰으니, 때늦은 후회로 자주 정수리는 과열되고 무릎 몇 개쯤 잃어버려도 좋아. 헌 가슴팍에 둥지를 틀다가 소스라쳐 날아가는 가을 박새들아. 잘못 했어, 잘못 했어. 돌아, 센 불에 졸아든 한약 같은 네 입김을 내 귓바퀴에 한 번만 부어줄래? 돌아, 검붉은 피라도 솟구치게 내 머릴 한 번 찍어줄래?

　―『붉디 붉은 호랑이』, 애지 2006년

장석주 시인은 일찍이 1975년 『월간문학』 신인상과 1979년 《조선일보》 신춘문예로 등단한 중진 시인이며, 어느덧 그의 시력詩歷이 삼십 여년이 넘는다. 그는 제1회 '애지문학상'(문학비평부문)을 수상했을 만큼 문학비평가로서도 매우 왕성한 활동을 하고 있으며, 명실공히 창작과 이론의 실력을 두루 다 갖춘 팔방미인이라고 할 수가 있다. 그의 시,「돌과 박새」는 매우 투박해보이지만, 시인의 자기 반성과 성찰이 돋보이는 시이며, "난 무분별과 어리석음으로 청춘을 낭비했어. 박새들아, 내 빚을 탕감해 줘. 굳고 정한 여자와의 약속도 못 지켰으니, 때늦은 후회로 자주 정수리는 과열되고 무릎 몇 개쯤 잃어버려도 좋아. 헌 가슴팍에 둥지를 틀다가 소스라쳐 날아가는 가을 박새들아. 잘못 했어, 잘못 했어. 돌아, 센 불에 졸아든 한약 같은 네 입김을 내 귓바퀴에 한 번만 부어줄래? 돌아, 검붉은 피라도 솟구치게 내 머릴 한 번 찍어줄래?"라는 시구를 통해서, 우리 인간들의 심금을 울려놓고 있다고 해도 지나친 말이 아니다. 반성이란 과거의 삶과 행위에 대하여 선악의 시비를 가려보는 것을 뜻하고, 성찰이란 반성하여 살펴보는 것을 뜻한다. 반성과 성찰이란 이음동의어에 불과하지만, 반성과 성찰이 없는 인간은 진정으로 자기 자신을 알지 못하는 인간이며, 미래의 희망이 없는 인간에 지나지 않는다. 우리 인간들은 매우 불완전하고 나약한 존재이며, 따라서 잘못된 삶과 부화뇌동하는 삶을 살아가게 된다. 잘못된 삶을 살고 죄를 짓는다는 것은 매우 인간적인 일이기는 하지만, 그러나 그 잘못된 삶과 죄 자체를 긍정하고 미화시켜서는 아니된다. 잘못된 삶을 살고 죄를 짓는다는 것은 매우 인간적인 일이기는 하지만, 그러나 그것은 보다 나은 삶과 아름다운 선행으로 가기 위한 하나의 과정으로서만 그 의의를 띠게 될 뿐인 것이다. 잘못된 삶과 죄 자체가 보다 나은 삶과 아름다운 선행으로 승화되기 위해서는 "귀족들은 분노에 불타고 있군…… 내가 잘못했구나…… 피 위에 세워진 토대는 확고하지 못하지…… 타인의 죽음으로 얻어진 생명은 안전하지 못하지"의 「존왕」처럼, 죄가 말갛게 씻어지는 자기 반성과 성찰의 시간이 필요한 것이다. 이때의 반성과 성찰의 시간에는 '후회'의 감정이 탄생하고, 그 후회의 감정은 도덕적 판단이 낳은 괴로운 감정이 된다. 또한 그 반성과 성찰의 시간에는 새로운 희망의 감정이 탄생하고, 그 희망의 감정은 삶의 의지가 꽃 피워낸 감정이 된다.

  장석주 시인의 「돌과 박새」는 존재론적 입장에서 두 개의 자아들이 무서운 짝패처럼 대립상으로 등장한다. 과거의 자아는 시적 자아와 현실적 자아와의 분간이 되지 않고 있는 가운데, 시적 자아 속에서 현실적 자아가 그 자취를 감춰버리고, 현재의 자아는 시적 자아와 현실적 자아와의 분간이 되지 않고 있는 가운데, 현실적 자아 속에서 시적 자아가 그 자취를 감춰버리고 있는 것처럼 보인다. 과거의 시적 자아는 "아궁이 잿속 불구덩에 묻은 감자만 하랴. 네 속은 내가 안다, 참 시커멓게도 탔구나", "난 무분별과 어리석음으로 청춘을 낭비했어"라는 시구에서처럼, "쓸데없이 많은 책들을 읽고" "덧없는 것들과 관계하느라 인생을 허비"한 자아에 지나지 않으며, "굳고 정한 여자와의 약속도 못 지키고", "때늦은 후회"로 그 괴로움을 낳은 자아에 불과하다. 그 과거의 자아는 허영과 치기에 사로잡혀서 인생을 탕진한 자아에 불과하지만, 현재의 자아는 "굳고 정한 여자와의 약속도 못 지켰으니, 때늦은 후회로 자주 정수리는 과열되고 무릎 몇 개쯤 잃어버려도 좋아. 헌 가슴팍에 둥지를 틀다가 소스라쳐 날아가는 가을 박새들아. 잘못 했어, 잘못 했어. 돌아, 센 불에 졸아든 한약 같은 네 입김을 내 귓바퀴에 한 번만 부어줄래? 돌아, 검붉은 피라도 솟구치게 내 머릴 한 번 찍어줄래?"라는 시구에서처럼, 그 과거의 잘못된 삶을 반성하고, "사랑하는 것들은 참 멀리 있구나. 무슨 염치로 당신의 이쁜 엉덩이를 보겠어"의 그 사랑과 새로운 삶의 둥지를 찾아가고자 한다. 시적 자아와 현실적 자아 중, 시적 자아가 현실적 자아를 흡수해버려도 불행한 사건들이 일어나고, 이와는 정반대방향에서, 시적 자아와 현실적 자아 중, 현실적 자아가 시적 자아를 흡수해버려도 불행한 사건들이 일어난다. 전자에서는 쓸데없이 책을 많이 읽어버리는 미치광이가 탄생하게 되고, 후자에서는 오직 최고 이윤의 법칙을 쫓아서 모든 인간 관계를 파탄의 관계로 몰아넣는 미치광이(수전노)가 탄생하게 된다. 시적 자아와 현실적 자아들은 그 어린 아이들(미치광이들)의 거울 단계를 벗어나서, 상호 영향을 주고 받으며, 적절한 대립과 그 긴장 관계를 유지하지 않으면 안 된다.

장석주 시인의 「돌과 박새」는 다음과 같이 산문으로 풀이해 볼 수도 있을 것이다.

1, 나는 쓸데없이 많은 책을 읽으며 덧없는 것들과 관계 하느라 인생을 허비했다.

2, 나는 굳고 정한 여자와의 약속도 지키지 못하고 돈과 명예와 그 모든 것들을 다 잃어버렸다.

3, 그러므로 나의 속은 불에 탄 감자처럼 속이 시커멓게 탔고, 때늦은 후회로 자주 정수리는 과열되고, 무릎을 몇 개쯤은 잃어버린 것 같다.

4, 그 흔하디 흔한 텃새인 박새마저도 내 가슴팍에는 둥지를 틀고 있지 않으니, 돌아, 검붉은 피라도 솟구치게 내 머리 한 번 찍어다오.

장석주 시인의 자기 반성과 성찰은 부도덕한 자의 위선이 아니라, 진정으로 자기 자신의 잘못을 깨닫고 있는 자의 처절한 그것에 가깝다고 하지 않을 수가 없다. 「존왕」의 고통과 장석주 시인의 고통은 상호간의 신분의 차이와 무대배경만이 다를 뿐, 그 근본의 토대는 진정성의 토대라고 할 수가 있다. 진정성의 세계는 가식이 없는 세계이며, 허영이 없는 세계이다. 그 세계는 꾸밈이 없는 아름다운 세계이며, 도덕적 선의 세계이다. 칸트가 아름다움을 도덕적 선이라고 역설한 것은 바로 이 지점에서였을 것이다. "아궁이 잿속 불구덩이에 묻은 감자만 하랴. 네 속은 내가 안다, 참 시커멓게도 탔구나", "사랑하는 것들은 참 멀리 있구나. 무슨 염치로 당신의 이쁜 엉덩이를 보겠어. 가슴에 벙어리 종달새 암수 한 쌍", "난 쓸데없이 많은 책을 읽었어. 덧없는 것들과 관계하느라 인생을 허비하고 산비알같은 명예를 잃었어"라는 시구들이 그것이 아니라면 무엇이고, 또한, "난 무분별과 어리석음으로 청춘을 낭비했어. 박새들아, 내 빚을 탕감해 줘", "굳고 정한 여자와의 약속도 못 지켰으니, 때늦은 후회로 자주 정수리는 과열되고 무릎 몇 개쯤 잃어버려도 좋아. 헌 가슴팍에 둥지를 틀다가 소스라쳐 날아가는 가을 박새들아 잘못 했어, 잘못 했어", "돌아, 센 불에 졸아든 한약 같은 네 입김을 내 귓바퀴에 한 번만 부어줄래? 돌아, 검붉은 피라도 솟구치게 내 머릴 한 번 찍어줄래?"라는 시구들이 그것이 아니라면 무엇이란 말인가? 가짜 시인은 머릿속으로 시를 쓰지만, 진짜 시인은 온몸으로 시를 쓴다. 가짜 시인은 자기 반성과 성찰이 없지만, 진짜 시인은 그 자기 반성과 성찰의 토대 위에서 고통으로, 혹은 붉디 붉은 그의 피로써 시를 쓴다. 장석주 시인의 「돌과 박새」는 아름답고 장식적인 말과 수사적인 기교를 모르는 시이며, 그 아름답고 장식적인 말과 수사적인 기교를 뛰어 넘어서, 더욱더 아름다운 말과 정교한 기법을 구축해놓은 시라고 할 수가 있다.

 만일 그렇다면 장석주 시인은 왜 자기 반성과 성찰의 시를 「돌과 박새」라고 명명하게 된 것일까? 그것은 천지창조주인 하나님처럼 시인의 특권일 수밖에 없지만, 바로 그 지점에는 시인의 도덕과 윤리의식이 각인되어 있는 것이다. 나는 때늦은 후회로 속이 시커멓게 탄 시인이며, "첫 수확한 토종꿀같은 황혼"을 맞이하고 있는 초로의 시인이다. 나의 헌 가슴팍, 아니, 나의 상한 가슴팍에는 그 흔하디 흔한 박새까지도 둥지를 틀려고 하지를 않는다. 따라서 시인은 첫 수확한 토종꿀 같은 황혼의 시간을 움켜쥐고, "잘못 했어, 잘못 했어", "센 불에 졸아든 한약 같은" 돌들에게 아름답고 행복한 노년의 삶을 살아갈 수 있도록 간청을 하고 있는 것이다. 이때의 돌은 어떠한 외풍에도 의연하고 꿋꿋하게 버티는 인간의 상징이 되고, 또한 그 돌은 시인의 어리석음과 무분별함에 반하여, "돌아, 검붉은 피라도 솟구치게 내 머릴 한 번 찍어줄래?"라는 시구에서처럼, 현명하고 지조 높은 인간의 상징이 되고 있는 것이다. 박새는 텃새이며 어디서나 흔히 볼 수 있는 새이다. 덩치는 참새만 하고 머리는 흑백색이며, 뺨과 배는 백색, 등은 황록색, 날개에는 흰띠가 있는 것이 그 특징적이다. 한 해에 두 번씩 새끼를 치고, 곤충을 잡아먹는 아름다운 보호조이기도 하다. 장석주 시인이 그 텃새인 박새를 시의 주인공으로 내세운 것은 자기 자신의 가슴 속에다가 아름다운 박새를 키우며, 잃어버린 사랑과 생활 현실을 하루바삐 회복시키고, "첫 수확한 토종꿀 같은 황혼"의 시간을 아름답고 행복한 삶으로 향유하고 싶었기 때문일 것이다.

  오오, 장석주 시인이여! 그대의 토종꿀 같은 황혼의 시간이 더욱 더 아름답고 행복해질 수 있기를……

명시
·
7

정숙자
내 오십의 부록

편지는 내 징검다리 첫 돌이었다
어릴 적엔 동네 할머니들 대필로 편지를 썼고
고향 떠난 뒤로는 아버님께 용돈 부쳐드리며 "제 걱정은 마세요" 편지를 썼다
매일 밤 내 동생 인자에게 편지를 썼고
두례에게도 편지를 썼다
시인이 되고부터는 책 보내온 문인들에게 편지를 썼고
마음 한구석 다쳤을 때는 구름에게 바람에게 편지를 썼다
돌아가신 어머니 그리울 때는 저승으로 편지를 썼고
조용한 산책로에선 풀잎에게 벌레에게 공기에게도 편지를 썼다
셀 수 없이 많은 편지를 쓰며 나는 오늘까지 건너왔노라
희망이 꺾일 때마다 하느님께 편지를 썼고
춥고 외로울 때는 언젠가 묻어준 고양이 무덤 앞에서 우울을 누르며 편지를 썼다

어찌어찌 발표된 몇 줄 시조차도 한 눈금만 들여다보면 모습을 바꾼 편지에 다름 아니다
　편지는 내 초라한 삶을 세상으로 이어준 외나무다리, 혹은
　맑고 따뜻한 돌다리였다
　편지가 있어 내 하루하루는 식지 않았다
　한 가닥 화려함 잃지 않았다
　편지봉투 만들고, 편지지 접고, 우표를 붙일 때마다
　시간과 나는 서로를 사랑하고 용서하고 또 믿었다
　그리고 그 조그만 빛이 다음 번 징검돌이 되고는 했다

　─『열매보다 강한 잎』, 천년의 시작, 2006년

편지는 우리 인간들이 상호간에 소식을 주고 받는 양식이다. 문자가 없었던 시절에는 대리인을 통하여 그 소식(말)들을 주고 받았겠지만, 그러나 문자가 등장하고부터는 편지를 통해서 발신인의 마음과 뜻을 전달하고, 수신자는 그 발신자에게 또다시 편지를 통해서 그의 마음과 뜻을 전달하게 되었던 것이다. 이러한 편지의 주고 받음의 관계는 급기야는 우편사업을 통하여 국가가 전달해주게 되었고, 오늘날은 항공 우편을 통하여 전 세계 각국으로까지 그 우편 업무의 영역을 넓혀가게 되었던 것이다. 로미오와 줄리에트도 그들의 사랑하는 마음을 연애 편지로 주고 받았고, 『내 이름은 빨강』의 주인공들인 카라와 셰큐레도 그들의 사랑하는 마음을 연애 편지로 주고 받았다. 프란츠 카프카의 소설 속의 주인공들도 그들의 외롭고 쓸쓸한 마음을 상호간의 안부 편지로 주고 받았고, 이상 시인과 김기림 시인도 그들의 외롭고 쓸쓸한 마음을 상호간의 안부 편지로 주고 받았다. 편지의 양식도 그 나라마다 매우 다르겠지만, 편지의 유형도 그것을 다 분류할 수 없을 만큼 다종 다양할 것이다. 상호간의 의례적인 안부편지도 있고, 사랑하는 연인들의 연애편지도 있다. 감사의 편지도 있고, 그리움의 편지도 있다. 상호간에 의중을 떠보는 편지도 있고, 비밀결사회의의 소식을 알리는 편지도 있다. 억울한 자의 협박의 편지도 있고, 진심으로 잘못을 뉘우치는 자의 반성의 편지도 있다. 오늘날 종이 형식의 편지는 전자통신으로 대체되어가고 있는 실정이긴 하지만, 편지는 우리 인간들의 의사소통의 유일한 양식이라고 할 수가 있다. 편지는 더없이 세련되고 정교한 언어로 되어 있고, 우리 인간들은 그 편지를 통해서 타인들과 부단히 관계를 맺으면서 살아간다. 시와 소설도 편지의 형식이고, 모든 학문과 예술의 책들도 편지의 형식에 지나지 않는다. 시와 소설, 그리고 모든 책들은 구체적인 개인들이 실제 생활에서 주고 받는 편지는 아니지만, 그러나 그 책들은 다수의 독자들과의 의사소통을 전제로 한다는 점에서는 편지의 양식이 좀 더 웅장하고 세련되게 변모되었을 뿐인 것이다. 모든 문학은 서간문학이며, 모든 책들도 서간문학이 양식화된 것에 지나지 않는다.

  편지를 쓰기 이전의 그는 홀로 있는 존재이며, 홀로 있는 존재는 홀로서기를 시도하고 있는 존재이다. 그러나 홀로 있되, 홀로서기를 이룩하지 못한 존재는 레비나스의 말대로 '익명적 존재', 즉 '존재자 없는 존재'에 불과한데, 왜냐하면 그는 아직도 자기 자신의 주체성(홀로서기)을 완성하지 못한 존재이며, 자기 자신과 타자, 그리고 '거울 속의 나'와 '거울 밖의 나'를 분간하지 못하는 존재에 불과하기 때문이다. 하지만 홀로서기를 이룩한 존재는 그 '익명적 존재', 즉 '존재자 없는 존재'의 껍질을 뚫고 주체성(홀로서기)을 완성한 존재인데, 왜냐하면 자기 자신과 타자, 말과 사물, '거울 속의 나'와 '거울 밖의 나'를 분명히 분간하고 자기 자신만의 사유와 세계를 갖고 있기 때문이다. 따라서 그 존재자, 즉, 그 주체성을 완성한 존재는 타인들을 하나의 수단이나 도구로 생각하지 않고 이 세계를 함께 살아가야 할 동료로서 인식하게 된다. '존재에서 존재자로, 존재자에서 타자로의 이행'을 레비나스는 '존재론적 모험'이라고 부르고 있지만, 나는 이러한 과정을 '주체성의 완성'과 '타자성의 완성', 그리고 '자아 영역의 확대'와 '세계 영역의 확대'로 설명을 한 바가 있다. 편지를 쓴다는 것은 자기 자신만의 사유와 세계를 갖고 있다는 증거이며, 그리고 그 편지가 타인들에게 전달될 것이라는 점에서, 그 편지는 타자성의 완성의 증거가 된다. 시인이 편지를 쓰는 행위는 대부분이 이타적인 행위—반드시 그렇지는 않겠지만—이며, 우리는 그 편지를 통해서 타인들과 관계를 맺으면서 살아간다.

  정숙자 시인은 1988년 『문학정신』으로 등단한 이후, 『감성채집기』, 『정읍사의 달밤처럼』, 『열매보다 강한 잎』 등의 시집을 출간한 시인이지만, 『열매보다 강한 잎』 이전에는 별다른 주목을 받아 보지 못했던 시인이다. 그것은 정숙자 시인의 시가 수준 미달이거나 평범했기 때문이 아니라, 학연과 혈연과 지연에 의한 인간 관계가 거의 없었기 때문이었는지도 모른다. 정숙자 시인은 언제, 어느 때나 곧고 정결한 성품을 지녔으며, 하늘을 우러러 한 점의 부끄러움이 없을 정도로 대쪽같이 곧고 바른, 시인 정신을 지녔다고 나는 믿고 있다. 나는 오래 전부터 정숙자 시인의 수많은 편지들을 받아 보았고—단

한 번도 답장을 쓰지 않고 전화로 인사를 하는 결례를 범하기는 했지만—, 정숙자 시인이 직접 만든 재생의 편지봉투와 매우 아름답고 예쁜 글씨와 그 아름답고 깨끗하며, 더, 더군다나 군더더기가 단 하나도 없었던 문장들은 언제, 어느 때나 나의 마음을 사로잡고, 또, 그리고 나를 감동시키기에 충분했던 것이다. 나는 그 감사함의 표시로서 '언어의 사원에서'라는 산문 연재를 청탁했던 것이고, 따라서 정숙자 시인이 그 고귀하고 우아한 천성으로 쓴 그 산문들은 2002년 여름호부터 2004년 겨울호까지, 즉 3년 동안, 『애지』의 모든 독자들의 심금을 사로잡기에 충분했던 것이다.

정숙자 시인의 『내 오십의 부록』은 '부록'이 아닌, '본문'이며, 그리고 이 작품은 시인의 대표작에 해당된다. 편지쓰기는 그의 생활 자체—하루 하루의 징검다리를 놓는 일—이며, 그것은 그의 구도 행위가 된다. 정숙자 시인은 회의주의자의 불행한 의식으로 쓰지 않고, 낙천주의자의 행복한 의식으로 그 편지를 쓴다. 우선 시인은 "편지는 내 징검다리 첫 돌이었다/ 어릴 적엔 동네 할머니들의 대필로 편지를" 썼다고 말하고, "고향 떠난 뒤로는 아버님께 용돈 부쳐드리며 '제 걱정은 마세요' 편지를" 썼다고 말한다. 어릴 적에 동네 할머니들의 대필로 편지를 썼다는 것은 그 대필 편지를 통해서 동네 할머니들의 삶의 애환과 그 기쁨을 깨달았다는 것을 뜻하고, 고향을 떠난 뒤로는 아버님께 용돈 부쳐드리며 편지를 썼다는 것은 아버님에 대한 문안 인사와 함께, 감사한 마음을 전했다는 것을 뜻한다. "매일 밤 내 동생 인자"와 "두례"에게도 편지를 썼다는 것은 그 어느 누구보다도 친밀한 자매지간들로서 사소하면서도 그만큼 중요한 사연들을 전했다는 것을 뜻하고, "시인이 되고부터는 책 보내온 문인들에게 편지를" 썼다는 것은 동료 문인으로서 서로간의 위로와 그 감사한 마음을 전했다는 것을 뜻한다. "마음 한 구석 다쳤을 때는 구름에게 바람에게 편지를" 썼다는 것은 진정으로 상처입은 시인의 자기 위로의 형식이었다는 것을 뜻하고, "돌아가신 어머니가 그리울 때는 저승으로 편지를" 썼다는 것은 어머니를 사랑하는 마음이 저승에까지 가닿았다는 것을 뜻한다. 진정으로 상처를 입고 괴로워하는 사람은 부모형제들과 친구들에게 편지를 쓰지 않고, "구름에게 바람에게 편지를" 쓰게 되는데, 왜냐하면 그의 상처입은 마음이 '구름처럼', '바람처럼' 이 세상 그 어디엔가로 멀리 멀리 떠나가고 싶어하기 때문이다. 또한 정숙자 시인이 "조용한 산책로에선 풀잎에게 벌레에게 공기에게도 편지"를 썼다는 것은 인간중심주의를 떠나서 모든 생명체들과 따뜻한 동료애를 교환했다는 것을 뜻하고, "희망이 꺾일 때마다 하느님께 편지를" 썼다는 것은 절망한 자의 간절한 기원의 형식이었다는 것을 뜻한다. 또, 그리고, 이밖에도 정숙자 시인은 "춥고 외로울 때는 언젠가 묻어준 고양이 무덤 앞에서 우울을 누르며 편지를 썼다"고 고백하고, 또, 그리고 한 걸음 더 나아가서, 그가 발표한 모든 시들마저도 "한 눈금만 들여다보면 모습을 바꾼 편지에 다름 아니다"라고 고백한다. 모든 문학은 서간문학이며, 모든 책들도 이 서간문학이 양식화된 것이다.

    편지는 내 초라한 삶을 세상으로 이어준 외나무다리, 혹은 맑고 따뜻한 돌다리였다

편지가 있어 내 하루하루는 식지 않았다
　　　한 가닥 화려함 잃지 않았다
　　　편지봉투 만들고, 편지지 접고, 우표를 붙일 때마다
　　　시간과 나는 서로를 사랑하고 용서하고 또 믿었다
　　　그리고 그 조그만 빛이 다음 번 징검돌이 되고는 했다

　만일, 그렇다면, 왜 정숙자 시인은 그처럼 끈질기게 편지를 썼던 것일까? 그의 편지는 더 이상 단순한 안부편지도 아니었고, 연애편지도 아니었다. 비밀결사의 편지도 아니었고, 타인들을 독살하려는 중상모략자의 편지도 아니었다. 그리고 감사함이나 그리움만의 편지도 아니었고, 협박이나 양심의 가책의 편지도 아니었다. 그의 편지는 이 모든 것의 총화이면서도, 그러나 그 편지는 그가 이 세상을 살아가는 삶 자체이었던 것이다. 편지는 정숙자 시인의 외나무다리였고, 돌다리였고, 사랑이었고, 세상으로 향한 열린 창이었고, 우주였고, 그리고 궁극적으로는 그의 시였다. 편지는 그의 시였고, 시는 그의 고통의 해방자이었다. 따라서 정숙자 시인은 본문보다도 더욱더 아름다운 「내 오십의 부록」을 써놓고, 어렵고 힘든 삶을 살아가는 이 세상의 모든 사람들에게 '편지를 쓰고 또 쓰라'고 권유하고 있는 것인지도 모른다. 편지를 쓴다는 것은 징검다리를 건너간다는 것이며, 징검다리를 건너간다는 것은 어떠한 위험이나 고통, 또 그리고 어떠한 장애물이나 절망도 다 극복해내겠다는 것이다. 편지를 쓴다는 것은 고통, 절망, 체념, 후회, 슬픔, 좌절, 우울, 쓸쓸함 등을 모두가 멋진 기수처럼 극복해내겠다는 것이며, 이 세상을 더욱더 아름답고 풍요롭게 살아가겠다는 것이다.

우선, 편지를 쓰고 또 써보아라! 그러면 그대들은 이 세상이 얼마나 아름답고 풍요로운가를 알게 될 것이다. 정숙자 시인은 오늘도, 지금 이 순간에도, 편지를 통해서 시를 쓰고, 시를 쓰면서 아주 행복하게 살아간다.

정숙자 시인은 서간문학의 기수이며, 이 세상에서 가장 행복한 시인이라고 해도 과언이 아니다.

명시 · 8

문태준
가재미

김천의료원 6인실 302호에 산소마스크를 쓰고 암투병 중인 그녀가 누워 있다
바닥에 바짝 엎드린 가재미처럼 그녀가 누워 있다
나는 그녀의 옆에 나란히 한 마리 가재미로 눕는다
가재미가 가재미에게 눈길을 건네자 그녀가 울컥 눈물을 쏟아낸다
한쪽 눈이 다른 한쪽 눈으로 옮아 붙은 야윈 그녀가 운다
그녀는 죽음만을 보고 있고 나는 그녀가 살아온 파랑같은 날들을 보고 있다
좌우를 흔들며 살던 그녀의 물속 삶을 나는 떠올린다
그녀의 오솔길이며 그 길에 돋아나던 대낮의 뻐꾸기 소리며
가늘은 국수를 삶던 저녁이며 흙담조차 없었던 그녀의 누대의 가계를 떠올린다
두 다리는 서서히 멀어져 가랑이지고
폭설을 견디지 못하는 나뭇가지처럼 등뼈가 구부정해지던 그 겨울 어

느 날을 생각한다
　그녀의 숨소리가 느릅나무 껍질처럼 점점 거칠어 진다
　나는 그녀가 죽음 바깥의 세상을 이제 볼 수 없다는 것을 안다
　한쪽 눈이 다른 쪽 눈으로 캄캄하게 쏠려버렸다는 것을 안다
　나는 다만 좌우를 흔들며 헤엄쳐 가 그녀의 물속에 나란히 눕는다
　산소호흡기로 들이마신 물을 마른 내 몸위에 그녀가 가만히 적셔준다

　―「가재미」, 문학과지성사, 2006년

밀란 쿤데라의 소설 『농담』을 읽다 보면, 우리는 이미 이 세상을 다 살아버린 것 같고, 더 이상 이 세상은 살만한 곳이 못된다는 생각이 든다. "낙관주의는 인류의 아편이다. 건전한 정신은 어리석음의 악취를 풍긴다"라는 칠판의 낙서, 아니, 그 농담 한 마디 때문에 모든 부귀영화를 멀리하고 오직 낯선 땅으로 떠돌아 다녀야만 했던 인간, 따라서 "우리의 운명은 죽음보다도 훨씬 이전에 끝나는 일도 있다"는 인간은 체코 출신의 작가인 밀란 쿤데라의 분신이며, 그 주인공들은 염세주의가 피워낸 새싹들이라고 할 수가 있다. 염세주의란 이 세상을 혐오하고 헐뜯는 사상을 말하지만, 밀란 쿤데라의 염세주의는 사상과 표현의 자유는커녕, 농담의 자유마저도 없었던 공산주의 사회에서의 그것이라라는 점에서, 그런대로 그 타당성을 얻게 된다. 아니, 밀란 쿤데라의 염세주의는 그 타당성을 넘어서서, 자기 자신의 운명을 창조하고 언제, 어느 때나 백절불굴의 용기만을 강요하는 낙관주의의 사상을 단칼에 베어버린다. 그 낙관주의가 강요하는 것은 전체주의와 일당 독재이며, 그 사상의 목표에 항거하는 자들의 운명은 이미 죽음보다도 더한 치욕으로 변모하게 된다. 낙관주의는 염세주의의 새싹이 될 때도 있고, 염세주의는 낙관주의의 새싹이 될 때도 있다.

  나는 우리 인간들의 운명에 대하여 어느 정도의 인정과 신뢰를 보내고 있는 편이다. 운명이란 우리 인간들을 매우 수동적으로 만들고, 보이지 않는 손에 의해서 우연의 쳇바퀴를 돌려야 한다는 것을 뜻하지만, 그러나 그 우연의 쳇바퀴마저도 필연의 힘으로 돌리지 않으면 안 된다. 무자비한 살육과 약탈만을 자행했던 원수들마저도 다 용서해주고 그 '자비로움'으로 오늘날 이 세계를 지배하고 있는 유태인들, 해마다 A급 태풍이 10여 차례나 지나가고 수없이 크고 작은 지진들과 싸우면서도 오늘날 경제적으로 이 세계를 지배하고 있는 일본인들이 바로 그 우연의 쳇바퀴를 필연의 쳇바퀴로 변모시킨 민족들이라고 나는 믿어 의심하지 않는다. 독일정신은 뿌리로, 이태리 정신은 잎으로 만든 왕관으로 되어 있다는 말도 있고, 프랑스 정신은 꽃으로, 영국 정신은 과일로 되어 있다는 말도 있다. 만일, 그렇다면 미국과 중국과 일본과 우리 대한민국의 정신은 어떻게 설명할 수가 있는 것일까? 미국과 중국은 세계적인 대제국을 꿈꾸고 있는 만큼, 그들의 정신은 뿌리와 왕관(잎)과 꽃과 그리고 그 열매로 나타날 것이다. 그러나 일본은 영원한 대제국을 꿈꾸고 있기는 하지만, 그 제국을 영원히 건설하지 못할 것이라는 점에서 일본정신은 벌레 먹은 낙과(?)로 나타나고, 우리 대한민국은 대한민국이라는 國號가 부끄럽고 그 어떤 목표도 없는 만큼, 한국정신의 새싹의 촉도 틔워

볼 수 없는 쭉정이 씨앗으로 나타날 것이다.

　문태준 시인은 1970년 경북 김천에서 태어나 고려대학교 국문과를 졸업하고, 1994년 『문예중앙』으로 등단한 중견시인이다. 시집으로는 『수런거리는 뒤란』(2000년), 『맨발』(2004년), 『가재미』(2006년)가 있으며, 『맨발』과 『가재미』를 통해서 '동서문학상', '노작문학상', '유심작품상', '미당문학상', '소월시문학상'을 수상하고, 명실공히 대한민국 최고의 시인으로 등극했다고 해도 틀림이 없다. '가재미'는 '가자미'의 경상도 방언이며, 이 「가재미」는 『가재미』의 표제시이면서도 그의 대표작에 해당된다. 이 시는 '고모의 삶'을 '가재미의 삶'으로 의어화擬漁化시킨 시이며, 따라서 나와 고모의 뭍의 삶은 물속의 삶으로 변모하게 된다. 시는 사상과 감정을 표현하는 문학의 장르이며, 그것은 서정시와 서사시로 나타나게 된다. 서사시의 주인공이 통개인적이며 문화적 영웅으로서 그가 소속된 국가와 인류 전체를 구원하는 인물이라면, 서정시의 주인공은 사적인 개인으로서 자기 자신의 주관적인 감정을 드러내고, 또, 그리고, 그 감정을 통해서 만인들의 심금을 울리게 된다. 따라서 이때의 주관적인 감정은 보편적인 감정으로 승화되고, 그 감정의 토대가 되는 그의 삶은 우리 인간들의 근본적인 원형이 된다. 시는 맑고 깨끗한 영혼을 얻기 위한 방법적인 수단이기도 하고, 또한 시는 아름답고 행복한 삶을 연출해내기 위한 방법적인 수단이기도 하다.

　문태준의 「가재미」는 그 가냘프고 애달픈 곡조가 울려 퍼지고 있는 가운데, 옛 이야기 형식을 띠면서도, 상징적이고 함축적인 기법으로 「가재미」의 이야기를 풀어나간다. 상징이란 어떤 대상에 인간의 의식이 뚜렷하게 각인되어 있다는 것을 뜻하고, 함축이란 쉽사리 드러나지 않는 어떤 의미를 드러냈다는 것을 뜻한다. '산소마스크를 쓰고 암투병 중인 그녀'와 '가재미'의 관계도 상징적이고, '나'와 '그녀'와 '가재미'의 관계도 상징적이다. 그녀의 상징은 가재미이고, 가재미의 상징은 그녀이다. 나의 상징은 그녀이고, 그녀의 상징은 나이며, 따라서 나의 상징 역시도 가재미가 된다. 가자미는 가자미과의 어류이며, 넙치류, 가자미류, 서대류 중에서 넙치, 도다리, 서대에서처럼, 별도로 특별한 이름을 지니고 있는 종을 제외하고는 모두가 가자미로 불리운다. 그 종수는 520여 종이나 되며, 산란은 대개 겨울철에 하고, 그 서식장소는 바다 밑이라고 한다. 성어의 크기는 17~23cm이며, 그 특징은 두 눈이 한쪽으로 몰려 있으며, 주로 모래 속에서 작은 갑각류와 조개류를 먹고 산다고 한다. 문태준 시인이 '나'와 '그녀'의 상징을 가재미로 선택한 것은 나와 그녀와 가재미가 다같이 밑바닥 생활을 하고 있으며, 그리고 두 눈이 한군데로 몰려 있고, 그 결과, 더 이상의 미래의 희망이 없고 비참한 생애를 마쳐야 되기 때문일는지도 모른다. 또, 그리고, 문태준의 「가재미」가 함축적이라는 것은 "바닥에 바짝 엎드린 가재미처럼 그녀가 누워 있다/ 나는 그녀의 옆에 나란히 한 마리 가재미로 눕는다"와 "한쪽 눈이 다른 한쪽 눈으로 옮아 붙은 야윈 그녀가 운다/ 그녀는 죽음만을 보고 있고 나는 그녀가 살아온 파랑같은 날들을 보고 있다"라는 시구에서처럼, 그 함축성이 이 시 전체를 지배적인 힘으로 이끌고 있다고도 할 수가 있는 것이다. 바닥에 가재미처럼 누워 있는 그녀 옆에 나도 한 마리의 가재미로 드러눕는다는 것은 나와 그녀가 더 이상 인간이기를 포기하고 가재미로 퇴화되었다는 뜻도 되고, 다른 한편, 그 반대방향에서, 나와 그녀는 가재미와도 같은 인간에 지나지 않는다는 뜻도 내포되어 있다. "한쪽 눈이 다른 한쪽 눈으로 옮아 붙은 야윈 그녀가 운다"라는 시구는 '암 투병 중인 그녀'의 失明과 비정상적인 모습을 뜻할 수도 있고, "그녀는 죽음만을 보고 나는 그녀가 살아온 파랑같은 날들을 헤아려 보고 있다"라는 시구는 이승에서의 막다른 골목에 다다른 그녀와 그녀의 어렵고 힘든 삶, 즉, 파랑 같은 날들을 헤아려 보는 나의 모습을 함축하고 있다. 상징이 두 눈으로 보이지 않는 어떤 신비의 해독이라면, 문태준은 '가재미'라는 상징을 통해서 우리 인간들의 어렵고 힘든 이 세상의 삶을 해독해낸 것이고, 함축이 단일한 의미만이 아닌, 여러 의미들을 중층적이고 복합적으로 드러내는 것이라면, 문태준은 「가재미」의 시구들을 통하여, 그 단일한 시구들에 수많은 의미들을 중첩시켜 놓은 것이라고 할 수가 있다. 우리 인간들의 삶이 영원히 풀리지 않는 수수께끼이듯이, 시는 상징적이고 함축적일수록 다양한 울림을 띠게 된다. 단성적인 울림은 모범답안만이 있는 인생에서 솟아나오고, 다양한 울림은 모범답안만이 아닌, 신비하고, 역동적이고, 아름다운 수수께끼와도 같은 인생에서 솟아나온다. 시는 상징적이고 함축적일수록 제일급의 시가 되고, 문태준 시인의 상징적이고 함축적인 기법은 오늘날 우리 한국어와 우리 한국인들의 영광이 되어가고 있다. 문태준 시인은 한국시단의 새천년의 기수이며, 그의 수많은 문학상의 영예는 우리 한국인들의 경의의 표시이자 기립박수라고 하지 않을 수가 없다.

　문태준 시인은 그의 고모님이 입원 중인 김천의료원으로 찾아가,

그의 가슴 속에서 북받쳐 오르는 설움과 눈물을 감추며 그녀 곁에 가재미처럼 누워본다. "김천의료원 6인실 302호에 산소마스크를 쓰고 암투병 중인 그녀가 누워 있다/ 바닥에 바짝 엎드린 가재미처럼 그녀가 누워 있다"라는 시구가 그것이고, "나는 그녀의 옆에 나란히 한 마리 가재미로 눕는다/ 가재미가 가재미에게 눈길을 건네자 그녀가 울컥 눈물을 쏟아낸다/ 한쪽 눈이 다른 한쪽 눈으로 옮아 붙은 야윈 그녀가 운다/ 그녀는 죽음만을 보고 있고 나는 그녀가 살아온 파랑같은 날들을 보고 있다"라는 시구가 그것이다. 바로 이 지점에서 중요한 것은 '나'와 '그녀'가 단지 '조카'와 '고모'의 관계만이 아니라, 더 이상의 설명이 필요없는 '어머니'와 '아들'의 관계로 변주되고 있다는 점일 것이다. 따라서 나는 그녀 앞에 한 마리의 가재미로 눕게 된 것이고, 그 어미 가재미는 그 아들 가재미를 보자 울컥 눈물부터 쏟아내게 된 것이다. 우리는 꼭 보고 싶었던 사람을 만났을 때에도 눈물을 흘리고, 이승의 막다른 골목에 다다랐을 때에도 눈물을 흘린다. 이때의 눈물은 반가움의 눈물이면서도 서러움의 눈물이기도 한 것이다. "그녀는 죽음만을 보고 있고 나는 그녀가 살아온 파랑같은 날들을 보고 있다". 좌우를 흔들며 물속을 살던 그녀의 삶은 겨우 국수가락으로 끼니를 때우며 흙담조차도 없었던 삶에 지나지 않았던 것이고, 그러나 이제는 "폭설을 견디지 못하는 나뭇가지처럼 등뼈가 구부정한" 몸으로 전혀 예측할 수 없는 악성종양의 삶을 맞이하게 되었을 뿐인 것이다. 나는 그녀의 파랑같은 삶을 회상해보면서 그녀의 생애가 너무나도 안타깝고 불쌍해서 눈물을 흘리지만―이 시에는 시인이 눈물을 흘리고 있지 않지만, 그러나 나는 시인이 이 시의 바깥에서 울고 있다고 생각한다. 아니, 이 「가재미」는 문태준 시인이 눈물로 쓴 시라고 할 수가 있다―, 그러나 그녀는 이 세상의 삶이 더욱더 그리워서 눈물을 흘린다. 죽음만을 보고 있는 그녀가 눈물을 흘린다는 것은 죽음을 삶의 완성이나 삶의 해방으로 받아 들이지 못하고, 이 세상의 삶을 더욱더 희원하고 있다는 것을 뜻하기도 하는데, 왜냐하면 오딧세우스가 저승에서 만난 아킬레스처럼, 그 어느 누구도 거지와도 같은 이 세상의 삶을 원하지, 저 세상의 삶을 원하지는 않고 있기 때문이다. 하지만 가는 세월은 붙잡을 수 없고, 오는 세월은 막을 수가 없다. 동정과 연민의 대상인 그녀가, 아니, 나의 사랑하는 어머니가, 비록, 등뼈가 구부러진 노년의 몸으로 울고 있을지라도, "한쪽 눈이 다른 쪽 눈으로 캄캄하게 쏠려"버린 운명을 되돌릴 수는 없는 것이다. "한쪽 눈이 다른 쪽 눈으로 캄캄하게 쏠려"버린 운명은 죽음을 눈 앞에 둔 운명이고, 나는 다만, 그녀의 새끼처럼 좌우를 흔들며 헤엄쳐 가 그녀의 물속에 나란히 누워보고 있을 뿐인 것이다. 그리고, 바로 그때, 그녀는 마지막으로 "산소호흡기로 들이마신 물을 마른 내 몸 위에" "가만히 적셔"주게 된다. 이때의 "산소호흡기로 들이마신 물을 마른 내 몸 위에" "가만히 적셔" 준다는 것은 논리의 비약이면서도 논리의 비약만이 아닌데, 왜냐하면 물속에서의 삶은 산소호흡기로 물을 들이마시는 것이 더욱더 자연스럽기 때문이다. 산소호흡기에 의지해서 겨우 겨우 간헐적으로 숨을 내쉬고 있으면서도, 그 모성의 힘으로, 또다른 그녀처럼 어렵고 힘든 삶을 살아가는 시인의 몸을 가만히 적셔주고 있는 그녀는 이 세상에서 마지막으로 '관세음보살'같은 자비를 베풀고 있는 것인지도 모른다. 어미 가재미도 등뼈가 구부정한 몸으로 암 투병 중인 삶을 살고 있을 뿐이고, 아들 가재미도 한쪽 눈이 다른 한쪽 눈으로 캄캄하게 쏠려버린 몸으로, 메마르고 건조한 삶, 즉, 그 밑바닥의 삶을 헤어나지 못하고 있을 뿐인 것이다. 가재미의 삶은 너무나도 완벽하게 우리 인간들의 삶에 대응하고, 그 가재미의 밑바닥 삶은 '인생무상'이라는 염세주의의 최고급의 물적 토대가 되어준다.

문태준 시인의 「가재미」가 그토록 뛰어나고 아름다운 시인 것은 상징적이고 함축적인 기법으로 '암 투병 중인 그녀'의 삶을 의어화擬漁化시키고, 그녀의 암 투병 중인 삶, 즉, 가재미와도 같은 막다른 삶에 기꺼이 동참함으로써, '나'와 '그녀'의 비극적인 삶을 더욱더 아름답고 풍요로운 삶으로 승화시켰다는 점에 있을 것이다. '나'는 '그녀'의 삶에 결코 동정과 연민의 시선을 던지고 있는 것이 아니다. 동정과 연민의 시선은 방관자의 시선이며, 사악하고 교활한 제3자의 위선에 불과하다. 동정과 연민은 아름답고 풍요로운 삶을 질식시키지만, 기꺼이 동참하는 삶은 만인들의 공감의 토대 위에서, 더욱더 아름답고 풍요로운 삶을 연출해내게 된다. 어미 가재미의 삶은 아들 가재미의 삶이 되고, 아들 가재미의 삶은 어미 가재미의 삶이 된다. "김천의료원 6인실 302호에 산소마스크를 쓰고 암투병 중인 그녀가 누워 있다/ 바닥에 바짝 엎드린 가재미처럼 그녀가 누워 있다/ 나는 그녀의 옆에 나란히 한 마리 가재미로 눕는다/ 가재미가 가재미에게 눈길을 건네자 그녀가 울컥 눈물을 쏟아낸다/ 한쪽 눈이 다른 한쪽 눈으로 옮아 붙은 야윈 그녀가 운다/ 그녀는 죽음만을 보고 있고 나는 그녀가 살아온 파랑같은 날들을 보고 있다"라는 시구가 그토록 아름답고 풍요로운 슬픈 삶이 아니라면 무엇이고, 또한 "좌우를 흔들며 살던 그녀의 물속 삶을 나는 떠올린다/ 그녀의 오솔길이며 그 길에 돋아나던 대낮의 뻐꾸기 소리며/ 가늘은 국수를 삶던 저녁이며 흙담조차 없었던 그녀의 누대의 가계를 떠올린다/ 두 다리는 서서히 멀어져 가랑이지고/ 폭설을 견디지 못하는 나뭇가지처럼 등뼈가 구부정해지던 그 겨울 어느 날을 생각한다/ 그녀의 숨소리가 느릅나무 껍질처럼 점점 거칠어 진다/ 나는 그녀가 죽음 바깥의 세상을 이제 볼 수 없다는 것을 안다/ 한쪽 눈이 다른 쪽 눈으로 캄캄하게 쏠려버렸다는 것을 안다/ 나는 다만 좌우를 흔들며 헤엄쳐 가 그녀의 물속에 나란히 눕는다/ 산소호흡기로 들이마신 물을 마른 내 몸위에 그녀가 가만히 적셔준다"라는 시구가 그토록 아름답고 풍요로운 슬픈 삶이 아니라면 무엇이란 말인가!

　염세주의자는 이 세상을 혐오하고 헐뜯어 대지만, 낙천주의자는 이 세상의 삶을 찬양하고 옹호한다. 하지만 염세주의의 장점은 낙천주의자들의 경직된 사고방식을 반성시킨다는 점에 있을 것이며, 낙천주의의 약점은 그 모든 것들을 지나치게 일면적인 시선으로만 단순화시킨다는 점에 있을 것이다. 어떤 때는 극단이 약이 되지만, 또 어떤 때는 극단이 독이 되기도 한다. 나는 낙천주의자로서 이 세상의 삶을 찬양하고 옹호한다. 나는 나의 「사색인 십계명」 제4장이라는 글에서 문태준의 「맨발」이라는 시를 분석한 바가 있고, 그리고 염세주의는 그의 가면이고, 낙천주의는 그의 진짜 얼굴이라는 점을 지적한 바가 있다. 따지고 보면, 그가 그토록 아름답고 풍요로운 삶으로 묘사하고 있는 장면들은 '맨발의 개조개'나 '가재미'와도 같은 밑바닥 인생들의 막다른 삶일 뿐인 것이다. 그 아름답고 풍요로운 삶은 '이 세상이 아무런 의미도 없다'는 염세주의자의 삶에 불과하며, 우리 인간들의 삶의 의지에 반하는 허무에의 의지에 지나지 않는다. 허무는 이 세상의 삶을 혐오하고 헐뜯어 버리는 염세주의자가 파생시킨 새싹들에 불과하며, 그 허무가 주조를 이루게 되면, 진정으로 아름답고 풍요로운 이 세상의 삶의 찬가는 울려 퍼지지 않게 된다. 염세주의자는 낙천주의자의 삶을 혐오하고 헐뜯어 버리고, 그리고 그 몸과 마음을 부처나 예수처럼, 가난한 자, 힘 없는 자, 병든 자, 미친 자들에 대한 사랑으로 그들의 인생 전체를 소모시켜버리고, 뿐만 아니라, 한 걸음 더 나아가서, 마치, 가난한 자, 힘 없는 자, 병든 자, 미친 자들이 이 세상의 주인공이 되어야 한다고 떠벌리고 있는 것이다. 때때로 그들의 목소리는 사해동포주의자와 민주주의자와 공산주의자들처럼, 너무나도 크게 되고, 그들의 성실함은 맹목으로, 그들의 신념은 광기 그 자체가 되어버린다. 염세주의는 그들의 가면이고 낙천주의는 그들의 진짜 얼굴이다. 나는 문태준 시인이 고은이나 신경림처럼, 또는 그밖의 어중이 떠중이들처럼, 디룩디룩 살찐 염세주의자가 되어가지를 말고, 더욱더 어렵고 힘든 일을 찾아나서며, 진정으로 우리 한국어와 우리 한국인들의 영광을 위한 순교자가 되어주길 바랄 뿐이다. 이 쭉정이와도 같은 한국정신이 고귀하고 위대한 한국정신으로 가장 아름답고 찬란하게 꽃 피어 날 수 있는 그날까지……!

  시는 행복한 꿈의 한 양식이며, 낙천주의를 양식화시킨 것이다.

명시 · 9

김종옥
나비, 봄을 짜다

햇빛이 겹겹이 매어놓은 날줄 속으로 나비 한 마리
들락날락 하루를 짭니다

찰그락찰그락 어디선가 베틀 소리 들립니다
그가 짜는 능라인지
화르륵 꽃분홍 철쭉이 핍니다
길 끝에서 언덕으로 언덕에서 산으로 오르는
저 나비,
연둣빛 북입니다

팽팽하던 날줄이 툭툭 끊어집니다
저 붉은 노을
그가 토혈을 하고 있습니다
그 속으로
낙타같이 능라를 진 산들이 지고 있습니다

— 『애지』, 2006년, 봄호

시는 시인의 관점의 문제이며, 그 관점에 따라서 '좋은 시'와 '나쁜 시'의 운명이 결정된다. 따라서 아는 것만큼 보인다는 말이 있듯이, 시인의 관점은 그의 지적 수준과 상상력에 의해서 결정된다고 할 수가 있다. 어떤 사물을 새롭게 본다는 것은 기존의 전통과 역사, 그리고 그 가치관을 정확하게 알고 그것을 부정하고 비판할 수 있는 힘이 있다는 것을 말하고, 그러고 나서 그 부정과 비판의 힘으로 새로운 사건과 사물들을 명명할 수 있는 힘이 있지 않으면 안 된다. 러시아 형식주의자들은 이 관점을 '낯설게 하기'로 명명하고, 또한 그것을 일상적 언어에다가 조직적 폭력을 가한 것이라고 설명한 바가 있다. 또한 랭보는 그의 '견자시론見者詩論'에서 그것을 '거꾸로 보는 것'이라고 말한 바가 있고, 그의 『지옥에서 보낸 한 철』은 그 '견자시론의 극치'를 보여준 바가 있다. 새로운 앎은 기존의 앎의 부정이며, 이 새로운 앎은 그의 상상력을 새롭게 하고 이제까지 보여주지 못한 '멋진 신세계'로 우리 인간들을 인도하여 준다. 예술이 자연의 모방이라는 아리스토텔레스의 예술관을 배척하고, 그 반대방향에서, 헤겔주의자들은 그들의 '절대정신'에 입각하여 이 세계가 우리 인간들의 창작품이라고 역설한 바가 있다. 우리 인간들이 신의 창조물이 아니라, 신이 인신동형人神同形으로서 우리 인간들의 창작품이기도 한 것이다. '예술이 자연을 모방하는 것이냐', 아니면, '자연이, 혹은 이 세계가 우리 인간들의 창작품이냐'라는 쟁점은 '리얼리즘 대 모더니즘'으로 설명할 수가 있을 만큼 아직도 여전히 중요한 쟁점이기도 한 것이다.

김종옥 시인은 2005년 『애지』로 등단한 신진이며, 우리 한국시단에는 전혀 알려지지 않은 무명 시인에 지나지 않는다. 그러나 그의 「나비, 봄을 짜다」라는 시는 어느 유명 시인의 훌륭한 시보다도 더 훌륭한 작품이며, 그가 그 동안 쌓아온 절차탁마의 내공의 깊이가 감지되는 작품이라고 하지 않을 수가 없다. 천재는 태어나는 것이 아니라 느닷없이 출현한다. 천재는 하늘이 빚어낸 인물이기는 하지만, 그러나 그가 느닷없이 출현하는 것은 이 세상의 어중이 떠중이들은 대부분이 그의 오랜 고통의 지옥훈련과정(입문의례과정)은 보지 못하고, 그 출현의 현상만을 바라보고 있기 때문이다. '나비, 봄을 짜다'라는 제목은 참으로 새롭고 신선한 관점의 산물이며, 그 작디 작은 나비 한 마리의 날갯짓에 의하여, 불모지대의 동토가 녹아버리고 만물이 소생하는 기적을 맞이하게 된 것이다. 요컨대, '나비, 봄을 짜다'라는 말에는 얼마나 오랜 세월 동안의 고통의 지옥훈련과정이 내포되어 있는 것이며, 또한 김종옥 시인의 천재의 씨앗과 앎의 깊이가 내포되어 있는 것이란 말인가! "햇빛이 겹겹이 매어놓은 날줄 속으로 나비 한 마리/ 들락날락 하루를 짭니다"라는 시구는 때 이른 봄날, 나비 한 마리를 바라보고, 그 나비의 몸짓을 관찰한 결과, 아주 자연스럽고 독특하게 얻어낸 시구라고 할 수가 있다. 때 이른 봄날 나비를 보았다는 것은 매우 반갑고 기쁜 일이며, 하루바삐 밭을 갈고 씨앗을 뿌리고 싶다는 근로의식을 고취시켜준다. 나비 한 마리의 날갯짓은 단순한 놀이가 아니며, 그것은 그 나비의 생산적인 몸짓이 된다. 호모 루덴스Homo Ludens, 호모 사피엔스Homo Sapiens, 호로 파페르Homo Faber―, 즉 '놀이하는 인간', '지혜를 사랑하는 인간', '일을 하는 인간'들 중에서 가장 중요한 사람은 '일을 하는 사람'인데, 왜냐하면 우리 인간들은 일을 하지 않으면 이 세상을 살아갈 수가 없기 때문이다. 일은 우리 인간들의 유일무이한 삶의 수단이며, 인간과 인간, 인간과 세계, 혹은 인간과 사물이 관계를 맺는 방식이다. 우리 인간들은 일을 통해서 의식주의 문제를 해결해나가고, 또 그리고 그 일을 통해서 고급문화를 연출해나간다. 일의 궁극적인 목적은 행복이며, 그 행복한 세계는 흔히들 이상세계나 지상낙원으로 지칭된다(반경환, 『행복의 깊이』 제3권 참조할 것).

  모든 동물들 역시도 일을 하는 동물이며, 창조하는 동물이다. 따라서 그 일을 사랑하는 사람의 입장에서 바라보면, 햇빛은 그 빛으로 겹겹이 날줄을 매어놓고 나비는 몸소 씨줄이 되어서 '들락날락 하루'를 짜게 된다. 그리고 그 나비의 날갯짓을 바라보고 있으면, 어디선가 "찰그락 찰그락" "베틀소리"가 들려오고, 나비가 짜는 "능라"처럼 "화르륵 꽃분홍 철쭉"이 피어나게 된다. 한 마리의 나비의 날갯짓에서 비단을 짜는 풍경을 상상해낸 시인의 관점이 이처럼 새롭고 참신했기 때문에, 햇빛은 날줄이 되고 나비는 씨줄이 되고, 그리고 자연은 거대한 베틀이 되어서, 삼천리 금수강산은, 마치 한 폭의 비단처럼 "꽃분홍 철쭉"으로 피어나게 된 것이다. 이러한 관점은 혁명이 되고, 이 혁명은 새로운 기적을 연출해내게 된다. 이제 나비는 더 이상 비단을 짜는 나비이기를 마다하고 "길 끝에서 언덕으로 언덕에서 산으로 오르는" "연둣빛 북"이 되어가고 있는 것이다. 그리고 그 나비는 '놀이하는 나비'가 아니라 '일(창조)을 하는 나비'이며, 어서 빨리 일어나, 밭을 갈고 씨앗을 뿌리라는 봄의 전령사가 되어가고 있는 것이다.

　김종옥 시인의 「나비, 봄을 짜다」라는 시는 제1연과 제2연과는 매우 상반되게, 제3연에서는 아주 급격한 반전을 이룩하게 된다. "햇빛이 겹겹이 매어놓은 날줄 속으로 나비 한 마리/ 들락날락 하루를 짭니다// 찰그락찰그락 어디선가 베틀 소리 들립니다/ 그가 짜는 능라인지/ 화르륵 꽃분홍 철쭉이 핍니다/ 길 끝에서 언덕으로 언덕에서 산으로 오르는/ 저 나비/ 연둣빛 북입니다"라는 매우 아름답고 역동적인 시구가 그것이고, "팽팽하던 날줄이 툭툭 끊어집니다/ 저 붉은 노을/ 그가 토혈을 하고 있습니다/ 그 속으로/ 낙타같이 능라를 진 산들이 지고 있습니다"라는 다소 비극적이고 허무주의적인 시구들이 그것이다. 다시 말해서 "팽팽하던 날줄이 툭툭 끊어집니다/ 저 붉은 노을/ 그가 토혈을 하고 있습니다/ 그 속으로/ 낙타같이 능라를 진 산들이 지고 있습니다"라는 시구는 제1연과 제2연의 아름답고 역동적인 시구들과는 너무나도 급격하게 반전을 이루게 되어, 그 아름답고 역동적인 모습이 무화되어버린 것 같지만, 그러나 그것은 햇빛이 날줄이 되었고, 하루의 일과가 끝난 황혼 무렵의 시간대임을 감안한다면 저절로 이해가 될 수 있을 것이다. "팽팽하던 날줄이 툭툭 끊어집니다/ 저 붉은 노을/ 그가 토혈을 하고 있습니다"라는 시구는 노동에 지친 햇빛의 비참한 모습이긴 하지만, 그러나 그 햇빛의 비참한 모습 속에는 오랜 유충생활과 번데기 과정을 거쳐서 우화등선羽化登仙의 날개를 얻고 그 짧은 일생을 마치는 나비의 모습과 우리 인간들의 모습도 겹쳐져 있다고 보아야 할 것이다. 그리고, "팽팽하던 날줄이 툭툭 끊어집니다/ 저 붉은 노을/ 그가 토혈을 하고 있습니다"라는 시구가 또한 그만큼 아름답고 화려한 비단이 되어서, "그 속으로/ 낙타같이 능라를 진 산들이 지고 있습니다"라는 마지막 시구들을 낳고 있다고 보아야 할 것이다.

나비는 나비목과의 곤충이며, 남아메리카, 아시아, 아프리카 등의 열대지방에 분포하며, 전 세계에 약 2만여 종이 서식하고 있다고 한다. 몸은 털, 또는 비늘가루로 덮여 있어 있으며, 1쌍의 더듬이와 반구형의 겹눈이 있다고 한다. 입은 꽃의 꿀을 빨아먹기 위하여 작은 턱과 외엽이 긴 관 모양으로 되어 있고, 겹눈은 보통의 광선 뿐만이 아니라, 자외선도 느끼며 이것에 의지하여 꽃을 분별할 수 있다고 한다. 그리고 암컷과 수컷이 교미를 하여 알을 낳고, 그 유충이 번데기가 되고, 그리고 그 번데기가 우화등선羽化登仙의 나비로 태어나게 된다. 나비의 종류는 호랑나비과, 흰나비과, 부전나비과, 그리고 뱀눈나비과 등으로 다양하게 분류되며, 호랑나비는 다른 나비에 비하여, 그 몸이 크고 매우 아름다운 것이 그 특징적이라고 할 수가 있다. 비단, 아니, 능라綾羅를 짜는 나비—, 만일 그렇다면 김종옥 시인의 '나비'는 어떤 나비가 되어야만 할 것인가? 호랑나비이어야 할까? 흰 나비이어야 할까? 부전나비이어야 할까? 노랑나비이어야 할까? 그것도 아니라면 유리창나비이어야 할까? 은점표범나비이어야 할까? 이러한 상상은 여러 독자들의 성격과 취향에 따라서 그 자유가 보장되어야 하겠지만, 나는 김종옥 시인의 '나비'가 '호랑나비'이지 않으면 안 된다고 생각한다. 왜냐하면 흰나비에서는 '상제의 흰옷'이 연상되고, 호랑나비에서는 그 아름답고 화려한 모습 때문에 비단이 연상되고 있기 때문이다. 따라서 김종옥 시인의 나비는 호랑나비이며, 그 나비는 최고급의 비단을 짜는 호랑나비가 되지 않으면 안 된다.

「나비, 봄을 짜다」라는 제목은 참으로 아름답고 멋진 말이며, 한 편의 아름다운 시는 '관점의 문제이다'라는 말을 저절로 상기시켜 준다. 때 이른 봄날, 따뜻한 햇빛과 한 마리의 나비를 보는 것도 아주 흔하디흔한 일 중의 하나이고, 꽃분홍 철쭉과 붉디붉은 노을을 보는 것도 아주 흔하디흔한 일 중의 하나이다. 하지만 그 동일한 대상과 동일한 사물들을 어떻게 보느냐에 따라서, 그 대상과 사물들은 물론, 이 세계와 이 우주 자체가 새롭게 해석(창조)되는 것이다. 능라綾羅는 두꺼운 비단과 얇은 비단을 말하고, 그 비단은 우리 인간들의 고급의복의 효시가 된다. 비단은 금값에 맞먹는다고 하여 그 글자도 금錦으로 쓰게 되었다고 한다. 실크로드의 역사는 동 서양의 만남의 역사이며, 고급문화의 역사적 기원에 맞닿아 있다고 하지 않을 수가 없다. 아무튼 따뜻한 햇빛과 아름다운 나비 한 마리를 결합시키고, 그들의 노동에 의해서 삼천리 금수강산은 물론, 비단으로 '봄을 짜는' 기적을 연출해낸 것은 김종옥 시인의 아주 탁월한 시적 천재성과 그 관점에 있다고 하지 않을 수가 없다. 앎은 새로운 관점을 낳고, 그 새로운 관점은 이 세상에서 가장 멋진 신세계를 연출해낸다.

명시
·
10

문인수
쉬

그의 상가엘 다녀왔습니다.

환갑을 지난 그가 아흔이 넘은 그의 아버지를 안고 오줌을 뉜 이야기를 들었습니다. 生의 여러 요긴한 동작들이 노구를 떠났으므로, 하지만 정신은 아직 초롱 같았으므로 노인께서 참 난감해하실까봐 "아버지, 쉬, 쉬이, 어이쿠, 어이쿠, 시원허시겟다아" 농하듯 어리광 부리듯 그렇게 오줌을 뉘었다고 합니다.

온몸, 온몸으로 사무쳐 들어가듯 아, 몸 갚아드리듯 그렇게 그가 아버지를 안고 있을 때 노인은 또 얼마나 더 작게, 더 가볍게 몸 움츠리려 애썼을까요. 툭, 툭, 끊기는 오줌발, 그러나 그 길고 긴 뜨신 끈, 아들은 자꾸 안타까이 따에 붙들어매려 했을 것이고, 아버지는 이제 힘겹게 마저 풀고 있었겠지요. 쉬—

쉬! 우주가 참 조용하였겠습니다.

— 「쉬」, 문학동네, 2006년

문인수 시인의 「쉬」를 읽다보면, "공자께서 말씀하시기를, 제자는 집에 들어가면 부모에게 효도하고, 밖에 나오면 모든 일을 잘 삼가하여 남에게 믿음이 있으며, 모든 사람을 널리 아끼되 특히 어진 사람을 가까이 하고, 그러고도 남음이 있으면 글을 배워라(子曰, 弟子入則孝, 出則弟, 謹而信, 汎愛衆而親仁, 行有餘力, 則以學文)"라는 『論語』의 한 귀절이 떠오르고, 다른 한편, "의사들을 위한 도덕률―병약자는 사회의 기생충이다. 어떤 경우에도 삶을 부지해가는 것이 남 부끄러운 일일 수 있다. 사는 의미, 살 권리를 잃고 난 다음인데도 비겁하게 의사와 약에 의존함으로써 식물인간의 삶을 부지한다는 것은 사회로부터 심한 경멸을 받아 마땅할 것이다. 의사들은 의사들대로 이 경멸을 전하는 역할을 맡아야 한다…… 약을 처방할 것이 아니라 환자들에게 날이면 날마다 새로운 혐오감을 내비쳐야 할 것이다"라는 니체의 『우상의 황혼』의 한 귀절이 떠오른다. 공자의 철학, 즉, 유교의 사상에 의하면 부모는 하늘이고 그 부모님의 뜻을 따르는 것이 최고의 미덕이 되고 있는데 반하여, 니체의 철학, 즉, 그의 '생의 철학'에 의하면 부모님의 뜻을 따르는 것만큼 무모하고 어리석은 짓도 없는 것 같다. 유교사상에 따르면 오래 산다는 것은 최고의 축복이며, 아들은 그의 아버지가 비록, 식물인간의 삶을 살고 있을지라도 최선을 다해서 모셔야만 하고, 그리고 그 아버지가 돌아가시면, 삼년 동안은 죄인으로서 '시묘살이'를 하지 않으면 안 된다. 그러나 니체의 사상에 따르면 오래 산다는 것은 '부자연스러운 삶'에 지나지 않으며, 그 식물인간들에게는 약을 처방할 것이 아니라, 날이면 날마다 새로운 경멸과 혐오감을 처방하지 않으면 안 된다. '공자 대 니체', 이 싸움은 '효도 대 불효', '인문주의와 반인문주의'의 싸움인 것처럼 보이지만, 오늘날은 공자의 철학보다는 니체의 철학이 그 영향력을 더욱더 넓혀가고 있는 것처럼도 보인다.

문인수 시인의 「쉬」는 니체의 '생의 철학'보다는 공자의 유교사상에 더 깊이 그 뿌리를 맞대고 있는 시이며, 그것은 '효孝'와 '인仁'의 사상으로 나타나고 있다고 할 수가 있다. 우선 그는 "그의 상가엘 다녀왔습니다"라고, 어떤 사건의 보고자로서 이 「쉬」의 첫 행을 이끌어 나간다. "그의 상가엘 다녀왔습니다"라는 시구는 조용 조용한 목소리이기는 하지만, 그러나 그 조용 조용한 목소리를 넘어서서 매우 도발적인 시구이기도 한데, 왜냐하면 "그의 상가엘 다녀왔습니다"라는 시구 자체가 어떤 충격적인 사건을 내포하고 있기 때문이다. 한 사람의 죽음의 장소인 상가喪家는 그 망인의 생애가 평가되는 장소이며, 그리고 그 망인과의 혈연관계와 교우관계를 맺고 있는 사람들의 '애愛'와 '증憎'의 관계가 동시에 교차되면서, 그리고 그 모든 관계들이 종합적으로 평가되는 장소이기도 하다.

 문인수 시인의 선배는 환갑이 지난 사람이며, 그리고 그 선배의 아버지는 아흔이 넘은 삶을 살다가 돌아가셨던 모양이다. 그리고 그 선배의 아버지는 아흔이 넘어서도 '정신은 초롱과도 같이' 밝았지만, "生의 여러 요긴한 동작들이 노구를 떠났으므로" 똥과 오줌을 제대로 가리지를 못했던 모양이다. 누구나 다같이 나이가 들면 하체의 힘이 없어지기는 하지만, 그러나 하반신이 마비되지 않고서는 똥과 오줌을 제대로 가리지를 못했을 리가 없다. 그 선배의 아버지는 너무나도 오래 사셔서 하반신이 마비가 되었던 모양이고, 따라서 효성이 지극한 그 아들이 아버지의 똥과 오줌을 받아냈던 것이라고 할 수가 있다. 오랜 투병 끝에 효자가 없다는 시중의 속설을 비웃기라도 하듯이, 그 효성이 지극한 아들은 아직 정신이 초롱과도 같이 밝은 "노인께서 참 난감해하실까봐 "아버지, 쉬, 쉬이, 어이쿠, 어이쿠, 시원허시것다아" 농하듯 어리광 부리듯 그렇게 오줌을 뉘었다"고 한다. 하지만 "아버지, 쉬, 쉬이, 어이쿠, 어이쿠, 시원허시것다아"라는 시구 속에는 그 부자의 관계가 역전이 되어, 이제는 아들이 아버지의 아버지가 되고, 아버지는 그 아들의 아들이 되고 있는 것이다. 아들은 정신이 초롱과도 같이 밝은 아버지가 참으로 난감해하실까봐 "농하듯 어리광 부리듯" 아버지의 난감함을 해소시켜 드리려고 하지만, 그러나 그 아버지의 난감함은 "더 작게, 더 가볍게 몸"을 움츠리게 된다. 아들은 그 아버지의 아들이 되어 "온몸, 온몸으로 사무쳐 들어가듯 아, 몸 갚아드리듯 그렇게" 아버지의 오줌수발을 들고 있지만, 그러나 그 아버지는 더욱더 어린 아들이 되어서, "더 작게,

더 가볍게 몸을 움츠리게" 된다. 따라서 그 아들이 더욱더 착한 아들이 되려고 하면 할수록 그 아버지의 아버지(보호자)가 되고, 다른 한편, 그 아버지가 더욱더 착한 아버지가 되려고 하면 할수록, 더욱더 작아지는 아들의 아들(노약자)이 된다. 효도하는 아들과 그 효도가 부담이 되는 아버지, 아흔이 넘은 아버지를 그래도 온몸으로 사무치게 공경하며 더욱더 이승에 붙들어매려는 아들—"아들은 자꾸 안타까이 따에 붙들어매려 했을 것이고"라는 시구가 그것이다—과 더 이상 살아 있어도 살아 있는 인간이 아닌, 그 식물인간과도 같은 삶을 청산하고 싶어했던 아버지—"아버지는 이제 힘겹게 마저 풀고 있었겠지요. 쉬"라는 시구가 그것이다—는 이 세상에서 '부자유친父子有親'의 가장 모범적인 관계라고 하지 않을 수가 없다.

문인수 시인은 "툭, 툭, 끊기는 오줌발, 그러나 그 길고 긴 뜨신 끈, 아들은 자꾸 안타까이 따에 붙들어매려 했을 것이고, 아버지는 이제 힘겹게 마저 풀고 있었겠지요. 쉬—/ 쉬! 우주가 참 조용하였겠습니다"라고, 그의 출세작인 그 「쉬」의 대단원을 이렇게 마무리 해놓는다. 아흔이 넘은 아버지와 환갑이 지난 아들, 아버지를 더욱더 잘 모시지 못해 안타까운 아들과 그 아들을 너무나도 사랑하기 때문에 그 효도가 더욱더 부담이 되고 있는 아버지—, 요컨대 문인수 시인의 「쉬」는 이러한 부자지간의 심리에 그 초점을 맞추고 있는 것이며, 다소 어눌하고 매우 어색한 문장을 통해서 그 '부자유친의 감동의 드라마'를 펼쳐 나가고 있는 것이다. 그 아버지의 죽음은 만인들이 아쉬워하는 죽음이며, 제때에 명료한 의식을 가지고 죽어간 죽음이고, 그리고 그 아쉬움이 너무나도 커서 그 아버지의 수발마저도 즐겁고 기쁘게 생각했던 아들의 안타까운 죽음이 겹쳐져 있는 죽음이다. 더욱이 모든 좋은 시들이 다 그렇지만, 문인수 시인의 「쉬」는 그 의미가 매우 다양하고 중층적으로 겹쳐져 있다고 하지 않을 수가 없다. 어린 아이의 오줌을 뉘다라는 뜻의 '쉬'가 그 하나이고, 시원하다라는 뜻의 '쉬'가 그 둘이다. 몸을 편안히 쉬다라는 뜻의 '쉬'가 그 '셋'이며, 입을 조용히 다물어라라는 뜻의 '쉬'가 그 넷이다. 그리고 마지막으로 영원한 안식처에 들다라는 뜻의 '쉬'가 그 다섯이며, 안도의 한숨을 몰아쉬다라는 뜻의 쉬가 그 여섯이다. "아버지, 쉬, 쉬이, 어이쿠, 어이쿠, 시원허시것다아"라는 시구는 오줌뉠 때의 '쉬'와 시원하다라는 뜻의 '쉬'이고, "툭, 툭, 끊기는 오줌발, 그러나 그 길고 긴 뜨신 끈, 아들은 자꾸 안타까이 따에 붙들어매려 했을 것이고, 아버지는 이제 힘겹게 마저 풀고 있었겠지요. 쉬―/ 쉬! 우주가 참 조용하였겠습니다"라는 시구는, 그 모든 '쉬'들의 종합으로 읽지 않으면 안 된다. 예컨대, "툭, 툭, 끊기는 오줌발, 그러나 그 길고 긴 뜨신 끈, 아들은 자꾸 안타까이 따에 붙들어매려 했을 것이고, 아버지는 이제 힘겹게 마저 풀고 있었겠지요"의 '쉬'는 오줌을 뉘다와 시원하다와, 그리고 안도의 한숨을 몰아쉬다라는 뜻의 '쉬'라면, "쉬! 우주가 참 조용하였겠습니다"라는 '쉬'는 조용히 입을 다물어라와 몸을 편안히 쉬다와, 그리고 영원한 안식처에 들어가다라는 뜻의 '쉬'라고 읽어내지 않으면 안될 것이다." 쉬! 우주가 참 조용하였겠습니다"라는 시구는 "쉬! 조용히 하세요. '부자유친의 미덕' 속에서 한 평생을 사시다가 만인들이 애도하며 축복하는 가운데, 오늘 영원한 안식처로 들어간 사람이 있습니다"라는 뜻이며, "쉬! 우주가 참 조용하였겠습니다"라는 시구는 그 비밀의식(장례의식과 승천의식)의 경건함의 순도를 말해주고 있다고 해도 지나친 말이 아니다.

문인수 시인의 「쉬」는 그 문장이 세련되고 정교하지 못하고, 매우 어눌하고 어색한 문장으로 이루어져 있다는 것이 또 하나의 특징이라고 할 수가 있다. 시인은 언어의 사제로서 가장 세련되고 정교한 문장을 구사할 줄 알아야 하지만, 그러나 때로는 등장인물의 성격과 그 상황에 따라서 이처럼 어눌하고 어색한 문장도 자유자재롭게 사용할 줄 알아야만 한다. 시인의 선배는 "아버지, 쉬, 쉬이, 어이쿠, 어이쿠, 시원허시것다아"라는 시구에서처럼 경상도 사투리를 쓰는 사람이며, 또, 그리고, "온몸, 온몸으로 사무쳐 들어가듯 아, 몸 깊 아드리듯 그렇게 그가 아버지를 안고 있을 때 노인은 또 얼마나 더 작게, 더 가볍게 몸 움츠리려 애썼을까요. 툭, 툭, 끊기는 오줌발, 그러나 그 길고 긴 뜨신 끈, 아들은 자꾸 안타까이 따에 붙들어매려 했을 것이고, 아버지는 이제 힘겹게 마저 풀고 있었겠지요. 쉬"라는 시구에서처럼, 제법 교양 있고 말 잘하는 달변가이기보다는 소박하고 경상도 사투리를 쓰는 말더듬이의 보통 사람에 지나지 않는다. 그러나 시인은 그 선배의 지식과 교양의 수준보다는 아버지에 대한 효성과 그 어진 성품을 더욱더 사랑하고, 그 선배의 '부자유친의 감동의 드라마'를 이처럼 시로써 극화시켜 본 것이라고 할 수가 있다. 하늘과도 같았던 아버지의 은혜를 생각하며 그 수고를 다하는 환갑이 지난 아들과 초롱처럼 밝고 명료한 의식으로 그 어디 쥐구멍이라도 찾아 들어가 숨고 싶었던 아흔이 넘으신 아버지와, 그리고 그 아버지와 아들의 관계를 '부자유친의 감동의 드라마'로 엮어내고 있는 시인과의 삼각관계는 감히 말하자면 '우주론적인 멋진 숨쉬기'가 아닌가도 생각도 된다. 시 삼백 편에는 사악한 생각이 하나도 없다는 말이 있다. 나 역시도 그 말의 순수성과 진실성을 믿고 싶다.

 문인수 시인의 「쉬」 밖의 이야기일 수도 있고, 그 안의 이야기일 수도 있지만, 오늘날 우리 인간들은 이 세상에서 가장 아름답고 멋진 인생에 대하여 정말로 심각하게 생각해보지 않으면 안 된다. 어떻게 살아야 할 것인가라는 화두話頭보다도 어떻게 죽어가야 할 것인가라는 화두가 더욱더 중요해지고 있는 오늘날, 모든 문화적 선진국들은 '고령화'라는 사회적 질병 때문에 대홍역을 치루고 있다고 하지 않을 수가 없다. 남녀의 평균 연령이 80세를 넘어서고 있거나 그 근처에 도달하고 있으며, 이제는 80세의 노인도 노인으로 쳐주지 않는 현실에 직면해 있는 것이다. 민주주의 사회와 만인 평등주의의 맹점은 노인들의 복지정책 때문에 출산장려정책을 전혀 쓸 수가 없다는 점에 있을 것이다. 산소호흡기와 알부민과 진통제와 항암제에 의지하여 살아가는 노인들은 표가 있지만, 미래의 주인공이자 그 유권자인 신생아(아직 태어나지 않은 신생아)들은 그 한 표가 없다. 따지고 보면 80세 이상의 노인들은 잉여 인간들이며, 국민연금과 건강보험의 기금을 다 빨아먹고 사는 불가사리와도 같은 인간들에 지나지 않는다. 정상적으로 명문대학교를 졸업하고 건강한 정신과 건강한 신체를 지니고 있으면서도 일자리가 없어서 백수의 신세를 면치 못하고 있는 젊은이들과, 또, 그리고 어쩌다가 하나의 행운처럼 일자리를 구했으면서도 의식주의 문제 이외에도 어린 아이들의 양육의 문제 때문에 사랑하는 2세의 생산을 단념하는 젊은이들을 생각해본다면, '고령화'라는 현상은 이 지구상의 최고의 질병이자 재앙 그 자체라고 생각하지 않을 수가 없는 것이다.

그러나, 그러나 의학과 유전자 공학에 의지하여 오늘도 그 수명을 연장해 나가고 있는 모든 인간들이여, 그대들의 삶 자체가 죽음의 부정적인 기능으로 작용을 하고 있고, 내가 가장 혐오하고 싫어하는 '부자연사'라는 사실을 명심해 주기를 바란다. 아아, 모든 죽어가는 인간들, 즉 자연사의 반대방향에서 살아가고 있는 그대들이여, 좀 더 죽음 앞에서 떳떳해지고, 이 모든 자연스러운 삶 앞에서 자기 자신의 잘못을 뉘우치고 진심으로 회개를 할 수는 없는가? 20세기 초에는 인간의 평균 수명이 40세 전후였다면, 오늘날은 80세에 가깝고, 그 결과, 세계의 인구는 20억에서 60억 이상으로 그 폭발적인 증가를 기록하게 되었다. 이 무슨 해괴망측한 추태이며, 대재앙이란 말인가? 오늘날의 휴머니즘은 자연에 대한 최악의 테러 행위이며, 파렴치한 범죄 행위가 아닐 수가 없다. 두말할 것도 없이, 의학자들과 유전자 공학자들, 그리고 자연과학자들은 자본가에게 고용된 생태환경 파괴의 주범들이며, 황금알을 낳는 미다스 왕의 후예들일 뿐이다(반경환, 『행복의 깊이』 제1권).

"쉬! 우주가 참 조용하였겠습니다."
언제, 어느 때, 우리 인간들 사이에서, 다시 한 번, '부자유친의 감동의 드라마'를 엮어나가면서, 이처럼 아름답고 멋진 우주적인 숨쉬기를 할 수가 있을 것인지―!

| 명
| 시
| ·
| 11

장옥관
홍어

건드리면 금세 몸 둥글게 말아 넣는 공벌레처럼
앉기만 하면 굽은 등 한껏 휘어지게 당겨 구석에 기대 앉는 사람이 있다.
숨고 싶다는 걸까 그 삶, 정면이 아닌 이면
축축한 곳에 손 집어넣고 비켜서서 살아온 셈이다
둥근 공처럼 둥글게 무릎깍지 끼면 어떤 발길질에도 충격이 내부로 전달되지 않는다는 걸까
그 속은 참 캄캄하겠다
썩어 문드러졌겠다 홍어, 수심 수백 미터 아래 어둡게 엎드려 사는 물고기
오직 견딤을 보호색으로 삼는 물고기
삼투압의 짜디짠 짠물이 몸속으로 스며들지 못하도록
소금보다 짠 소태 오줌 채워 사는 법을 익혔다
화주를 즐기거나 담배라도 독한 담배

조선간장 한 숟가락 듬뿍, 고춧가루 한 숟가락 듬뿍

도무지 싱거운 맛은 믿을 수 없다는 투다

그러기에 궤양의 위장은 늘 헐어 있다

그 무슨 무시무시한 생활이 짓눌렀을까 홍어, 바닥으로 바닥으로 슬픈 부채처럼 거친 발길 피해 숨어 산다

하지만 가끔 부챗살을 활짝 펼쳐 치솟을 때가 있다

온몸이 지느러미가 되는 순간이다

검은 등짝이 숨긴 희디흰 배때기는 만월처럼 환하게 떠올라 바다의 속셈을 헤아리기도 한다

힘껏 내지르는 한 주먹,

곰삭은 홍어의 내부가 문자로 떠올라 번개처럼 콧등을 때린다 머릿골을 후벼판다

투박한 손바닥이 번쩍! 귀쌈을 올려붙인다

이글이글 타오르는 불꽃의 산호,

그 독한 오줌맛!

─『달과 뱀과 짧은 이야기』, 랜덤하우스, 2006년

장옥관 시인은 1955년 경북 선산에서 태어나, 1987년 『세계의 문학』으로 등단한 이후, 『황금연못』, 『바퀴소리를 듣는다』, 『하늘 우물』, 『달과 뱀과 짧은 이야기』를 출간했고, 그리고 '김달진 문학상'을 수상한 바가 있다. 장옥관 시인은 "말과 말 사이에 숨을 불어넣고" 싶어하는 시인이며, 그 언어학적인 토대 위에서, '설화적 기법'('신화적 기법', 또는 '밀교적 기법')으로 우리 인간들의 '삶의 풍경'들을 가장 아름답고 독특하게 미화시켜나간다. 문인수 시인은 1945년 경북 성주에서 태어나, 1985년 『심상』으로 등단한 이후, 『뿔』, 『홰치는 산』, 『동강의 높은 새』, 『쉬』 등을 출간했고, 그리고 '대구문학상', '김달진 문학상', '노작문학상', '시와시학상'을 수상한 바가 있다. 문인수 시인은 한 편의 아름다운 시에 대한 욕망보다도 그 시쓰기 과정을 더욱더 좋아하는 시인이며, 따라서 그의 언어는 매우 어눌하고 어색한 문장으로, 그러나 그가 진정한 시인이 되려고 노력하고 있듯이, 자기 자신과 그 이웃들의 삶의 진정성을 담아냄으로써, 더욱더 만인들의 심금을 울려 나가고 있다. 문인수 시인은 세련되고 정교한 언어와는 거리가 먼 시인이며, 자타가 공인하는 '백수건달의 삶'을 그 어눌하고 어색한 문장으로, 그러나 그만큼 아름답고 진솔하게 그려나간다. 장옥관 시인과 문인수 시인은 호형호제하는 선 후배 사이이며, IMF 이후 다같이 명예퇴직을 당할 수밖에 없었던 쓰라린 체험을 간직하고 살아간다. 명예퇴직은 일상생활인으로서는 더 이상의 출구가 없었던 막다른 벼랑 끝이었지만, 그러나 그것은 시인으로서는 더없는 축복이자 영광의 월계관이 되어주었던 것이다. 왜냐하면 장옥관 시인과 문인수 시인은 그 실직으로 인하여 다같이 제일급의 시인으로 올라설 수가 있었던 대기만성형의 시인들에 지나지 않고 있기 때문이다.

문인수 시인은 1966년 동국대학교 국문학과를 중퇴하고, 1990년부터 1998년까지, 이하석 시인의 주선으로 《영남일보》 교열부 기자로 재직한 것이 그의 직장생활의 전부라고 할 수가 있었다. 따라서 무남독녀 출신이자 초등학교 선생님인 그의 아내의 내조 덕분으로 그 '8할이 넘는 백수건달의 생활'을 전혀, 조금도 기죽지 않고 지탱해올 수가 있었던 것이다. "건드리면 금세 몸 둥글게 말아 넣는 공벌레처럼/ 앉기만 하면 굽은 등 한껏 휘어지게 당겨 구석에 기대 앉는 사람이 있다"라는 시구가 그것을 말해주고, "숨고 싶다는 걸까 그 삶, 정면이 아닌 이면/ 축축한 곳에 손 집어넣고 비켜서서 살아온 셈이다"라는 시구가 그것을 말해준다. 한 편의 아름다운 시에 대한 욕망보다도 그 시쓰기의 과정을 더욱더 사랑하는 문인수 시인은 출가수행 중인 탁발수도승이며, 그 지울 수 없는 백수건달의 꼬리

표를 달고 다니는 사람이다. 항산恒産이 없으면 항심恒心이 없듯이, 떳떳한 생업과 돈주머니가 없으니까, 언제, 어느 때나 "축축한 곳(사타구니)에 손 집어넣고" "숨고 싶다"는 표정만을 지으면서 살아간다. "둥근 공처럼 둥글게 무릎깎지 끼면 어떤 발길질에도 충격이 내부로 전달되지 않는다는 걸까"라는 시구는 그 '백수건달―탁발수도승'의 무서운 견인주에 맞닿아 있는 말이며, 그 모습은 마치,

> 많은 사람들은 초췌해진 광대를 차마 볼 수 없다는 연민을 가지고 광대를 멀리하지 않을 수 없었다. 그러나 광대로 말할 때 모든 사람이 생각하듯 그렇게 초췌한 상태는 아니었고, 그 초췌의 진짜 원인은 자기 자신에 대한 불만에서 오는 것이었다. 어떠한 소식통도 알 수 없는 일, 즉 단식이란 극히 용이한 일이라는 사실을 그만은 알고 있었다. 단식한다는 것은 이를 데 없이 쉬운 일이라고 생각했다. 광대는 이 점을 모든 사람에게 말했으나 믿으려 하는 사람은 하나도 없었다

라고, 프란츠 카프카가 희화화시킨 '굶는 광대'의 모습과도 똑같다고 할 수가 있다. 언제, 어느 때나 세상의 한구석에 몸 둥글게 말아 넣고 구부려 앉는 사람, 또, 언제, 어느 때나 세상의 정면보다는 이면을 바라보며 숨고 싶어하는 사람, 또, 언제, 어느 때나 이 세상의 모든 사람들의 손가락질과 발길질에도 일제히 대응을 하지 않으며 참고 견디는 사람, 그 사람이 바로 백수건달의 문인수이며, 탁발수도승의 문인수이기도 한 것이다. 그러니까 그 속은 장옥관 시인이 문인수 시인의 어법으로 표현하고 있듯이, '참 캄캄하고 썩어 문드

러지지' 않을 수가 없었을 것이다. 홍어는 가오리과의 바닷물고기이며, "수심 수백 미터 아래 어둡게 엎드려 사는 물고기"이고, "오직 견딤을 보호색으로 삼는 물고기"이다. 어린 아이는 어머니라는 바다(양수) 속에서 열 달을 견뎌야만 이 세상으로 나올 수가 있고, 그 어린 아이는 또다시 2—30년 동안, 아니, 그 오랜 기간 동안 '홀로서기'의 연습(교육과정)을 하지 않으면 자기 자신만의 세상을 향해서 날아 갈 수가 없다. 삶은 견디는 것이고, 견딤은 그 삶을 살아가는 것이다. 연목구어緣木求魚, 즉, 나무에 올라가서 물고기를 잡는다는 것은 비록, 그것이 덧없고 부질없는 짓이라고 할 지라도, 그 미친 짓이 진정한 삶이 될 수도 있을 것이다. 왜냐하면 이 세상의 삶은 그 정답이나 비법이 없는 삶이며, 그 어느 누구도 자기가 하고 싶은 일만을 하면서 살아가지는 못하기 때문이다.

  하지만 그 백수건달, 아니, 그 탁발수도승은 그 미친 짓 속에서 자기 자신만의 삶을 살고, 또, 그리고 아주 행복하게 살아간다. 문인수 시인의 삶의 비법, 즉, 그의 행복론은 그 견딤을 보호색으로, "삼투압의 짜디짠 짠물이 몸속으로 스며들지 못하도록/ 소금보다 짠 소태 오줌 채워 사는 법"을 익히는 것이며, '화주'와 '독한 담배'와 그리고 맵고 짠 양념들, 예컨대 '조선간장'과 '고춧가루'를 즐겨드는 것이다. 그 결과, 비록 만성적인 위궤양으로 조금쯤은 고생을 하고 있을지라도, 돈과 명예와 권력 등, 그 모든 욕망으로부터 자기 자신을 해방시킬 수가 있었던 것이다. 돈도 그를 음란하게 하지 못하고, 명예도 그를 유혹하지 못하고, 하늘을 나는 새도 벌벌 떠는 그 어떤 세도가의 절대권력도 그를 굴복시키지 못한다. 가난도 그의 뜻을 꺾지 못하고, 어떠한 슬픔도 그를 한숨 짓지 못하게 하고, 어떤 고통도 그를 더 이상 괴롭히지 못한다. 비록, 그의 백수건달, 아니, 그 탁발수도승의 생활이 "그 무슨 무시무시한 생활이 짓눌렀을까 홍어, 바닥으로 바닥으로 슬픈 부채처럼 거친 발길 피해 숨어"사는 것처럼 보일지라도, 그 백수건달, 아니, 그 탁발수도승의 생활은 그가 가장 사랑하는 생활이고, 가장 행복한 생활일 뿐인 것이다. 하늘이 두 쪽이 나고, 모든 부귀영화가 그토록 아름답고 찬란하게 보일지라도, 자기 자신이 하고 싶은 일만을 하겠다는 것, 바로 그 장인 정신이 문인수 시인의 삶의 비법이고, 그 행복론이었던 셈이다.

  무서운 견인주의―. 이때의 견딤은 수동태가 아니라 능동태이다. 또, 그리고, 그 견딤은 절대로 비생산적인 것이 아니며, 그 무엇보다도 더욱더 높은 생산적인 힘을 자랑하게 된다. "하지만 가끔 부챗살을 활짝 펼쳐 치솟을 때가 있다/ 온몸이 지느러미가 되는 순간이다"라는 시구가 그것을 말해주고, 또한 "검은 등짝이 숨긴 희디흰 배때기는 만월처럼 환하게 떠올라 바다의 속셈을 헤아리기도 한다"라는 시구가 그것을 말해준다. 그 백수건달, 아니 그 탁발수도승, 아니 그 굶는 광대, 아니 그 홍어는 더 이상 "수심 수백미터 아래 어둡게 엎드려 사는 물고기"만이 아니며, 때로는 그 '견딤의 미학'을 토대로 하여, 제일급의 시인으로서 '만월처럼' 아름답게 솟아올라 "바다의 속셈", 또는 "삶의 진리"를 역설하고 있는 것이다. 한 편의 아름다운 시는 쓸 수가 없지만, 그러나 그 아름다운 시를 쓰려는 과정 자체는 아름다울 수가 있다. 또, 그리고 이 세상의 삶은 견딤뿐이지만, 그러나 그 견딤의 과정은 더없이 황홀하고 행복할 수가 있다.

장옥관과 문인수, 그들은 다같이 경상도 출신이고, 또한 그들은 다같이 제일급의 시인이 되려는 '사악한 욕망'—왜냐하면 그들은 모든 욕망을 다 비워냄으로써 제일급의 시인이 되었기 때문이다—을 지녔다. 그들은 다같이 똑같은 한국어라는 자궁 속에서 태어난 일란성 쌍생아들이며, 무서운 원수형제들이기도 한 것이다. 따라서 장옥관 시인이 함부로 그 예의범절—10년이라는 나이 차이도 잊어버리고—도 잊어버린 채, 문인수 시인의 '어투'와 '생활습관'과 '식성' 등의 천기를 누설하며 희화화하고 미화시키는 그 작태가 문인수 시인의 마음에 들 리가 없는 것이다. "힘껏 한 주먹"은 문인수 시인이 그동안 숨기고 있었던 공격본능의 구체적인 발화이며, 어느덧 제멋대로 '문인수라는 홍어무침'을 요리하던 장옥관 시인—또는 그 패거리들에게—에게 "투박한 손바닥"으로 "귀쌈을" 올려 붙이는 어떤 것이 되고 있는 것이다. 이때의 "이글이글 타오르는 불꽃의 산호"는 홍어가 서식하는 바다 속의 산호일 수도 있고, 그 문인수 시인이 올려붙인 "귀쌈" 때문에 벌겋게 달아오른 장옥관 시인의 얼굴일 수도 있다. 모든 유기체들이 다 그렇듯이 문인수 시인에게도 '방어본능'과 '공격본능'이 다같이 살아서 숨쉬고 있다. "건드리면 금세 몸 둥글게 말아 넣는 공벌레처럼"은 심리학적인 '퇴행'을 뜻하고, "도무지 싱거운 맛은 믿을 수 없다는 투다/ 그러기에 궤양의 위장은 늘 헐어 있다"는 심리학적인 '억압'을 뜻한다. 심리학적인 '퇴행'은 프란츠 카프카의 '굶는 광대'처럼, 더 이상의 인간다운 삶을 포기한 자의 그것을 뜻하고, 심리학적인 '억압'은 그 억압된 욕망 때문에—그 억압된 욕망 때문에 너무나도 백해무익하고 자극적인 식생활의 습관을 갖게 되었듯이—만성적인 위궤양을 앓고 있다는 것을 뜻한다. 문인수 시인의 '방어본능'은 '퇴행'과 '억압' 이외에도 '투사', '반동형성', '고착' 등으로 나타나겠지만, 그러나 그의 '공격본능'은 그 방어본능을 넘어서서 '상승욕망'으로 나타난다. "하지만 가끔 부챗살을 활짝 펼쳐 치솟을 때가 있다/ 온몸이 지느러미가 되는 순간이다/ 검은 등짝이 숨긴 희디흰 배때기는 만월처럼 환하게 떠올라 바다의 속셈을 헤아리기도 한다"라는 시구가 그것이고, "힘껏 내지르는 한 주먹", "곰삭은 홍어의 내부가 문자로 떠올라 번개처럼 콧등을 때린다 머릿골을 후벼판다/ 투박한 손바닥이 번쩍! 귀쌈을 올려붙인다"라는 시구가 그것이다. 모든 인간의 욕망은 상승 욕망이고, 그 상승 욕망은 '힘에의 의지', 즉, 그 '권력에의 의지'로 나타나게 된다. 따라서 홍어의 그 상승 욕망—그 홍어를 초월하려는 상승 욕망—이 '만월처럼' 눈부신 부상을 하게 된 것이고, 그리고 그의 앞길을 가로막는 훼방꾼들에게 그 무서운 폭력을 행사하게 된 것이다. 방어본능만이 있고 공격본능이 없는 인간은 이 세상을 살아갈 수도 없고, 또한 공격본능만이 있고, 방어본능이 없는 인간 역시도 이 세상을 살아갈 수가 없다. 그 옛날의 문인수 시인은 마치 한 마리의 홍어처럼, 자기 자신의 방어에만 급급했지만, 그러나 이제는 그의 공격본능이 그 악마(대시인이라는 악마)의 발톱을 드러내고 있는 것인지도 모른다. 문인수 시인의 백수건달의 생활, 아니, 그 탁발수도승의 생활, 아니 그 굶는 광대의 생활, 그리고, 또한, 그 홍어의 생활은 소금보다도 더욱더 짜디짜고, 그 어떤 오줌보다도 더 독한 지린내(아마도 문인수의 대표작은 「쉬」가 될 것이다.)를 풍긴다. 절대로 문인수 시인의 생활은 우리 대한민국의 어린 아이들이 배워서는 안될 것이며, 만일 그가 투병생활을 하게 된다면, 그 간병인에게 방독마스크를 씌워주어야 할 것이다.

누군가가 조금만 건드려도 금세 몸 둥글게 말아넣는 공벌레처럼 사는 홍어, 항상 밝은 곳이 아닌, 어두운 구석에 숨어 살며, 그 축축한 곳(사타구니)에 손을 집어넣고 한껏 비켜서서 살아온 홍어, 그 어느 누구의 악담이나 험담도 못들은 척 하고, 또, 그리고, 그 어느 누구의 손가락질과 발길질에도 두 눈 하나 끄떡하지 않고 살아온 홍어, 독한 화주와 독한 담배와 맵고 짠 고춧가루와 조선간장을 더욱더 좋아하는 홍어, 늘 헐어 있는 위궤양 때문에 쩔쩔 매면서도 그 '견딤의 보호색'으로 소금보다도 더욱더 짠 소태 오줌을 간직하고 있는 홍어, 아아, 장옥관 시인이여, 이제 그대는 대학교수인 만큼—아니, 문인수 시인의 그 악마의 발톱을 맛보았던 만큼—그 홍어의 만월같은 부상이 제 아무리 아름답다고 하더라도 절대로 그 홍어에게 술과 밥도 사주지를 말고, 그 지린내 나는 '홍어무침'같은 것은 아예 생각하지도 말고, 또, 그리고 가까이 하지도 말아라. 오오, 그 지독한 오줌 냄새—.

오르한 파묵이 그의 소설 『내 이름은 빨강』에서,

> 시라즈와 헤라트 화파의 옛 장인들은 신이 원하고 보았던 진짜 말을 그리려면 50년 동안 쉬지 않고 말을 그려야 한다고 했네. 진정한 장인이라면 50년 동안 말을 그리다 장님이 되고, 결국은 그의 손이 그가 그리던 말 그림을 외워 그리지

라고, 그토록 아름답게 묘사한 바가 있듯이, 장옥관 시인의 「홍어」—'문인수 시인의 시 「도다리」를 읽고'라는 부제가 달려 있는—는 더 이상의 모델이 필요 없는 눈 먼 장님의 그림(시)이며, 이 세상에서 가장 아름답고 뛰어난 문인수 시인의 초상화라고 할 수가 있다. 장옥관 시인이 문인수 시인이고, 문인수 시인이 장옥관 시인이다. 장옥관 시인은 20년 동안 봉직해오던 회사로부터 명예퇴직을 당한 이후, 더욱더 몸과 마음을 정결히 하고, 진정으로 불멸의 시인이 되기 위하여, 그토록 오랜 기간 동안, 뼈를 깎고 또 깎는 듯한 '고통의 지옥 훈련과정'을 거쳐 왔던 것처럼 보인다. 『애지』의 '장옥관 특집'(2006년 봄호)과 이 '명시감상'은 '시인 장옥관'에 대한 나의 경의의 표시이며, 아마도 가까운 시일 내에 장옥관 시인에게는 또 하나의 '불멸의 월계관'이 씌워지게 되는지도 모른다.

 나는 장옥관 시인의 『달과 뱀과 짧은 이야기』를 읽으면서 행복했고, 또 행복하기만 했었다.

| 명 |
| 시 |
| . |
| 12 |

강신용
아버지

아버지는 없다
고향 마을에도
타향 거리에도

아버지

하늘 높이 불러보지만
텅
빈
세월뿐이다

— 『나무들은 서서 기도를 한다』, 문경출판사, 2003년

 오늘날 일본은 경제적으로도 세계 제2위의 대국이고, 군사적으로도 세계 제2위의 대국이다. 자그만 섬나라에 지나지 않으며 자원빈국인 일본이라는 국가가 오늘날 '영원한 제국'을 꿈꾸며 명실공히 세계 제2위의 대국으로 성장할 수가 있었던 것은 언제, 어느 때나 눈앞의 사소한 이익보다는 머나먼 미래의 이익을 생각하고, 또, 그리고 개인의 이익보다는 전체의 이익을 그 무엇보다도 금과옥조로 생각했기 때문이다. 일본인들은 '충忠'과 '효孝'의 다툼이 있으면 너무나도 당연하게 '忠'을 선택하지 않으면 안 되었고, 만일, 그렇게 하지 않으면 전체의 이익에 반하는 대역죄인이 되어서 할복자살을 하거나 영원한 '낭인浪人'이 되어서 그토록 쓸쓸하고 비참한 일생을 마치지 않으면 안 되었던 것이다. 일본인들은 1년 내내 크고 작은 지진들과 함께 살고 있고, 또한 해마다 십여 차례나 찾아오는 A급 태풍들과 함께 살고 있다. 따라서 그들은 항상 전체의 이익을 생각하며 그 무엇을 만들어도 가장 견고하고 튼튼하게 만들지 않으면 안 되었던 것이다. 나는 아직도 발표하지 못하고 있는 나의「사색인의 십계명」제5장—나의 '일본문화론'은 지극히 역사 철학적인 사색이 담긴 글이며, 또, 그리고 우리 한국인들의 '영원한 제국'을 건설하기 위하여 씌어진 것이지만, 그러나 우리 한국인들은 그 글의 너무나도 깊은 속뜻을 이해하지 못하고, 나의 '친일적'인 성격만을 물고 늘어질 것 같아서 아직도 발표를 하지 못하고 있다. '친일'과 '반일', '애국'과 '매국'도 구분하지 못하는 우리 한국인들이 비교문화 차원에서 '일본문화'와 '한국문화'를 제법 깊이가 있고, 심도 있게 다루어 본다는 것은 영원히 불가능한 일일는지도 모른다—에서 이러한 '일본정신'을 그들의 '대화혼大和魂'에서 찾아 본 바가 있으며, 그 일본인들의 '대화혼'을 무척이나 존경하고 경의를 표하지 않을 수가 없었던 것이다. '대화혼'은 일본정신의 진수이며, 그들의 국력과 민심을 결집시키는 힘으로 작용을 한다. 늘 사적인 개인보다는 국가와 사회를 먼저 생각하는 것이 그것이며, 언제, 어느 때나 더없이 성실하고 근면하게 살아가면서, 그 '절제의 미학'으로 오늘날의 일본을 세계적인 대국으로 연출해낸 것이 그것이다. 공자의 제자인 자하는 "어진 사람을 어질게 섬기되 색을 좋아하는 것처럼 존경하여야 할 것이며, 부모를 섬기는 데 힘을 다 하여야 할 것이며, 임금을 섬기는 데에는 몸을 바쳐 충성을 할 것이며, 벗과 사귀는 데 있어서 말에 믿음이 있으면, 비록, 그가 못배웠다고 할지라도, 나는 반드시 그가 학문이 있는 자라고 말하리라(子夏曰—顯顯易色, 事父母能竭其力, 事君能致其身, 與朋交友, 言而有信, 雖曰未學, 吾必謂之學矣)라고 역설한 바가 있는데, 일본의 '대화혼'은 바로 이러한 도덕철학에 기초를 두고 있다고 해도 과언이 아니다. 자기 자신만의 도덕을 창출해낸 민족은 고귀한 민족이며, 그렇지 못한 민족은 우리 한국인들처럼 비천한 민족에 지나지 않는다. 도덕은 그 무엇보다도 맑고 깨끗하며, 도덕은 또한 그 무엇보다도 아름답고 순결하다. 도덕은 절제의 미학이며, 그 절제의 미학이 그 구성원들의 마음을 감동시키고, 그리고 그 구성원들이 이 세상을 더없이 아름답고 풍요롭게 살아가게 만들어 준다.

일본정신은 도덕 위에 기초해 있고, 그리고 그 도덕은 절제의 미학 속에 기초해 있다. 절제란 근면하고 성실한 인간의 생활을 지시하고, 절제란 또한 겉과 속, 양과 질, 또 그리고 전체적인 외양의 장에서 최고급의 명품들을 지시한다. 모든 미학은 절제의 미학이며, 그 절제가 없는 미학은 어떠한 예술품도 생산해내지 못한다. 시인의 시는 그의 도덕철학이고, 그 절제의 미학의 구체적인 표지이다. 시인은 언어로써 침묵의 언어를 지향하고, 그 침묵의 언어는 그러나 침묵함으로써 인간의 사상과 감정들을 표현해낸다. 시는 침묵의 언어의 소산이기는 하지만, 그러나 시는 침묵함으로써 수천 년의 역사와 그 모든 것을 다 표현해내고 있다. 한 줄의 시구 속에 우주 전체가 담겨 있다는 옛 선인들의 말이 전혀 우연이거나 과장이 아닌 것이다.

강신용 시인은 1954년 충남 연기에서 태어나 1981년 『현대시학』으로 등단한 이후, 『가을 城』, 『빈 하늘을 바라보며』, 『복숭아밭은 날 미치게 한다』, 『나무들은 서서 기도를 한다』 등을 출간한 바가 있다. 강신용 시인은 비록 1981년에 등단하고 '대전문학상'과 '허균문학상'을 수상한 바가 있지만, 중앙문단에는 거의 알려지지 않은 향토 시인이라고 할 수가 있다. 그러나 나는 이 '향토 시인'이라는 용어를 변방(하위문화)의 그것으로 사용하지 않고, 최고급의 존경과 경의의 표시로서 사용하고자 한다. 시는 운율에 충실하면 음악적이 되고, 이미지에 충실하면 회화적이 되고, 그리고 그 형식보다 내용에 충실하면 주지적(사상적)이 된다. 강신용 시인은 대한민국 최고의 이미지스트이며, 그의 도덕철학은 그 절제의 미학으로 나타난다. 그는 내가 이곳 대전으로 내려오면서 사귄 친구이기는 하지만, 그 어느 누구보다도 근면하고 성실하며, 언제, 어느 때나 사치와 낭비를 모른다. 그의 문학서재인 '문경초당文耕草堂'—충남 공주시 계룡산 우산봉 밑자락에 있는—은 아주 작고 평범해보이지만, 그 모든 것이 가장 잘 정돈되어 있고, 어느 것 하나 흐트러지거나 제멋대로 방치된 것이 없다. 그의 근면함과 성실함은 제 아무리 사소한 물건일지라도 함부로 버리지 않으며, 그 어떠한 일본인들보다도 더욱더 투철한 '절제의 미학'으로 나타나게 된다.

"아버지는 없다/ 고향 마을에도/ 타향 거리에도// 아버지// 하늘 높이 불러보지만/ 텅/ 빈/ 세월뿐이다"의 「아버지」, "해질무렵이면/ 무작정 둑길 걸었지요// 외딴 주막 들마루에 걸터앉아/ 혼자 울었지요// 저녁달 뜨면/ 노을강 너머/ 술잔 비우며/ 눈 감았지요"의 「엄마 생각」, "단 하나뿐인/ 내 형의 무덤은 平葬이다/ 누구 하나 찾아오지 않는/ 외딴 섬이다/ 일년 내내"의 「무덤」, "달 밝은 밤이면/ 뒤뜰에 홀로 앉아/ 피리를 불었다// 슬픈 날이면 슬프게/ 기쁜 날이면 기쁘게/ 마을을 잠재웠다"의 「육촌 형님」 등의 시들을 읽다보면, 아니, 그의 시들을 두 눈을 감고 음미하다 보면, 나는 그가 대한민국 최고의 이미지스트이며, 절제의 미학의 대가라고 인정하지 않을 수가 없었던 것이다. 그는 최고의 시인이 되겠다고 문단의 실세들에게 아첨을 떨어보지도 않았고, 또한 그는 돈과 명예와 권력을 위해서 더없이 비굴하고 비겁하게 자기 자신을 낮추고 살지도 않았다. 그는 늘, 묵묵히, 자기 자신의 온몸으로 성실한 삶을 살았고, 또한 그는, 늘, 묵묵히, 다만, 온몸으로 시를 써왔을 뿐이다. 그는 성실한 삶을 살았지, 돈을 벌기 위하여 살지는 않았다. 또한 그는 시의 삶을 살았지, 시를 쓰기 위해서 살지는 않았다.

 강신용 시인은 너무나도 외롭고 고독한 시인이다. 그는 그가 아주 어렸을 때 그의 아버지와 어머니가 다 돌아가셨고, 할머니 밑에서 자란 시인이며, 그 할머니마저도 돌아가시자 모든 재산들을 다 잃어버리고 천애의 고아 신세가 되어 자라왔다고 한다. 아버지도 없고 어머니도 없었던 시인, 할머니마저도 돌아가시고, 단 하나뿐인 형님마저도 '평장'의 주인공이 되어갔던 시인―, 그러나 그는 이 땅의 사회주의자나 민중주의자들처럼 그 무슨 원한 맺힌 저주감정으로 선전선동의 시를 쓰기는커녕, 그 외롭고 고독한 감정들을 내면으로 삭히면서, 그 외롭고 고독한 삶을 아름답고 풍요롭게 살아왔다고 할 수가 있다. "아버지는 없다/ 고향 마을에도/ 타향 거리에도// 아버지// 하늘 높이 불러보지만/ 텅/ 빈/ 세월 뿐이다"라는 「아버지」가 그것이며, "해질무렵이면/ 무작정 둑길 걸었지요// 외딴 주막 들마루에 걸터앉아/ 혼자 울었지요// 저녁달 뜨면/ 노을강 너머// 술잔 비우며/ 눈 감았지요"라는 「엄마 생각」이 그것이다. 또한 "단 하나뿐인/ 내 형의 무덤은 平葬이다/ 누구 하나 찾아오지 않는/ 외딴 섬이다/ 일년 내내"라는 「무덤」이 그것이고, "달 밝은 밤이면/ 뒤뜰에 홀로 앉아/ 피리를 불었다// 슬픈 날이면 슬프게/ 기쁜 날이면 기쁘게/ 마을을 잠재웠다"라는 「육촌 형님」이 그것이다. 외롭고 고독하다는 것은 누군가를 간절하게 그리워하는 감정이며, 이 그리움의 감정은 그 대상과의 만남을 목표로 간직하게 된다. 강신용 시인의 시는 '불구대천의 원수도 감동할 만한 그리움의 눈물'로 씌어져 있으며, 그리고 그 그리움의 눈물은 그 감정이 절제되어 있는 속울음의 눈물이 된다. 강신용 시인은 고결하고 우아하고, 언제, 어느 때나 그 기품을 잃지 않고 있는 시인이며, 그가 그처럼 거친 울음을 운다는 것은 있을 수가 없는 일이다.

어머니의 사랑은 조건이 없는 사랑이며, 아버지의 사랑은 조건이 있는 사랑이다. 어머니의 사랑은 자녀들의 양육에 알맞은 사랑이며, 아버지의 사랑은 자녀들의 교육에 알맞은 사랑이다. 어머니는 늘, 항상, 자비롭고 친절하지만, 아버지는 때때로 사랑의 대상이기보다는 공포의 대상으로서 다가온다. 이 세상의 도덕과 법과 질서와 모든 부귀영화가 '아버지의 법'에 의하여 재단되고, 늘, 우리는 그 아버지의 명령에 복종하지 않으면 안 된다. 따라서 아버지는 외디프스처럼 살해하고 싶은 존재에 지나지 않으며, 그 아버지의 법은 하루바삐 폐기처분해야 할 어떤 것에 지나지 않는다. 사르트르는 그의 아버지가 여섯 살 때 돌아가셨기 때문에 더없이 행복했다고 말한 바가 있지만, 그러나 강신용 시인에게는 그 아버지마저도 공포의 대상이 아니라, 그리움의 대상인 것이다. 그에게는 비록, 늘 혼이 나고 매를 맞게 될지라도 그 아버지가 살아계셨더라면 하는 소망이 있었던 것이고, 또한 그에게는 '아버지 살해 욕망' 따위는 있을 수가 없었던 것이다. 왜냐하면 아버지는 "고향 마을에도" "타향 거리에도" 없고, 그 그리운 아버지를 "하늘 높이 불러 보지만/ 텅/ 빈/ 세월"만이 존재했기 때문이다. 아버지는 그를 낳아주고, 옷을 입혀주고, 또, 그리고, 그를 가르쳐주고, 미래라는 밝은 하늘 아래로 그를 인도하여 주어야 할 아버지이지만, 그러나 그에게는 그 아버지가 없는 것이다. 사나운 비바람과 사나운 눈보라와 살을 에는 듯한 추위, 또, 그리고 인가人家가 하나도 없는 허허벌판에서 그 모든 의식주를 혼자 해결해야만 했던 어린 아이에게는 아버지란 존재는 얼마나 더없이 그리운 존재였던 것이며, 또한 그 아버지란 존재는 그 이름 자체만으로도 얼마나 더욱더 거룩하고 성스러운 존재였단 말인가! 강신용 시인의 아버지는 다만 그의 아버지만을 지시하지 않고, 그의 어머니와 스스로 목숨을 끊고 '평장'의 주인공이 되어갔던 그의 형님, 그의 할아버지와 할머니, 또 그리고 그의 육촌 형님 등을 지시한다. 아버지라는 기호는 단지 그의 아버지만을 지시하지만, 그러나 그 아버지가 '상징'의 차원에서 호명되면, 그 아버지는 전지전능한 아버지이며, 그 모든 존재들을 다 포용하고 있는 아버지가 된다.

 강신용 시인의 시들은 대부분이 고아의식의 시적 변용이며, 그의 외로움과 고독은 원초적인 외로움과 고독이 된다. 이미 앞에서 시사한 바가 있듯이, 그러나 그의 외로움과 고독은 원한 맺힌 자의 저주 감정이 되지를 않고, 그 외로움과 고독을 그 어느 누구보다도 아름답고 풍요롭게 살아가고 있는 자의 생산적인 감정이 된다. 그는 외로움과 고독 때문에 미리부터 자포자기하거나 체념을 하지 않고, 오히려 그 '절제의 미학' 속에서 그 어느 누구보다도 더욱더 뜨거운 열정으로 살아가고 있는 것이다. "아버지는 없다/ 고향 마을에도/ 타향 거리에도"라고 울부짖고 있으면서 그 아버지의 자랑스러운 아들로서 더욱더 성실하게 살아가고 있고, "해질무렵이면/ 무작정 둑길 걸었지요// 외딴 주막 들마루에 걸터앉아/ 혼자 울었지요// 저녁달 뜨면/ 노을강 너머// 술잔 비우며/ 눈 감았지요"라고 울부짖고 있으면서도 그 어머니의 자랑스러운 아들로서 더욱더 성실하게 살아가고 있다. 「무덤」도 마찬가지이고, 「육촌 형님」도 마찬가지이다.

　순수도 절제의 미학 속에 있고, 순결도 절제의 미학 속에 있다. 근면도 절제의 미학 속에 있고, 성실도 절제의 미학 속에 있다. 사랑도, 증오도, 분노도 절제의 미학 속에 있고, 그리움도, 기다림도, 아름다움도 절제의 미학 속에 있다. 강신용 시인의 '절제의 미학'은 그 최악의 생존조건의 토대 위에서 탄생한 미학이며, 하늘이 두 쪽이 나도 아름다운 삶과 행복한 삶을 살아가겠다는 그의 장인 정신 속에서 탄생한 미학이라고 하지 않을 수가 없다. 강신용 시인의 시들은 일본의 대시인들, 예컨대 마쯔오 바쇼오, 요사 부손, 고바야시 잇사, 마사오까 시끼, 다까하마 교시 등의 하이꾸보다도 더욱더 아름다우며, 그 우주 전체를 담아내는 절제의 미학 속에서 바로 '극일克日의 정신'과 우리 한국인들의 영원한 제국의 꿈이 자라나고 있다고 해도 과언이 아니다.

　아버지, 아버지, 아버지—, 아아, 강신용 시인은 자기 스스로 가장 자랑스러운 아버지가 되어갔던 것이고, 그리고 그 짧은 단시 형태로 '절제의 미학의 대가'가 되어갔다고 해도 과언이 아니다.

| 명
| 시
| ·
| 13

문영수
경단 만들기

아주 오래 전 동짓날, 찹쌀경단을 만들고 있는 어머니 옆에서
오남매가 침을 꿀꺽거리며 구경을 했었다.
어머니 손끝에서는 흰 경단들이 요술처럼 떨어졌다.

소똥구리가 TV 속에서 소똥으로 경단을 만들고 있다.
나 찹쌀가루로 경단을 만든다.
소똥구리 새끼도 그의 어미가 했던 것처럼 소똥으로 경단을 만든다.
자신보다 더 큰 경단을 만들어 물구나무서듯 엎어져 뒷다리로 굴리고 간다.
하늘로 솟구친 엉덩이가 소똥 경단에 납작 붙어 하마 놓칠세라 뒷다리로 버티며 굴리고 간다.
저런, 굴러가던 경단이 오르막에 걸린다.
안절부절 경단 주위를 돌아보다 오던 길로 다시 되돌아간다.
그때 그가 지나는 풀밭은

살짝 파인 발자국도 작은 돌멩이도 거대한 장애물
그는 촉수 끝 더듬이 하나로 아니
초단파의 뒷걸음질로 그의 토굴을 찾아간다.

나, 어머니가 했던 것처럼 하얀 경단을 쟁반에 굴린다.
나, 하얀 경단을 팥물에 집어넣는다.
끓는 물 속에 어머니의 경단이 수끌수끌 끓는다.

어머니와 나, 거대한 소똥경단을 끝없이 굴리며 간다.

— 『애지』, 2006년, 봄호

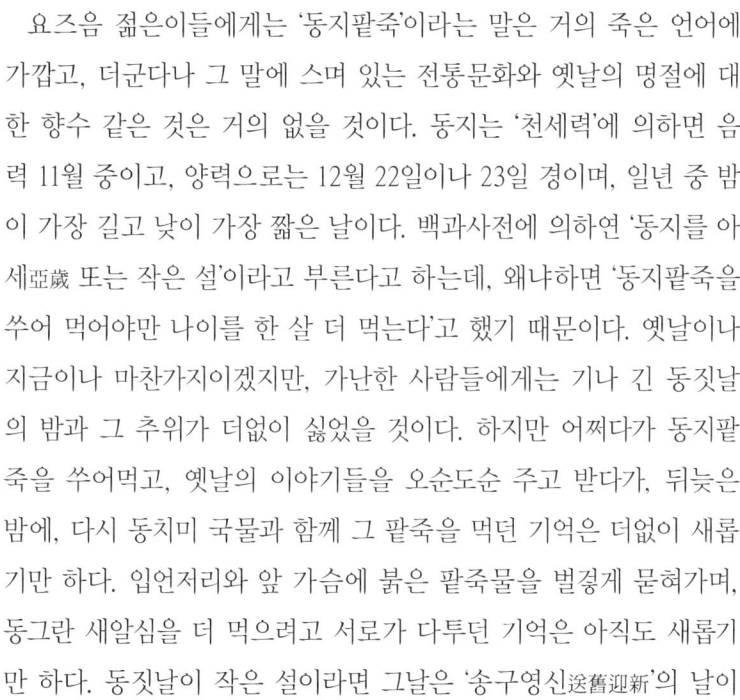

 요즈음 젊은이들에게는 '동지팥죽'이라는 말은 거의 죽은 언어에 가깝고, 더군다나 그 말에 스며 있는 전통문화와 옛날의 명절에 대한 향수 같은 것은 거의 없을 것이다. 동지는 '천세력'에 의하면 음력 11월 중이고, 양력으로는 12월 22일이나 23일 경이며, 일년 중 밤이 가장 길고 낮이 가장 짧은 날이다. 백과사전에 의하연 '동지를 아세亞歲 또는 작은 설'이라고 부른다고 하는데, 왜냐하면 '동지팥죽을 쑤어 먹어야만 나이를 한 살 더 먹는다'고 했기 때문이다. 옛날이나 지금이나 마찬가지이겠지만, 가난한 사람들에게는 기나 긴 동짓날의 밤과 그 추위가 더없이 싫었을 것이다. 하지만 어쩌다가 동지팥죽을 쑤어먹고, 옛날의 이야기들을 오순도순 주고 받다가, 뒤늦은 밤에, 다시 동치미 국물과 함께 그 팥죽을 먹던 기억은 더없이 새롭기만 하다. 입언저리와 앞 가슴에 붉은 팥죽물을 벌겋게 묻혀가며, 동그란 새알심을 더 먹으려고 서로가 다투던 기억은 아직도 새롭기만 하다. 동짓날이 작은 설이라면 그날은 '송구영신送舊迎新'의 날이기도 한 것이다. 지난날의 쓰라리고 아팠던 모든 기억(상처)들을 다 씻어버리고, 새로운 희망과 함께, 새로운 삶을 다짐하던 날이 동짓날이었던 것인지도 모른다. 내가 인터넷 백과사전에서 찾아본 바에 의하면, 팥은 "붉은 빛의 양기를 의미하기 때문에" 예로부터 "귀신을 쫓는데" 널리 사용되었다고 한다. 살아 생전 온갖 망나니짓만을 일 삼다가 끝끝내는 귀신이 되어 온갖 사람들을 다 괴롭히던 공씨 부부의 아들을 쫓아낸 것도 그 동지팥죽이었고, 옛날 옛적의 신라시대 때, 젊은 선비를 괴롭히던 귀신을 쫓아낸 것도 그 동지팥죽이었다. 이때의 온갖 재앙과 귀신들은 지난날의 쓰라리고 아팠던 기억(상처)들을 의미하고, 붉은 팥죽은 새로운 태양의 부활(떠오름)을 뜻한다. 좌절과 실망뿐이었던 지난날은 가고, 새로운 희망과 함께, 새로운 날이 밝아오고 있는 것이다.

동지팥죽은 팥과 쌀(멥쌀)과 찹쌀로 만든다. 팥의 주성분은 단백질과 당질이며, 그 종류는 검은 팥, 붉은 팥, 갈색, 흰색, 얼룩색 등으로 다양하며, 그리고 팥은 심장병, 각기병, 부종, 변비, 빈혈, 숙취, 암내 등에 뛰어난 효능을 나타낸다고 한다. 쌀의 주성분은 단백질, 당질, 지방, 조섬유, 칼륨, 마그네슘, 비타민 등이 다 들어 있는 종합식품—함황, 아미노산, 라이신 등이 부족하다—에 가깝고, 우리 한국인들과 동 아시아인들에게는 더없이 소중한 주곡主穀이기도 하다. 찹쌀은 멥쌀과 대응되는 말로, 찰진 기운이 높고 멥쌀보다 소화가 잘 된다. 찹쌀은 찰떡, 인절미, 경단, 단자 등의 떡과 찰밥, 식혜, 약식, 술, 고추장 등을 만드는 데에도 사용되지만, 그 효능은 위궤양, 십이지장궤양, 소화불량증의 환자들에게도 매우 좋다고 한다.

팥과 쌀은 다 같이 그 성질이 따뜻하고 달며, 독이 없는 식품이라고 할 수가 있다. 붉은 팥을 푹 삶아 굵은 체로 거른 다음, 미리 불린 쌀을 넣고 약한 불에서 나무주걱으로 저어가며 은근하게 끓이고, 죽이 거의 다 익어갈 무렵, 찹쌀가루로 만든 새알심, 즉 '찹쌀경단'을 함께 넣어 익히면, 동지팥죽이 된다. 동지팥죽이 다 만들어지면 먼저 사당에 올리고, 부엌과 장독대, 헛간 등의 여러 곳에 담아 놓았다가 모든 식구들이 빙 둘러 앉아 먹는다. 이때에 찹쌀로 만든 경단은 사람의 나이 수만큼 먹는 것이 정설로 되어 있다. 팥과 쌀의 행복한 만남, 요컨대 우리 한국인들은 이 '동지팥죽의 문화'를 통하여, '송구영신', 즉, '새해맞이'의 거룩한 의식을 치루어 왔던 것인지도 모른다.

 내가 이처럼 옛날 옛적의 동지팥죽의 이야기를 떠올리게 된 것은 문영수 시인의 「경단 만들기」라는 단 한 편의 아름다운 시 때문이라고 할 수가 있다. 문영수 시인은 전남 진도에서 태어나, 2006년도에 『애지』를 통해서 등단한 시인이기는 하지만, 그의 처녀작(출세작)이나 다름없는 「경단 만들기」는 제일급 시인들의 뺨을 때리며, 불멸의 명시의 반열에 올라선 작품이라고 할 수가 있다. 따뜻하고 부드러우며, 또한 그만큼 섬세한 언어와 기승전결起承轉結의 완벽한 구조와 그리고, 또한, 수많은 삶의 우회로에 대한 경의가 바로 그것을 말해준다. 문영수 시인의 따뜻하고 부드러우며, 또한 그만큼 섬세한 언어는 '설화적 기법'에 알맞은 언어이며, 그는 그 설화적 기법을 통하여 세 장면의 이야기들을 엮어 나간다. "아주 오래 전 동짓날, 찹쌀 경단을 만들고 있는 어머니 옆에서/ 오남매가 침을 꿀꺽거리며 구경을 했었다/ 어머니 손끝에서는 흰 경단들이 요술처럼 떨어졌다"라는 시구는 어머니가 찹쌀경단을 만들던 시절의 이야기이며, "소똥구리가 TV 속에서 소똥으로 경단을 만들고 있다/ (……)/ 소똥구리 새끼도 그의 어미가 했던 것처럼 소똥으로 경단을 만든다"라는 시구는 현재의 시점에서, TV 속의 소똥구리가 경단을 만들고 있는 장면의 이야기이며, 그리고 마지막으로, "나, 어머니가 했던 것처럼 하얀 경단을 쟁반에 굴린다/ 나, 하얀 경단을 팥물에 집어넣는다// 끓는 물 속에 어머니의 경단이 수끌수끌 끓는다"라는 시구는, TV 밖의 현실 속의 내가 어머니의 대를 이어서 경단을 만들고 있는 장면의 이야기이다. 과거의 어머니와 TV 속의 소똥구리와 TV 밖의 현실 속의 나의 이야기들이 서로서로 겹쳐지고 중첩되면서, 이처럼 동짓날의 경단만들기'의 그 역사 철학적인 아름다운 명장면들을 연출해내고 있는 것이다. 따뜻하고 부드러운 언어는 동짓날의 옛 이야기 기법에 알맞고, 또한 그만큼 섬세한 언어는 마치 세밀화가들처럼, 그 어느 대목 한 마디도 빠뜨리지 않게 된다. 문영수 시인의 「경단 만들기」는 기승전결, 즉 발단, 전개, 절정(대반전), 결말이라는 완벽한 이야기 구조를 갖고 있으며, 그것은 문영수 시인의 아주 뛰어난 구성 능력(서사능력)을 설명해준다고 해도 틀린 말이 아니다. 발단은 첫머리의 시작을 말하고, 전개는 그 첫 머리의 시작을 이어받는 것을 말하고, 절정(대반전)은 그 이야기의 대반전이나 정점을 뜻하고, 그리고 마지막으로 결말은 어떤 사건이나 이야기의 끝맺음을 뜻한다.

문영수 시인의 「경단 만들기」의 "아주 오래 전 동짓날, 찹쌀경단을 만들고 있는 어머니 옆에서/ 오남매가 침을 꿀꺽거리며 구경을 했었다/ 어머니 손끝에서는 흰 경단들이 요술처럼 떨어졌다"라는 첫째

연은 「경단 만들기」의 '발단'을 뜻하고, 제2연 1행에서부터 5행까지, 즉, "소똥구리가 TV 속에서 소똥으로 경단을 만들고 있다/ 나 찹쌀가루로 경단을 만든다/ 소똥구리 새끼도 그의 어미가 했던 것처럼 소똥으로 경단을 만든다/ 자신보다 더 큰 경단을 만들어 물구나무서듯 엎어져 뒷다리로 굴리고 간다/ 하늘로 솟구친 엉덩이가 소똥경단에 납작 붙어 하마 놓칠세라 뒷다리로 버티며 굴리고 간다"라는 시구는 첫째 연의 '발단'을 이어받은 '전개'에 해당되고, 제2연, 6행에서부터 12행까지, 즉, "저런, 굴러가던 경단이 오르막에 걸린다/ 안절부절 경단 주위를 돌아보다 오던 길로 다시 되돌아간다/ 그때 그가 지나는 풀밭은/ 살짝 파인 발자국도 작은 돌멩이도 거대한 장애물/ 그는 촉수 끝 더듬이 하나로 아니/ 초단파의 뒷걸음질로 그의 토굴을 찾아간다"라는 시구는 전형적인 사건의 대반전, 즉, 이 「경단 만들기」의 절정에 해당된다. 그리고, 마지막으로 제3연에서부터 제4연까지는 역사 철학적인 차원에서, '경단 만들기'의 중요성에 대한 대단원의 결말이라고 하지 않을 수가 없다. 우선 그는 "아주 오래전 동짓날, 찹쌀경단을 만들고 있는 어머니 옆에서/ 오남매가 침을 꿀꺽거리며 구경을 했었다/ 어머니 손끝에서는 흰 경단들이 요술처럼 떨어졌다"라고 말하고, 다른 한편, 그 이야기를 되받아서, TV 속의 소똥구리와 TV 밖의 내가 다같이 그 대물림으로 경단을 만들고 있는 모습들을 보여준다. 옛날의 동지팥죽과 그 경단은 오남매와 어머니가 다같이 군침을 흘릴 만큼 좋아하던 음식이었고, 오늘날의 동지팥죽과 그 경단 역시도 마찬가지라고 할 수가 있다. 따라서 "어머니의 손끝에서는 흰 경단들이 요술처럼 떨어"졌던 것과도 같이, 즉,

"소똥구리가 TV 속에서 소똥으로 경단을 만들고 있다/ 나 찹쌀가루로 경단을 만든다/ 소똥구리 새끼도 그의 어미가 했던 것처럼 소똥으로 경단을 만든다/ 자신보다 더 큰 경단을 만들어 물구나무서듯 엎어져 뒷다리로 굴리고 간다/ 하늘로 솟구친 엉덩이가 소똥 경단에 납작 붙어 하마 놓칠세라 뒷다리로 버티며 굴리고 간다"라는 시구에서처럼, 어느덧 그들 역시도— TV 속의 소똥구리와 TV 밖의 나의 '경단 만들기' 역시도— 그 어머니의 경지에 다가가 있었던 것이다. '이 세상에서 경단 만들기처럼 쉽고 재미 있는 것도 없구나'라는 문영수 시인의 인식은, 그러나 제2연의 6행에서부터 12행까지 대반전을 맞이하게 된다. 그것은 인식의 혁명 탓도 아니며, 발상의 전환 탓도 아니다. 왜냐하면 '경단 만들기'는 단순한 유희가 아니라, 생존의 운명이 걸린 사활의 문제이기 때문이다.

유희의 주체자에게는 모든 것이 아름답고 신기할 수도 있지만, 노동의 주체자에게는 그 일 자체만큼 고통스럽고 힘에 겨운 것도 없다. 경단을 만드는 일에는 오르막도 장애물이고, 살짝 파인 발자국도 장애물이며, 더군다나 작은 돌멩이마저도 거대한 장애물이 된다. 또한 경단을 만드는 일에는 시인의 오남매도 장애물이고, 그의 일가친척들도 장애물이며, 더군다나 사나운 비바람과 추위마저도 거대한 장애물이 된다. 왜냐하면 '경단 만들기'는 단순한 유희가 아니라, 생사의 운명이 걸린 노동의 문제이기 때문이다. 아버지가 돈주머니를 차고 있으면 모두가 다 효자이지만, 아버지의 돈주머니가 비어 있으면 모두가 다 거들떠 보지도 않는다. 케레스의 신목神木(상수리 나무)을 베어버리고 끊임없이 굶주림에 시달리며 자기 자신의 살을 뜯어먹다가 죽어갔던 에릭직톤을 생각해보고, 또한 굶어 죽어서 저승에 가느니 보다는 한 끼의 굶주린 배를 채우기 위하여 헬레우스의 성우聖牛을 잡아먹고 끝끝내 파멸해갔던 오딧세우스의 부하들을 생각해보라! 노동은 '먹이를 구하느냐/ 못 구하느냐'의 문제이며, 또한 '부유하게 사느냐/ 가난하게 사느냐'의 문제이다. 문영수 시인의 '저런'은 뜻밖의 놀라운 사건이 일어났을 때 부르짖는 소리이기는 하지만, 그 '저런'을 통해서, '경단 만들기'가 유희가 아니라, '어렵고 힘든 노동'이라는 사실을 그는 새삼스럽게 깨달아 가고 있는 것이다. 삶은 직선으로 이루어진 것이 아니고, 수많은 오솔길과 샛길과, 또한, 그만큼의 수많은 우회로로 되어 있다. 수많은 오솔길에도 고통이 자라나고, 수많은 샛길에도 고통이 자라난다. 그리고, 또한, 수많은 우회로에도 "저런, 굴러가던 경단이 오르막에 걸린다/ 안절부절 경단 주위를 돌아보다 오던 길로 다시 되돌아간다/ 그때 그가 지나는 풀밭은/ 살짝 파인 발자국도 작은 돌멩이도 거대한 장애물/ 그는 촉수 끝 더듬이 하나로 아니/ 초단파의 뒷걸음질로 그의 토굴을 찾아간다"라는 시구에서처럼, 그 고통이 자라난다. 따라서 문영수 시인은 '우리가 어떻게 이 세상을 고통없이 살아갈 수 있겠는가'라고 묻고 있는 것이다. 우리는 기쁨보다는 고통을 더 원해야 하고, 그 고통을, 그러나 고통스럽지 않게 살아가는 방법을 창출해내지 않으면 안 된다. 고통의 오솔길을 거닐고, 고통의 샛길을 지나가고, 또, 그 고통의 우회로를 지나가면서, 그러나 그 고통의 아름다운 산천과 그 고통의 아름다운 산해진미를 또한, 창출해내지 않으면 안 된다. 우리가 이 세상을 살아갈 수가 있는 것은 그 고통이 있기 때문이며, 또한 그 고통이 있기 때문에, 단순한 '경단 만들기'라는 일 자체가 예술의 차원으로까지 승화되고 있는 것이다. 아는 것은 좋아하는 것만큼 못하고, 좋아하는 것은 즐기는 것만큼 못하다(공자의 말씀). 고통을 알고, 고통을 좋아하고, 또, 그리고 그 고통을 즐기는 것, 바로 이것이 우리 어머니들의 예술(경단 만들기)이었다고 해도 지나친 말이 아니다.

　문영수 시인의 「경단 만들기」가 제1연의 발단에서 제2연의 전개와, 그리고 제2연의 대절정까지, '우리가 어떻게 이 세상을 고통없이 살아갈 수 있겠는가'라는 화두話頭를 위해서 존재하고 있는 것이라면, 마지막의 제3연과 제4연은 그 고통의 무한한 긍정과 사랑으로 이루어져 있다고 하지 않을 수가 없다.

　　　　나, 어머니가 했던 것처럼 하얀 경단을 쟁반에 굴린다.
　　　　나, 하얀 경단을 팥물에 집어넣는다.
　　　　끓는 물 속에 어머니의 경단이 수끌수끌 끓는다.

　　　　어머니와 나, 거대한 소똥경단을 끝없이 굴리며 간다.

　어머니와 나의 끊임없는 경단 만들기, 소똥구리와 소똥구리 새끼의 끊임없는 '경단 만들기'는 우리 인간들의 신성한 노동 자체이며, 아름다운 예술 자체이다. 오늘도 "끓는 물 속에 어머니의 경단이 수끌수끌 끓는다." 이때의 '수끌수끌'은 문영수 시인의 조어造語이며, 팥죽이 끓는 의성어이기는 하지만, 그 조어의 힘으로, 문영수 시인은 오늘도 "어머니와 나, 거대한 소똥경단을 끝없이 굴리며" 가고 있는 것인지도 모른다. '수끌수끌'이라는 조어에는 독창적인 개성과 독창적인 사유의 힘이 녹아 있는 것이다. 시는, 예술은, 가장 아름답고, 가장 고귀하고, 가장 위대한 삶의 주체자에 의해서 저절로 씌어지게 된다. 자연이 예술을 모방하는 것이 아니라, 예술이 우리 인간들의 삶을 살아간다.

  오오, 문영수 시인이여! 그대의 주군主君이신 '예술'이라는 존재를 더욱더 잘 받들고, 더욱더 잘 대접해주시기를……

명시 · 14

손택수
강이 날아오른다

    강이 휘어진다 乙, 乙, 乙 강이 휘어지는 아픔으로 등 굽은 아낙 하나 아기를 업고 밭을 맨다

    호밋날 끝에 돌 부딪는 소리, 강이 들을 껴안는다 한 굽이 두 굽이 살이 패는 아픔으로 저문 들을 품는다

    乙, 乙, 乙 물새떼가 강을 들어올린다 천마리 만마리 천리 만리 소쿠라지는 울음소리—

    까딱하면, 저 속으로 첨벙 뛰어들겠다

— 『목련전차』, 창비, 2006년

손택수 시인은 1970년 전남 담양에서 태어났고, 경남대 국문과와 부산대 대학원을 졸업했다. 1998년 《한국일보》 신춘문예로 등단했고, 시집으로는 『호랑이 발자국』과 『목련 전차』를 출간했으며, 2005년도에는 제3회 '애지문학상'을 수상한 바가 있다. 그는 제3회 애지문학상 수상소감에서, "바다를 떠난 뒤에 내가 머물게 된 곳은 '일산'이라는 땅이다. 나는 가끔씩 '일산'을 '흑산'이라고 바꿔 부른다. 파도 소리 대신 난생 처음 살아보는 아파트 옆으로 스물 네 시간 내내 차바퀴 소리가 들려온다. 사방에서 포위해 들어오는 차바퀴 소리를 몸에 감고 웅크린 나의 방은 아무도 찾지 않는 무인도다. 바다에 있을 때 찾던 무인도를 바다를 떠나게 된 뒤에 만나게 될 줄은 미처 몰랐다. 그것도 서울 가까운 도시 한복판에서…… 떠돌면서 배운 것 하나는 버틸 수 있는데까지 버텨 본다는 것이다. 이 생에 귀향은 이제 물 건너 간 것이 아닌가. 아니, 귀향이란 꿈의 형식 속에서만 아름다운 것이 아닌가"라고 말한 바가 있고, 또한 그의 두 번째

시집인 『목련 전차』의 「자서」에서, "아버지가 그랬다/ 시란 쓸모없는 짓이라고// 어느날 아버지가 다시 말했다/ 기왕이면 시작했으니 최선을 다해보라고// 쓸모없는 짓에 최선을 다하는 것/ 이게 나의 슬픔이고 나를 버티게 한 힘이다"라고 말한 바가 있다.

'흑산'은 정약전이 유배되어 간 곳이며, 그 유배지를 벗어나려는 마음에서 『현산어보』를 썼던 곳이다. 우리 인간들에게 있어서 가장 무서운 형벌은 사형이며, 그 다음으로 무서운 형벌은 유배라는 형벌이다. 사형이란 말 그대로 목숨을 빼앗는 것을 의미하지만, 유배란 그 주체자에게 공동체 사회에서의 생활을 박탈하고, 머나먼 오지奧地로 떠나보내는 것을 말한다. 그는 공동체 바깥에 있는 사람이며, 따라서 그에게는 자유와 평화와 사랑은커녕, 어떠한 안전보장 장치도 없게 된다. 그는 좋은 옷과 좋은 음식보다는 악의악식惡衣惡食에 익숙해져야 하고, 다른 한편, 생존만이 최고인 야만적인 생활에 익숙해지지 않으면 안 된다. 대부분의 사람들은 그 유배생활의 고통을 견디지 못해서 미리부터 자포자기하거나 넋이 나가 버리기 마련이지만, 정약전은 '흑산'이라는 지명마저도 '현산'으로 바꾸고, 그 인간 의지를 통하여 『현산어보』라는 뛰어나게 아름다운 책을 썼던 것이다. '나폴레옹은 어디에서나 행복하다'라는 말이 있다. 시인이란 자기 자신의 행복의 연주자이며, 언제, 어느 곳에서나 행복한 사람이 되지 않으면 안 된다. 왜냐하면 그는 자기 스스로가 자기 자신에게 유배의 명령을 내린 사람이며, 그 유배지에서의 생활을 가장 아름답고 행복하게 살아가지 않으면 안 되기 때문이다. 한 편의 시쓰기는 실제의 생활에서는 전혀 쓸모가 없는 짓에 지나지 않으며, 또한 시인은 한 편의 시를 쓰기 위하여 그 무인도에서 자발적인 유배생활을 하고 있는 죄인에 지나지 않는다. 따라서 끊임없이 귀향을 꿈꾸면서 버틸 수 있는데까지 버텨 본다는 것, 아니, 그 쓸모없는 짓(시쓰기)에 최선을 다해본다는 것은 그의 세계관이 되고 있는 것이다. 만일, 염세주의자가 미리부터 자포자기하거나 체념으로 일관하면서 이 세상을 끊임없이 헐뜯고 비방해대고 있는 것이라면, 낙천주의자는 늘, 항상, 최악의 생존 조건 속에 처해 있을지라도, '흑산'을 '현산'으로 바꾸려는 그 집념으로, 그 불가능을 가능케 하는 성실한 삶을 살아가게 된다.

시인은 어느 곳에다가 자기 자신의 집을 지어야 하는가? 이 세상에 존재하는 곳, 그러나 도저히 어느 누구도 지을 수 없는 그런 곳에 자기 자신만의 집을 짓지 않으면 안 된다. 호머라는 천하의 절경을 한 눈에 내려다 보고, 괴테와 셰익스피어와 보들레르라는 고산 영봉들을 좌우에 거느리면서, 사나운 눈보라와 뜬구름마저도 쉬어가는 그런 곳이 그의 안식처가 되지 않으면 안 되고, 따라서 그는 자기 자신이 최초의 시인이자, 최후의 시인이 되지 않으면 안 된다. 내가 최초의 시인이자 최후의 시인인 곳—. 모든 제일급의 시인들은 늘, 항상, 최악의 생존조건을 찾아나서는 자들이며, 이 세상을 더욱더 아름답고 풍요롭게 살아가는 낙천주의자들이라고 할 수가 있다. 손택수는 기사도적인 모험 정신과 성자의 영웅주의에 투철한 낙천주의자이며, 그 불가능을 가능케 하는 시인이라고 할 수가 있다.

강은 모든 문명의 발상지이자, 우리 인간들의 영원한 젖줄이다. 황하강, 인더스강, 티그리스강과 유프라테스강, 그리고 나일강 등은 우리 인간들의 고대문명의 발상지이며, 아직도 우리 인간들은 그 강들이 만들어 내는 비옥한 터전에서 살아간다. 손택수는 그 강을 '흐른다'고 말하지 않고, 그 '강이 날아오른다'라고 말한다. 손택수의 「강이 날아오른다」는 상형문자인 '乙'의 절묘한 활용과, 강과 인간, 강과 새, 그리고 새와 인간의 관계를 가장 역동적이면서도 절묘하게 결합시킨 제일급의 명시라고 생각된다. "강이 휘어진다 乙, 乙, 乙 강이 휘어지는 아픔으로 등 굽은 아낙 하나 아기를 업고 밭을 맨다"에서의 "강이 휘어진다"라는 뜻은 새 을자乙字의 그것일 수도 있지만, 다른 한편, 그것은 굽힐 을자乙字의 그것일 수도 있다. 강은 언제, 어느 때나 유유히, 유장하게 흘러가는 것이 아니라, 그 굽이 굽이 휘어지는 아픔으로 흘러가고, 또한 우리 인간들 역시도 언제, 어느 때나 호의호식好衣好食하고 있는 것이 아니라, "등 굽은 아낙 하나"가 "아기를 업고 밭을" 매는 것처럼 힘들게 살아간다. 강도 힘들게 살아가고, 아낙도 힘들게 살아가고, 새들도 힘들게 살아간다. 아낙네의 밭매기는 등에 혹(아기)이 하나 붙어 있는 호미질이며, 그 호미질은 마치, 도로아미타불과도 같은 돌밭매기의 그것에 지나지 않는다. 강의 흐름 역시도 그 아낙네의 돌밭매기에 지나지 않으며, 따라서 그 힘겨움으로 간신히 저문 들을 껴안게 된다. 요컨대, "한 굽이 두 굽이 살이 패는 아픔"이 없으면 "저문 들을" 껴안을 수가 없는 것이다. "乙, 乙, 乙 물새떼가 강을 들어올린다 천마리 만마리 천리 만리 소쿠라지는 울음소리—"라는 제3연의 '乙, 乙, 乙'은 새을자의 '을'도 되고, 굽힐 을자의 '을'도 되지만, 그러나 그것은 천마리로, 만마리로 무리지은 새들이 강을 들어 올릴 때의 점점 더 고조되어가는 기합 소리(乙, 乙, 乙)의 그것으로 변주되기도 한다. 아무튼 강과 인간, 강과 새가 결합되고, 그 굽은 강이 살이 패이는 아픔으로 흐르다가 마침내, 드디어 날아오르는 모습은 '소쿠라지는 울음소리'의 기적이 아닐 수가 없다. 이때에, 또한, 새들의 울음소리와 새들의 군무群舞는 아주 빠른 물결이 용솟음치는 모습과 그 소리처럼 변주되고 있다고 하지 않을 수가 없다. 그리고 마지막 연의 "까딱하면, 저 속으로 첨벙 뛰어들겠다"라는 시구는 어느덧 나도 모르게 물새떼가 되어가고 있다는 뜻의 표현일 것이다. '까딱하면'은 '1, 고개를 앞으로 가벼이 꺾어 움직이는 모양, 2, 잘못 변동할 지도 모르는 모양, 3, 조금 움직이는 모양' 등의 뜻이 있지만, '2의 뜻', 즉, '잘못 변동할 지도 모르는 모양'이 된다. '까딱하면(잘못하면), 저 속으로 첨벙 뛰어들겠다'라는 시구는, 그러니까 시인은 새가 아니면서도, 새가 된 것처럼, 그 새가 된 강 속으로 뛰어들고 싶다라는 표현이 된다.

 손택수의 「강이 날아오른다」라는 시는 시인의 참신한 발상과 아주 뛰어나고 멋진 표현과, 그리고 내가 내 방식대로 표현해본다면, 그의 장중하고 울림이 큰 낙천주의가 삼위일체를 이루고 있다고 하지 않을 수가 없다. 상형문자인 '乙字'에서, '강과 인간', '강과 새', 그리고 '새와 인간'을 결합시킨 것은 매우 참신한 발상이며, 그 참신한 발상에 의해서 아주 뛰어나고 멋진 표현과 장중하고 울림이 큰 낙천주의 사상을 얻게 된다. 새들도 강처럼 휘어지는 아픔으로 살고 있고, 강도 새처럼 휘어지는 아픔으로 살고 있고, 인간도 강처럼 휘어지는 아픔으로 살고 있다. 따라서 '강이 휘어진다 乙, 乙, 乙', '강이 휘어지는 아픔으로 등 굽은 아낙 하나 아기를 업고 밭을 맨다', '호밋날 끝에 돌 부딪는 소리, 강이 들을 껴안는다', '한 굽이 두 굽이 살이 패는 아픔으로 저문 들을 품는다', '乙, 乙, 乙 물새떼가 강을 들어올린다 천마리 만마리 천리 만리 소쿠라지는 울음소리—', '까딱하면, 저 속으로 첨벙 뛰어들겠다' 등의 뛰어난 시구들이, 전혀 그 현실성을 잃지 않으면서도 자연스럽게 그 수사적인 타당성을 획득하게 된다. 강이 새 을자로 휘어지고, 그 강의 휘어지는 아픔으로 등 굽은 아낙 하나가 아기를 업고 밭을 맨다는 멋진 표현과 아기를 업은 아낙이 돌밭을 매는 것처럼, 그 살이 패이는 아픔으로 저문 들을 껴안는다라는 멋진 표현 앞에서 어느 누가 감동하지 않을 수가 있겠으며, 또한 어렵고 힘겨운 노역을 통해서, '乙, 乙, 乙 물새떼가 강을 들어올린다 천마리 만마리 천리 만리 소쿠라지는 울음소리—'의 역동성과, 새가 아니면서도, 마치 새가 된 것처럼, 그 날아오르는 강물 속으로 첨벙 뛰어 뛰어들고 싶다는 그 무아지경의 황홀함 앞에서 어느 누가 감동하지 않을 수가 있겠는가! 자기가 자기 스스로에게 유배명령을 내리고, 그 불모지대의 유배지를 지상낙원의 세계로 연출해내는 것, 바로 이것이 시인의 사명이기도 한 것이다. 끊임없이 자기 자신을 발견하고, 이 세계를 새롭게 해석해낼 수가 있다면, 바로 그때에는 이 지옥이 천국이 되고, 불모지대의 사막이 사시사철 늘 푸른 오아시스가 될 수도 있을 것이다.

  강이 새가 되고, 새가 사람이 되고, 사람이 강이 된다. 강도 날아오르고, 새도 날아오르고, 사람도 날아오른다.

  시인의 쓸모없는 짓의 역동성은 이렇게 해서 그 힘을 얻게 되고, 따라서 최악의 생존 조건이 존재하기는커녕, 이처럼 아름답고 행복한 지상낙원의 삶만이 펼쳐지게 된다.

명시 · 15

송종규
폐가

내가 비운 몇 년 동안 거미들은 내 집에
간소한 세간을 들여놨다
비워둔 시간 또한 촘촘하게
그물에 가둬놨다
길을 잘못 든 날 파리와 시큼했던 시간들, 콩콩거리며 뛰어다니던
아이들의 발자국 소리
창문으로 기웃거리던 별빛과 바람의 갈기, 모두

한 숨 깜빡 졸았다고 치자
우주에서는 길고 긴 개기 월식이 있었다 하자, 아니면
내가 도무지 내 집을
찾지 못했다 하자, 그렇다 한들
얼기설기 내 몸까지 진을 친 거미줄 같은 세월
칭칭 동여맨 쑥대밭 같은 기억의 숲들

창을 열고 커튼도 걷고 몸 곳곳에 진 친 거미줄을 털어낸다
비명도 없이 자욱해지는 긴 복도 끝, 온통
부서진 말의 부스러기와 모래가루의 기억들

거미는 다시 내 안에 세간을 들여놓을 것이다 아비며 어린 새끼며 집요한
탐욕의 본능까지, 호시탐탐 집을 세워 올릴 것이다
목화 솜 같은 실을 뽑아 조개구름 같은 문패도 내걸 것이다
어쩌면, 나는, 다시, 내 집으로 돌아오지 못할 것이다

나는, 아무래도, 나에게는 불편한 옷

— 『애지』, 2006년, 겨울호

송종규 시인은 경북 안동에서 태어나 효성여대 약학과를 졸업했고, 1989년, 『심상』으로 등단했다. 시집으로는 『그대에게 가는 길처럼』, 『고요한 입술』, 『정오를 기다리는 텅 빈 접시』, 『녹슨 방』 등이 있으며, 2005년, '대구문학상'을 수상한 바가 있다. 송종규 시인은 매우 아름다운 미모를 자랑하는 여성 시인이기는 하지만, 그러나 그의 시들은 "이 방은, 세계에 대한 오독으로/ 부글거릴 것이다// 너는 가고/ 나만 남는다, 세월이여"라는 『녹슨 방』의 「자서」에서처럼, 회의주의의 정점에서 씌어지고 있다고 하지 않을 수가 없다. 이 세계와 타인들을 잘못 알고 오독해왔다는 분노와 너무나도 부단히 허송세월만을 보내왔다는 허무감이 겹쳐져 있는 장소가 그의 시세계인 것이다. 자기 자신의 삶을 잘못 살아왔다는 분노, 너무나도 부단히 허송세월만을 살아 왔다는 허무감―. 이러한 그의 회의주의는 이 세상에 태어난 것 자체가 '원죄'라는 자기 자신에 대한 부정으로 이어지고 있는 것인지도 모른다. 그렇다. 이 세상에서 태어난 것은

'축복'이 아니라 저주받은 자의 '원죄' 자체라고 해도 과언이 아니다.

하지만 송종규 시인은 왜 몇 년 동안이나 그의 집을 비워둔 것일까? 머나먼 이국땅으로 떠났다가 돌아온 것일까? 그것도 아니라면, 새로운 집으로 이사를 가면서 차마 팔지 못했거나, 마땅한 매수인을 만나지 못했던 것일까? 또, 그것도 아니라면, 대도시로 이사를 가면서 옛날의 집을 서재와 전원주택으로 남겨 두었던 것일까? 시의 문맥상으로는 정확하게 알 수는 없지만, 두 번째와 세 번째의 추측에 이 '폐가'의 존재 근거가 들어 있다고 나는 생각한다.

아리스토텔레스의 4원인설原因說은 형상인, 질료인, 동력인, 목적인으로 되어 있다. 우리 인간들이 사는 곳은 집(형상인)이며, 그것은 나무와 기와와 벽돌(질료인)로 되어 있다. 집은 목수와 벽돌공과 그밖의 사람들의 노동(동력인)에 의해서 지어졌으며, 또한 그것은 그 주인이 살기 위해서 지어졌다(목적인). 우리 인간들은 집이 있기 때문에 눈과 비 바람과 추위를 피해서 편안하게 휴식을 취하고, 또, 그리고, 미래의 꿈을 구상하며, 나날이 일터로 나아가서 그 꿈을 완성하고자 한다. 다시 말해서 집은 우리 인간들의 영원한 안식처이자 꿈을 꾸는 장소이며, 가장 작고 가장 근본적인 최초의 집단(가족)이 공동체 생활을 해나가는 장소라고 하지 않을 수가 없다. 그러나 '폐가'는 아무도 살지 않고 있는 버려진 집이며, 이미, 주거의 장소로써 그 기능을 상실한 집이다. 아이들도 없고 가족도 없는 폐가, 꿈을 꿀 수도 없고 피곤한 몸으로도 잠시 쉬어갈 수도 없는 폐가, 이미 거미가 주인이 되어서 내 몸까지도 사로잡아가고 있는 폐가—. 송종규 시인은 타인에게 팔지 않고 비워둔 폐가를 찾아와 지난날을 회상하면서, 그 불행한 의식을 키워나간다. 이때의 불행한 의식은 자기 자신을 이중적이고 모순된 존재로 끊임없이 인식하고 있는 의식인데, 왜냐하면 자기 자신의 존재의 정당성을 스스로도 설명할 수가 없기 때문이다. 나의 존재의 근거는 '무'이며, 나는 이 세상에서 존재의 정당성을 발견할 수가 없다. 나의 집은 폐가이며, 나의 육체에는 거미가 살고 있고, 따라서 "나는, 아무래도, 나에게는 불편한 옷"에 지나지 않게 된다.

「폐가」의 주인은 내가 아니라 거미이다. 거미는 거미목과의 절지동물이며 네 개의 다리가 있고, 똥구멍 앞에 있는 방적 돌기에서 거미줄을 뽑아내고, 그 거미줄로 수많은 곤충들을 사로잡아서 그 양분들을 빨아먹고 살아간다. '산 입에 거미줄을 칠까'라는 속담도 있지만, 그러나 인간의 집에 거미줄을 친다는 것은 그 집이 폐가라는 것을 뜻한다. 사람이 사는 집과 거미의 집은 양립하기가 매우 힘들며, 우리 인간들이 집을 가꾼다는 것은 그 거미의 집을 걷어낸다는 것을 뜻한다. 송종규 시인이 몇 년 동안이나 비워두었던 집은 바야흐로 거미들의 천국이 되어 있었고, 그 거미의 집에는 그가 비워둔 시간과 아이들의 발자국 소리와, 또, 그리고 심지어는 아름다운 별빛과 바람의 갈기마저도 그 거미의 먹이처럼 사로잡혀 있었던 것이다. 따라서 시인은 거미의 천국이 되어버린 그 「폐가」에서 그의 불행한 의식을 가동시키게 된다. "한 숨 깜빡 졸았다고 치자/ 우주에서는 길고 긴 개기 월식이 있었다 하자"라는 것이 그것이고, "내가 도무지 내 집을/ 찾지 못했다 하자, 그렇다 한들/ 얼기설기 내 몸까지 진을 친 거미줄 같은 세월/ 칭칭 동여맨 쑥대밭 같은 기억의 숲들"

이라는 것이 그것이다. 그 불행한 의식은 우주적인 상상력의 날개를 타고, 빛의 속도보다도 더 빠르게 과거로의 시간 여행을 떠난다. 그가 집을 비운 몇 년은 "한 숨 깜빡" 졸아버린 순간에 불과하지만, 그러나 그 순간은 무한대로 팽창되어 "길고 긴 개기월식"이 있었던 시간이 된다. 나는 그 순간 속에서 이 우주를 표류하는 미아가 되어버리고, 마침내 그 거미줄에 사로잡혀 버린 제물이 되어버리고 만다. 내가 살아온 세월도 거미줄에 걸려 있고, "쑥대밭 같은 기억의 숲"들도 거미줄에 걸려 있다. 그는 우주적인 미아가 되어서 살아 왔던 것이며, 따라서 그의 기억은 쑥대밭의 그것에 지나지 않는다. 쑥대밭은 폐허의 상징이며, 또한 쑥대밭은 패가망신을 당한 사람들의 흉가를 지칭하게 된다.

송종규 시인은 그의 「폐가」에서 그 우주적인 불행한 의식을 거두어 들이고, 가까스로 자기 자신을 수습하여 창을 열고 커튼도 걷고 그의 집 곳곳에 쳐진 거미줄을 털어낸다. "비명도 없이 자욱해지는 긴 복도 끝, 온통/ 부서진 말의 부스러기와 모래가루의 기억들"은 먼지와 먼지뿐인 집의 공간을 말하며, 시인의 '의도의 지향성', 즉, 그 '폐가'를 인가人家로 복원시키기 위한 대청소의 그것임을 또한 증명해준다. 그 대청소의 먼지는 또다시 시인의 불행한 의식을 통해서 "부서진 말의 부스러기와 모래가루의 기억들"로 분화된다. 하지만 그의 대청소는 또다시 도로아미타불의 그것에 지나지 않고 있는, 왜냐하면 "거미는 다시 내 안에 세간을 들여놓을 것"이 너무나도 분명하기 때문이다. 요컨대 그 저승사자이자 시인의 운명의 지배자인 거미는, "아비며 어린 새끼며 집요한/ 탐욕의 본능까지, 호시탐탐" 그의 튼튼한 집마저도 얽어맬 것이며, 시인의 이름 대신에, "목화 솜 같은 실을 뽑아 조개구름 같은" 그의 문패"를 내걸 것이다. 따라서 시인은 우주적인 미아일 뿐, 그의 집으로 영원히 돌아갈 수가 없게 된다. 프란츠 카프카의 『성城』이라는 소설을 연상시키는 송종규 시인의 「폐가」는 불행한 의식 그 자체이며, 자기 자신의 존재의 정당성을 마련하지 못한 자의 단말마의 비명으로 되어 있다고 해도 과언이 아니다.

"나는, 아무래도, 나에게는 불편한 옷". 따지고 보면 이 세상에는 어느 누구도 저 절지동물의 탐욕과 그 포악성을 벗어날 수가 없다. 똥구멍 앞의 방적 돌기에서 거미줄을 뽑아내고, 수많은 생명들의 몸을 빨아먹고 살아가는 거미보다 더 두렵고 무서운 저승사자는 없다. 나의 집은 거미줄에 사로잡혀 있고, 나는 우주의 미아가 되어서 이 세상을 끊임없이 표류하고 있을 뿐인 것이다.

존재는 다만 어둡고 캄캄한 존재이며, 존재자는 그 어둠 속을 뛰쳐나와 스스로 존재의 정당성과 그 삶의 목표를 정립하고 마침내 홀로서기를 이룩한 존재이며, 따라서 그는 그 홀로서기(주체성의 정립)를 통해서 타자에게로 다가가게 된다. 이 타자성은 그의 사회성(이타성)이며, 그는 그 사회성을 통해서 타인들과 함께 살아가게 된다. 너는 나이고, 나는 너이다. 주인과 노예의 관계도 없고, 지배와 복종의 관계도 없다. 상호경쟁적인 관계도 없고, 상호 적대적인 관계도 없다. 레비나스는 이처럼, 존재에서 존재자에로, 존재자에서 타자에게로 나아가는 과정을 '존재론적 모험'으로 설명한 바가 있다.

그러나 송종규 시인에게는 이 존재론적 모험을 통해서 보다 나은 삶과 보다 완전한 존재를 향해 나아가기는커녕, 자기 자신의 존재의 정당성과 타인들의 존재 자체마저도 부정한다. 그의 「폐가」는 단순한 폐가가 아니라, 그의 불행한 의식의 객관적 상관물이며, 타인들은 물론, 그의 가족들마저도 절대적인 분리가 이루어진 장소에 지나지 않는다. 내가 있는 곳에 타인이 등장하면 나의 주체성은 온데간데 없이 사라지고 나는 사물화되거나 타자화되어 간다. 이와 마찬가지로, 타인이 있는 곳에 내가 등장하게 되면, 이제는 거꾸로 그 타인마저도 스스로의 주체성을 상실하고 사물화되거나 타자화되어 간다. 이때의 타인은 사르트르의 말대로 함께 살아가야 할 이웃이며 동료가 아니라, 영원히 나를 억압하는 감옥일 뿐인 것이다. 아이들도 타인이고, 남편도 영원한 타인에 불과하다. 그의 이웃도 타인들이고, 나 역시도 나 자신에게는 영원한 타인에 불과하다. 왜냐하면 "나는, 아무래도, 나에게는 불편한 옷"에 지나지 않기 때문이다. 1900년대의 실존주의자들은 양차 대전을 겪은 잃어버린 세대들이며, 그 피비린내 나는 전쟁을 통해서 '인간이 인간에게 늑대'가 되는 것을 몸소 경험한 바가 있다. 따라서 그들은 이 세상과 우리 인간들과 그 모든 것을 극단적으로 부정한 바가 있는 것이다. 불행한 의식의 소유자에게는 무인도도 지옥이고, 이 거대 도시도 지옥이다. 만일, 그렇다면, 그 불행한 의식의 심리적 근거는 무엇이며, 그는 왜 그 불행한 의식을 버리지 못하고 있는 것일까? 그 심리결정요인은 이 세상의 삶으로부터 얻게 된 치명적인 상처 때문이기도 할 것이다. 송종규의 몸도 거미의 집이고, 그의 시도 거미의 집이다. 인간 존재론은 판단중지된 이론이며, 영원히 그 이론의 정립이 요원한 미완의 철학적 과제이기도 하다.

　실존이 본질에 우선하는 존재, 본질은 없고, 다만, 현상(껍데기)뿐인 존재, '왜 살고 있는가'라는 존재의 이유도 모르는 채, 다만 저승행의 열차에 올라탄 존재, 나는 아무래도 나 자신에게는 불편한 존재(옷)라고 끊임없이 중얼거리면서 우주적인 미아로 떠돌아 다니고 있는 존재―. 송종규 시인의 회의주의는 다만 좌절하고 체념하는 허무주의가 아니라 다소 싸늘하고 차가운 냉소주의에 가까운 회의주의이다. 회의와 비판은 모든 지식인들의 제일급의 덕목이며, 그 회의와 비판을 통해서만이 이 세계와 우리 인간들의 미래의 희망이 담보될 수가 있는 것이다. 송종규 시인의 이 세계와 인간 존재에 대한 극단적인 부정 정신(회의와 비판)은 이러한 점에 있어서 매우 소중한 미덕이 되고, 또한, 그는 그 극단적인 부정 정신을 통해서 이 세계와 우리 인간들의 삶에 참여를 하고 있는 것이다. '나는 아무래도 나에게는 너무나도 불편한 옷'이라는 경구와 '너무나도 크나 큰 모자를 쓰고 무덤 속으로 쾌속질주하는 타인들'이라는 경구는 냉소주의자, 또는 회의주의자로서의 송종규 시인의 그 무엇보다도 뜨거운 열정의 소산이라고 하지 않을 수가 없다. 그 회의주의자의 뜨거운 열정이 '우주적인 상상력'을 가동시키고, 빛보다 더 빠른 속도로 과거와 미래로의 시간여행을 떠―다니면서, 우리 인간들의 마비된 의식과 그 무지를 일깨워 준다. 그의 시는, 가히 '우주적인 충격'을 불러 일으켜 주고 있다고 해도 지나친 말이 아니다. 이 글은 그 '회의주의 미학의 대가'에게 바쳐진 글이며, 한 사람의 철학예술가로서의 나의 경의의 표시이다.

송종규 시인이 이 「폐가」와 함께 『애지』에 발표를 했던 「너무 큰 모자」의 후반부를 마지막으로, 다시 한 번 소개하고자 한다.

　　아마 오늘 밤엔, 그 낡고 불어터진 몸을 모자가 먹어치울지도 모른다, 내 생각은, 쓸데없이 먼 곳까지 걸어나간다
　　정류장 부근에 사람들이 둥글거나 길게 늘어서 있다 끌끌 혀를 차며 둥글거나 길게 빌딩들이 어두워진다

　　질주하는 어둠들
　　세상의 모든 거울들이 산산조각 난다
　　저 많은 봉분들

　　수많은 그가 봉분들 속으로 들어가 녹슨 몸을 숨긴다
　　모자는, 안락하다

명시 · 16

함민복
낚시 이후

늦게 일어나 수돗가에 나가 보니
고무대야에 피라미와 붕어가 떠 있다

죽음을 머리 위에 허옇게 인
잉어가 아가미를 움직인다

그늘 흔드는
지느러미

두려웠나 물 밖으로 뛰쳐나와
죽음 속으로 헤엄쳐 간 잔 고기 몇 마리

부패와 호흡이 한 물 속이고
심장들은 제자리뜀으로 경계를 넘는다
─ 『말랑말랑한 힘』, 문학세계사, 2005년

어느 날 여우가 시냇가를 거닐다가 물 속을 들여다 보니까, 수많은 물고기들이 무척이나 허둥지둥대며 바쁘게 움직이고 있었다. 여우가 그 물고기들에게 이렇게 물어 보았다. "무엇 때문에 그렇게 허둥지둥대며 바쁘게 움직이고 있는가?" 그 물고기들이 이렇게 대답했다. "무섭기 때문입니다. 물 속에는 수많은 포식자들이 살고 있기 때문이지요." 여우가 그 사악하고 교활한 마음을 숨기고 아주 따뜻하고 상냥한 말씨로 이렇게 말했다. "무엇 때문에 그렇게 무서워서 벌벌 떨고 있단 말인가? 물 밖으로 나오면 내가 그대들을 잘 보살펴 주겠네." 그러자 물고기들은 별난 여우를 다 보았다는 듯이, "여우 나리님, 한평생 살아온 물 속도 이처럼 무서운 세상인데, 한 번도 살아보지 못한 물 밖의 세상을 어떻게 알고, 또, 그리고 여우 나리님을 어떻게 믿고 물 밖으로 나가겠어요!"라고, 퉁명스럽게 쏘아부치고, 아주 재빠르게 물 속 깊은 곳으로 떠나갔다고 한다. 이 우화는 아주 오래 전에 『탈무드』에서 읽은 토막 이야기이며, 내가 그 기억을 토대로 해서 재구성해본 것이다.

 물고기를 잡는 방법은 매우 다양하지만, 낚시란 바늘에 미끼를 꿰어서 물고기를 잡는 행위를 말한다. 그 낚시의 행위도 바다낚시와 민물낚시로 대별되고, 또한 그 잡는 방법에 따라서 대낚시와 릴낚시, 그리고 루어낚시 등으로 구분된다. 낚시의 역사는 인류의 역사와 그 궤를 같이하고, 또한 그만큼 다양하게 변모와 진보를 거듭해왔다고 할 수가 있다. 하지만 자이나교도들이나 그밖의 생명주의자들의 입장에서 바라보면 낚시꾼은 잔인한 사냥꾼이며, 감금자이고, 또, 그리고 사형집행의 주재자라고 할 수가 있다. 낚시꾼들은 물때의 흐름과 물 속의 깊이와 그리고 그 물고기들의 습성을 파악한 다음, 그 물고기들이 좋아하는 미끼를 달고, 또, 그리고 그 물고기들을 유인하기 위하여 밑밥을 던질 줄을 알지 않으면 안 된다. 이 땅의 낚시꾼들은 그들의 행위를 '도道'를 닦는 '무심無心'의 경지로 설명하고, 저마다 강태공처럼 입신출세의 욕망을 은폐하기에 바쁘다. 강태공은 태공太公이 그토록 찾아 헤매던 천하의 명장이며, 그 인물의 됨됨이가 어진 현자의 위치에까지 올라갔던 인물이라고 할 수가 있다. 낚시꾼들은 물고기의 입장에서 바라보면, 그토록 무자비하고 교활했던 제국주의자들과도 같은 존재이며, 그들은 그들의 살생 행위를 道의 경지로 미화시키고, 우리 물고기들이 죽음의 문턱에서 그토록 살기 위하여 발버둥치는 행위를 "아, 그 놈, 정말 대물大物이로구나! 이 짜릿한 손맛 때문에, 우리가 이토록 고생을 하면서도 낚시의 매력에 빠져들고 있는 것이 아니던가"라고, 자기 스스로가 낚시의 열광자임을 자처하고 있는 것이다. 열광자는 자기 도취의 황홀함에 빠져 있는 자이며, 그 황홀한 순간과 쾌락을 위해서 타인들의 존재를 기꺼이 부정하는 일방주의자들이다. 일방주의는 제국주의자들이 선호하는 길이며, 그 길에는 힘의 크기에 따라서 그 모든 것이 폭력적인 서열관계를 간직하게 되어 있다. 영국인들은 무자비한 해적들이 아니라, 멋진 신사들이며, 미국인들은 인디언들을 모조리 몰살시킨 도살자들이 아니라, 모든 노예들을 해방시킨 천사들이다. 그 제국주의자들은 제3세계의 야만인들을 위해서, 기독교와 선진문명을 전파하고, 모든 후진 국민들을 문명의 세계로 이끌어낸 백의의 천사들이다. 하지만 이 제국주의자들이 스쳐 지나간 곳이면 어김없이 천연자원들이 고갈되어버리고, 제 동족들의 피와 살을 뜯어먹고 살아가는 무시무시한 독재자들이 판을 치게 되고, 그리고 마지막으로 온갖 종파와 민족 갈등으로 이전투구식의 내란과 분쟁의 소용돌이가 휘몰아쳐 지나가게 된다. 낚시꾼은 잔인한 제국주의자(잔인한 여우)이며, 노예상인이고, 온갖 감옥과 사형집행을 담당하는 주재자이다. 제국주의는 낚시꾼들의 이상적인 천국이며, 이 제국주의는 수많은 생명들의 피비린내 위에서 세워지고 있는 것이다.

  함민복 시인은 1962년 충북 충주에서 태어났으며, 1988년『세계의 문학』으로 등단했다. 시집으로는『우울씨의 일일』,『자본주의의 약속』,『모든 경계에는 꽃이 핀다』와 그리고『말랑말랑한 힘』등이 있다. 그의 시세계는 문명비판의 토대 위에서, 가장 날카롭고 예리하게 풍자와 해학의 기법을 선보이고 있으며, 다른 한편, 그 문명의 그늘에서 외롭고 고독하며 처절하게 살아가고 있는 실존적 개인들의 모습을 매우 진지하지만, 또한 그만큼 그로테스크하고 음산하게 그려낸 바가 있다. 그러나 함민복 시인은 제2회 '애지문학상'을 수상하고 『말랑말랑한 힘』을 펴내면서부터, 아니 『모든 경계에는 꽃이 핀다』를 출간한 이후부터, 그의 시세계는 새로운 변모를 시작했다고 하지 않을 수가 없다. 도시문명 속에서 낙오자가 되어서 떠돌아 다니던 그가, 서해바다 속의 강화도에다가 그 정처를 마련하고부터, 그 문명비판의 토대 위에서, 새로운 대안처럼 생명주의를 접목시켰던 것이다. 그러나 생명주의는 영원히 역사 철학적인 사상으로 자리를 잡을 수가 없는데, 왜냐하면 생명주의는 너무나도 두루뭉수리한 용어이며, 어느 것 하나 그 용어의 범주에서 벗어날 길이 없기 때문이다. 생명주의가 하나의 철학 사상으로 자리를 잡는다면, 고전주의와 낭만주의, 그리고 공산주의와 자본주의 등이 모조리 종적을 감추게 되는지도 모른다. 요컨대 생명주의가 아닌 사상이 없는 것이다. 어쨌든 함민복의 『말랑말랑한 힘』은 "말랑말랑한 흙이 말랑말랑 발을 잡아준다/ 말랑말랑한 흙이 말랑말랑 가는 길을 잡아준다// 말랑말랑한 힘/ 말랑말랑한 힘"이라는 「뻘」에서처럼, 그 부드러움을 통해서, 만물의 삶의 터전인 '뻘'과 그 '생명'들을 예찬하게 된다. 도시는 인간을 잔인하고 냉소적으로 만들지만, 자연은 인간을 너그럽고 인자하게 만들어 준다.

하지만 함민복은 시인이지, 낚시꾼이 아니다. 또한 그는 생명주의자이지, 제국주의자와도 같은 반생명주의자가 아니다. 그런 그가 「낚시 이후」라는 시를 썼고, 어떻게 생각해보면 물고기들의 지옥을 연출해냈다고도 할 수가 있을 것이다. 그의 낚시 행위에 의해서 '고

무대야'는 감옥이 되었고, '피라미와 붕어'는 허옇게 배를 드러낸 채 죽어가게 되었다. 그 죽음들을 머리에 인 '잉어'만이 겨우 '아가미와 지느러미'를 움직이고 있고, 또한 그 감옥 밖에는 사생결단의 탈출을 시도하다가 비명횡사해간 '잔 고기들'이 널려 있게 되었다. 도대체 시인으로서, 생명주의자로서, 왜, 그는 이처럼 반생명적인 감옥과 죽음을 연출해내고, 또한 그 무엇 때문에 이 살벌한 풍경들을 시로 썼단 말인가? 제국주의자들도 사냥을 하고 생명주의자들도 사냥을 한다. 제국주의자들도 낚시를 하고 생명주의자들도 낚시를 한다. 그들은 다같이 밥을 먹고 똥을 싸며, 그리고 또한 다같이 그들의 삶을 즐기고 그들의 죽음을 죽어간다. 그러나 제국주의자들과 반제국주의자들(생명주의자들)의 차이는 제국주의자들이 타자의 주체성을 짓밟으며 그들의 탐욕만을 추구해 나가는데 반하여, 반제국주의자들은 타자의 주체성을 옹호하고 최소한도의 욕망만을 가동시켜 나간다는 점에 있을 것이다. 모든 생명주의자들은 생명이 생명을 먹고 살아간다는 사실에 대하여 너무나도 가슴 아프게 생각했던 자들이고, 그 죄의식과 감사함의 표현으로 최소한도의 욕망만을 충족시키고자 했던 것이다. 제국주의자들은 반성할 줄을 모르는 자들이고, 생명주의자들은 반성할 줄을 아는 자들이다. 함민복의 낚시 행위는 생명주의자의 그것에 불과하고, 따라서, 그 물고기들의 지옥(삶)을 통해서 우리 인간들의 삶을 성찰해보고 있는 것이다. 물고기의 삶이 시인의 삶이고, 시인의 삶이 물고기의 삶이다. '낚시 이후', "늦게 일어나 수돗가에 나가 보니/ 고무대야에 피라미와 붕어가 떠 있다"라는 시구도 우리 인간들의 비극적인 삶을 시사해주고 있고,

"죽음을 머리 위에 허옇게 인/ 잉어가 아가미를 움직인다"라는 시구도 우리 인간들의 비극적인 삶을 시사해주고 있다. "두려웠나 물 밖으로 뛰쳐나와/ 죽음 속으로 헤엄쳐 간 잔 고기 몇 마리"라는 시구도 우리 인간들의 비극적인 삶을 시사해주고 있고, "부패와 호흡이 한 물 속이고/ 심장들은 제자리뜀으로 경계를 넘는다"라는 시구도 우리 인간들의 비극적인 삶을 시사해주고 있다. 시인과 물고기는 다같이 '운명의 낚시바늘'에 꿰여져서, '지옥'이라는 감옥에 갇힌 자들에 지나지 않으며, 그 감옥을 탈출해 보았자 더욱더 비극적인 죽음만을 맞이하게 되는 하루살이들에 지나지 않는다.
　바다도 감옥이고, 땅도 감옥이다. 물 속도 감옥이고, 물 밖도 감옥이다. 그 감옥을 연출해낸 자는 제국주의자와도 같은 하나님일는지도 모른다. '운명의 낚시바늘에 걸려든 물고기들', 기껏해야 '고무대야'가 삶의 바다이고, 피라미와 붕어는 이미, 배를 허옇게 드러낸 채 죽어 있다. 또, 고무대야 밖에는 그 감옥이 두려워서 탈출을 시도하다가 비명횡사해간 잔 고기들이 널려 있고, 그 고무대야 안에는 "죽음을 머리 위에 허옇게 인/ 잉어가" 겨우 그 아가미와 지느러미를 움직이고 있다. 그렇다. 감옥은 자유를 박탈한 장소이기 때문에 탈출의 욕망을 가중시키고, 그 사생결단의 탈출마저도 죽음으로 몰고 가는 장소가 된다. 억압과 자유, 탈출과 죽음, 부패와 호흡이 한 물 속이고, "심장들은 제자리뜀으로 경계를" 넘게 된다. 요컨대 이 세상의 삶은 어떠한 희망도 없고, 따라서 "심장들은 제자리뜀으로 경계를 넘는다"는 시구는 오직 죽음만이 진정한 '삶의 해방'이라는 역설에 맞닿아 있다고 해도 지나친 말이 아닐 것이다.

만일, 그렇다면 함민복 시인이 낚은 것은 물고기들이 아니라, 우리 인간들이란 말인가? 아니, 반드시 그렇지는 않다. 함민복 시인이 낚은 것은 첫 번째는 물고기이고, 두 번째는 우리 인간들이라고 할 수가 있다. 세 번째는 모든 생명들이고, 그리고 마지막으로 네 번째는 '삶의 지옥'을 연출해낸 「낚시 이후」라는 시라고 할 수가 있다. 감옥 안도 두렵고, 감옥 밖도 두려운 생명들, '운명의 낚시바늘'에 걸려 들어서 죽음의 급행열차를 탄 모든 생명들―. 함민복 시인의 「낚시 이후」는 비극적인 삶의 핵심을 정확히 관통하고 있는 시이며, 너와 나의 삶과 모든 인간들의 삶을 전면적으로 되돌아보고 반성하게 만든다. 「낚시 이후」는 억압과 자유, 탈출과 죽음, 부패와 호흡을 명상하고 이 세상을 거대한 지옥으로 묘사했으면서도, 너무나도 아름답고 뛰어난 시로 승화되고 있다고 하지 않을 수가 없다. 첫 번째는 언어의 절제이며, 두 번째는 어떤 사건의 핵심을 파고드는 인식의 힘이다. 언어의 절제는 군더더기가 하나도 없으면서 그 모든 것을 시사해주는 잠언적이고 경구적인 문체로 이어지고, 어떤 사건의 핵심을 파고드는 인식의 힘은 그의 앎의 깊이를 설명해준다. 물고기를 낚은 것이 아니라 우리 인간들을 낚은 함민복, 우리 인간들을 낚은 것이 아니라 모든 생명체들을 낚은 함민복, 아니, 모든 생명체들이 아니라 「낚시 이후」라는 제일급의 시를 낚은 함민복―. 함민복 시인은 「낚시 이후」라는 시를 통해서, 마치 제국주의자들이 휩쓸고 지나간 듯한 '삶의 지옥'을 연출해내고, 이 세상의 삶이 과연 아름답고 행복한 것인가를 역설적으로 묻고 있는 것인지도 모른다. 그 질문은 매우 쓰디 쓰고 통렬한 질문이며, 오히려, 거꾸로, 그토록 아름답고 행복한 삶을 희원하는 함민복 시인의 천성만을 드러내주고 있다고 나는 생각한다.

  함민복 시인은 참으로 천성이 고운 시인다.

  나는 이러한 함민복 시인을 사랑하고, 또 사랑한다.

명
시
·
17

이지담
술 석 잔 마신 얼굴로

바다는 순결을 벗고 있었다. 와불인 줄 알고 끌어안는데, 탁발을 떠나는 해였다.

술 석 잔쯤 마신 얼굴로, 바다는 뉘엿뉘엿 취해 강진으로 떠나는 여자의 뒷덜미, 잡아당겨 제 무릎에 앉혔다.

게 눈빛으로 말하는 사이일수록, 하늘을 가리지 않아도 될, 뻔뻔한 사랑 한번 해보자는 낯빛이었다.

노을주 석 잔 들이키는 가슴에서, 연꽃이 피어 절정에 이르면, 농게들도 군무로 위로할까.

몇 잔이면 심연까지 뒤흔드는, 사랑에 도달할 수 있을까. 바다의 눈이 깊어갔다.

평생을 정갈하게 살아온 여자, 부끄러움 털어내며, 한 잔 더 들이켰다.

돌섬에 퍼져 앉은 채, 여자는 그제야 자신 하나를 버렸다, 와불 빚는 석공이 되어, 지금껏 마주하지 못한 자신을 조각해내기 위해.

— 『애지』, 2006년, 겨울호

부처는 B.C. 463년 네팔의 정반왕淨飯王의 장남으로 태어났고, 29세 때에 출가하여 35세 때에 '득도'를 한 성자라고 할 수가 있다. 그는 대표적인 네 가지 고통인 생로병사 이외에도, 원증회怨憎會(원수는 만나서 괴로운 것), 애별리愛別離(사랑하는 사람과는 헤어져야 하기 때문에 괴로운 것), 소구부득所求不得(욕망하는 것은 얻지 못해서 괴로운 것) 등의 고통을 발견하였고, 바로 그 고통을 극복하는 것을 최고의 철학적인 화두로 삼았던 것이다. 부처는 모든 욕망에서 벗어나 티없이 맑고 깨끗하게 사는 것을 선호하였고, 그리고 그 출가생활을 통하여 만인평등의 사회, 즉, 오늘날의 민주주의 사회를 구성해보였던 것이다. 부처의 상은 불상이며, 불상의 종류들은 등신불, 와불, 마애불, 약사여래불상, 목조여래좌불상 등으로 그 수를 이루 다 헤아릴 수 없을 정도로 많다고 한다. 등신불等身佛은 사람의 크기와 똑같은 불상이고, 와불臥佛은 누워 있는 불상이다. 다시 말해서, 와불은 누워서 참선에 드는 부처이며, 끊임없이 살아 움직여야만 하는 인간으로서는 도저히 따라 하기가 힘든 자세라고 한다. 누워서 참선한다는 것은 결코 쉽지 않은 자세이며, 그것은 곧바로 열반을 지시하고 있다고 해도 과언이 아니다.

만일, 그렇다면, 이지담 시인의 '바다'는 왜 탁발을 떠나는 수도승이 아니라, '와불'에 그렇게 집착하고 있는 것일까? 첫 번째 이유로는 모든 욕망(애욕)을 다 버리고 떠나는 수도승과는 성애를 즐길 수가 없다는 점에 있을 것이고, 두 번째 이유로는 장차 태어날 2세를 위해서는 함께 살아가야 할 동반자가 필요하다는 점에 있을 것이다. 여자는 자기 자신의 육체를 허락하기 전에는 그렇게도 끊임없이 남자의 애간장을 태우기 마련이지만, 그러나 성교가 끝난 뒤에는 남자의 가슴 속으로 더욱더 파고들게 마련이다. 왜냐하면 그것은 장차 아이를 보호해 줄 아버지가 필요하기 때문이고, 또한 그것은 어쩔 수 없는 종족의 명령이기 때문이기도 한 것이다. 하지만 「술 석 잔 마신 얼굴로」에서는 바다가 남성이고, 해가 여성으로 되어 있다. 그것은 '아버지인 태양— 어머니인 바다'라는 '원형상징의 등식'을 여성의 입장에서 전도시킨 것이며, 그 '역발상의 대전환'이 이 「술 석 잔 마신 얼굴로」라는 시를 살아 움직이게 하고 있는 것이다. 바다(남자)는 해(여자)를 끌어 안으려고 하고, 해는 바다의 곁을 떠나가려고 한다. 또한 바다는 해를 와불로 만들려고 하고, 해는 탁발 수도승이 되어 떠나가려고 한다. 이러한 사고방식과 생활의 방식마저도 '역발상의 대전환'의 그것에 지나지 않고 있는데, 왜냐하면 남자는 끊임없이 떠돌이 생활을 선호하고, 여자는 끊임없이 정주하려고 하는 것이 우리 인간들의 대부분의 생활방식이기 때문이다. 하지만 모계사회는 남성중심주의가 부정되고 있고, 들에 나가 일을 하거나 배우자를 선택하는 모든 권한들을 여자들이 갖고 있게 된다. 따라서 남자들은 그저 수펄처럼 제 짝을 찾아가서 아이들을 만들어 주는 일밖에는 달리 할 일이 없는 것이다.

「술 석 잔 마신 얼굴로」는 여성주의의 정점이며, 그 여성의 부드러움으로 그처럼 사납고 거친 바다를 "노을주 석 잔 마신 얼굴로" 만들고, 그 가슴에서 피어나는 연꽃처럼 대명천지의 야합을 즐기고, 그리고, 끝끝내는 그토록 바다가 학수고대하던 '와불'을 생산해내게 한다. "돌섬에 퍼져 앉은 채, 여자는 그제야 자신 하나를 버렸다, 와불 빚는 석공이 되어, 지금껏 마주하지 못한 자신을 조각해내기 위해"라는 시구가 바로 그것이다. 탁발승은 동적인 존재이지만, 와불은 정적인 존재이다. 돌섬은 바다와 해의 자식이며, 온갖 만고풍상을 다 겪으면서도, 생로병사에 시달리고, 사랑과 증오와, 또, 그리고, 온갖 만고풍상에 시달리는 우리 인간들을 극락세계로 인도해주는 와불이기도 한 것이다.

이지담 시인은 전남 나주에서 출생했고, 2003년도에 『시와사람』으로 등단한 신진 시인이다. 이지담 시인의 시력詩歷은 일천하고 그의 이름은 차라리 무명에 가깝지만, 그러나 그는 우리 인간들의 존재의 근원을 더듬어 올라가면서, 이 세계와 타인들을 더욱더 따뜻하고 폭넓게 끌어안고 있는 것처럼 보인다. 그의 시적 주제는 사랑이며, 그의 시적 목표는 마치 와불처럼, 우리 인간들을 지상낙원(극락세계)으로 인도해가는 것이다. 이지담 시인의 「술 석 잔 마신 얼굴로」는 바다의 얼굴이며, 영원히 우리 인간들의 크나큰 스승인 '와불'을 생산해낸 아버지의 얼굴이다.

　모든 좋은 시는 구체적인 이야기를 갖고 있지만, 그러나 그것은 소설과는 달리, 상징적이고 함축적인 기법으로 전개된다. 소설은 모든 것을 드러냄으로써 그 이야기를 풀어나가지만, 시는 그 이야기의 내용들을 더욱더 은밀하게 숨김으로써 그것을 드러내고자 한다. 시는 숨김으로써 드러내고, 드러냄으로써 숨기는 변증법적인 구조를 갖고 있다. 우선 이지담 시인은 "바다는 순결을 벗고 있었다. 와불인 줄 알고 끌어안는데, 탁발을 떠나는 해였다"라고 그 이야기를 전개해 나간다. "바다는 순결을 벗고 있었다"라는 시구는 제 짝을 찾아 나섰다라는 것을 뜻하고, "와불인 줄 알고 끌어안는데, 탁발을 떠나는 해였다"라는 시구는 '와불'이라는 여성을 원했지만, 어쩌다가 보니까, '탁발을 떠나는 여성'이었다는 것을 뜻한다. 하지만 그 바다는 남자답게, "술 석 잔쯤 마신 얼굴로" "뉘엿뉘엿 취해" "강진으로 떠나는 여자의 뒷덜미, 잡아당겨 제 무릎에 앉히게" 되었던 것이다. "게 눈빛으로 말하는 사이일수록"이라는 시구는 '서로간에 눈빛만 보아도 그 사람의 마음을 알 수 가 있다'는 것을 뜻하고, "하늘을 가리지 않아도 될, 뻔뻔한 사랑 한번 해보자는 낯빛이었다"는 시구는 그토록 밝은 대명천지에서의 너무나도 뻔뻔스럽고 파렴치한 '야합'을 뜻한다. 최초의 아담과 이브가 벌거벗고도 부끄러움을 몰랐던 것처럼, 자연의 상징인 바다와 해와의 사랑에 어찌 부끄러움이 있을 수가 있단 말인가? 이 세상에 야합은 없고 무한히 건강하고 자연스러운 성교만이 있다. 야합이라는 용어는 자연에 반하는 문화인들의 용어에 불과하며, 그들의 사랑은 어디까지나 건강하고 자연스러운 사랑일 수밖에 없다. 이때의 뻔뻔스러운 사랑은 아주 건강하고 자연스러운 사랑을 뜻하고, 그리고, 또한, 그것은 무한히 생산적인 사랑을 뜻한다. "노을주 석 잔 들이키는 가슴에서, 연꽃이 피어 절정에 이르면, 농게들도 군무로 위로할까"라는 시구는 대명천지에서의 '야합'에 대한 부끄러움을 '노을주 석 잔'으로 씻어냈다는 것을 뜻하고, 또한, 그것은 '바다와 해와의 사랑이 연꽃으로 피어나' 그토록 소망했던 '와불'을 얻으면, '농게들도 군무로' 대환영할 것이라는 사실을 뜻한다. 이때의 가정어법이나 의문어법은 시적 화자의 무한한 긍정이며, 자기 확신을 드러낸 반어법에 지나지 않는다. 바다와 해와의 사랑을 무한히 아름답고 수려한 다도해 속에서 펼쳐 보이고, 또한 그것을 '노을주'와 '연꽃'과 '농게들'의 그토록 아름답고 수려한 이미지들로 표현해낸다는 것은 이제는 이지담 시인의 시적 경지가 제일급의 경지에 올라섰다는 것을 뜻한다.

아무튼 바다는 떠돌이 탁발수도승인 해를 「술 석 잔 마신 얼굴로」 끌어안고, 그리고 그 연꽃과도 같은 성교의 절정에 도달하기 위하여 그 여자에게 술을 마시게 한다. 바로 이 지점에서, 술은 최음제이며, 서로간의 육체와 애욕을 발산시키는 효소의 역할을 하게 한다. "몇 잔이면 심연까지 뒤흔드는, 사랑에 도달할 수 있을까. 바다의 눈이 깊어갔다"라는 시구는, 바로 바다(남자)가 해(여자)의 관능을 자극시키기 위하여 골몰하는 시구에 지나지 않는다. 바다는 해의 마음을 사로잡기 위해서 암중모색했던 것이고, 그리고, 끝끝내는 그들의 사랑이 "심연까지 뒤흔드는" 어떤 것이기를 바랬던 것이다. 『백년 동안의 고독』의 저자인 가브리엘 마르께스가 묘사한 바가 있듯이, 그 사내(바다)는 여자(해)의 사타구니에서 진도 8.0의 대지진이 일어나기를 바랬던 것인지도 모른다. 성교의 정점은 오르가즘이며, 그 사랑의 행위에는 '쓰나미 현상'이 일어나기 마련인 것이다. "심연까지 뒤흔드는 사랑", 즉, 이지담 시인은 남녀의 사랑이 무엇인지 알고 있는 시인이며, 그 '쓰나미 현상'을 너무나도 만끽하고 있는 시인일는지도 모른다. 지성이면 감천이라고 했던가? 아니, 인내는 쓰지만 그 열매는 달다고 했던가? 마침내 그 바다의 진정성이 해의 마음을 사로잡고, 따라서, "평생을 정갈하게 살아온 여자" 역시도 그 "부끄러움 털어내며, 한 잔을 더 들이"키게 되었던 것이다. 사랑은 부끄러움을 모르게 만들고, 사랑은 그 사내의 욕정마저도 허락하게 만든다. 순결을 강요하는 것은 자연에 거역하는 만행이며, 따라서 그 순결만이 강요된다면 이 세상의 모든 존재들은 그 역사의 종말을 맞이하게 될 것이다. 때로는 모든 욕망을 털어버리고 무한 정진하는 수도승도 필요하지만, 또, 때로는 끊임없이 그 계율을 파괴하는 떠돌이 탁발 수도승도 나오지 않으면 안 된다.

이지담 시인의 「술 석 잔 마신 얼굴로」는 '아버지인 태양―어머니인 바다'의 '원형상징의 등식'을 '아버지인 바다―어머니인 태양'으로 전도시킨 역발상의 대전환이 돋보이는 시이며, 또한 그 '역발상의 대전환'의 관점에서 그 부드럽고 잔잔한 바다가 노을주 석 잔 마신 얼굴로 떠돌이 탁발수도승인 해와의 대명천지 아래서의 야합을 즐기고, 바로 그 사랑의 변주곡에 의해서, 우리 인간들의 진정한 구원자인 와불을 탄생시킨 아름다운 시라고 하지 않을 수가 없다. 역발상의 기법은 신선한 관점이며, 이처럼 관점이 새로우면 기존의 모든 세계가 이미 그 낡은 인상을 벗어던지고 새롭게 펼쳐지게 된다. "바다는 순결을 벗고 있었다. 와불인 줄 알고 끌어안는데, 탁발을 떠나는 해였다"와 "술 석 잔쯤 마신 얼굴로, 바다는 뉘엿뉘엿 취해 강진으로 떠나는 여자의 뒷덜미, 잡아당겨 제 무릎에 앉혔다"라는 제일급의 시구들에 그 어느 누가 감동하지 않을 수가 있겠으며, "게 눈빛으로 말하는 사이일수록, 하늘을 가리지 않아도 될, 뻔뻔한 사랑 한번 해보자는 낯빛이었다"와 "노을주 석 잔 들이키는 가슴에서, 연꽃이 피어 절정에 이르면, 농게들도 군무로 위로할까"라는 제일급의 시구들에 그 어느 누가 감동하지 않을 수가 있겠는가! 또한 "몇 잔이면 심연까지 뒤흔드는, 사랑에 도달할 수 있을까. 바다의 눈이 깊어갔다"와 "평생을 정갈하게 살아온 여자, 부끄러움 털어내며, 한 잔 더 들이켰다"라는 제일급의 시구들에 그 어느 누가 감동하지 않을 수가 있겠으며, "돌섬에 퍼져 앉은 채, 여자는 그제야 자신 하나를 버렸다, 와불 빚는 석공이 되어, 지금껏 마주하지 못한 자신을 조각해내기 위해"라는 제일급의 시구들에 그 어느 누가 감동하지 않을 수가 있겠는가! 이지담 시인의 「술 석 잔 마신 얼굴로」는 '역발상의 리얼리티'가 돋보이는 시이며, 이 모든 시적 장면들이 보다 더 구체적이고 자연스럽다고 하지 않을 수가 없다. 순결을 벗어버리고 탁발을 떠나는 해를 끌어안는 바다도 자연스럽고, 술 석 잔 마신 얼굴로 강진으로 떠나는 여자를 제 무릎에 앉히는 바다도 자연스럽다. 평생을 정갈하게 살아온 여자가 그 부끄러움을 털어내고 자신의 육체를 허락하는 모습도 자연스럽고, 돌섬에 퍼져 있는 여자가 '와불'

을 분만하는 모습도 자연스럽다. 하늘의 해와 푸르고 푸른 바다와, 온갖 만고풍상을 다 겪으면서도 언제, 어느 때나 그 모습에 변함이 없는 돌섬의 모습들을 더욱더 구체적이고 현실감 있게 엮어내는 이지담 시인의 '사랑의 변주곡'은 이처럼 더욱더 아름답고 감동적이라고 하지 않을 수가 없다. 요컨대 '리얼리즘의 승리'란 바로 이를 두고 하는 말일 것이다.

명
시
·
18

이태선
출석 부른다

1번 한우람 정다혜
2번 동사무소 앞 황매화
3번 경비실 옆 철쭉
4번 반 지하 방 창문 얼룩

폭우 그친 이튿날
북한산 밑 쌍문 1동 교실 반짝반짝
햇빛 선생님 출석 부른다

덥수룩한 어둑발이 쳐들어온다 마루 끝에 앉은 아버지 신을 벗어 턴다 소가 울지 않는다 옆집 도마질 소리 수돗가 펌프 소리

미지근한 수돗물 낮은 부뚜막 하수 냄새 외가의 쪽마루 고양이, 청승맞게 울던 서울 냄새

멀미 노란 눈 속으로 고요히 골목 연탄 냄새

네
네
네
깊게 깊게 맑은
폭우 그친 다음 날
한우람 정다혜

뜸부기 소쩍새
세상 만물 대답한다
반짝 반짝
담벼락의 벽보도 내 마음의 얼룩도

― 『애지』, 2006년, 겨울호

피에르 부르디외가 그의 저서『텔레비전에 대하여』에서 역설한 바가 있듯이, TV의 세계는 완벽한 허위와 완벽한 범죄의 세계라고 할 수가 있다. TV의 토론은 첫 번째로는 광고주의 비위를 건드리지 말아야 하고, 두 번째로는 방송사의 사주의 비위를 건드리지 말아야 한다. 세 번째로는 언제, 어느 때나 국고의 지원과 검열자의 역할을 하는 사직당국의 비위를 건드리지 말아야 하고, 네 번째로는 절대적인 권한을 지닌 사회자의 비위를 건드리지 말아야 한다. 그리고 마지막으로 다섯 번째로는 TV 프로그램의 시청률이 다른 경쟁사보다 뒤떨어지지 않도록 흥미 위주의 재치 있는 발언을 하지 않으면 안 된다. 따라서 광고제품의 과대포장과 그 상업성의 문제는 절대로 건드리지 말아야 하며, 방송사의 사주의 사악한 탐욕과 그 비리의 문제도 절대로 건드리지 말아야 한다. TV 토론은 이러한 여러가지 제약과 그 한계 때문에, 때로는 서로간의 각본에 짜여진 가짜의 대립이 생겨나기도 하고, 또 때로는 자기 자신의 사상과 이념의 정반대

방향에서, 그 위선의 탈을 쓰고 사직당국의 정책을 옹호하지 않으면 안 된다. TV의 세계는 위선과 기만의 세계이며, 이미 시사한 바가 있듯이 '완벽한 허위'와 '완벽한 범죄의 세계'라고 할 수가 있다. 자본주의 사회에서의 TV는 매우 사악하고 교활한 광고주들의 탐욕을 위한 도구에 지나지 않으며, 궁극적으로는 악마가 만든 걸작품이라고 하지 않을 수가 없다.

어린 아이의 세계는 티없이 맑고 깨끗한 세계이지만, 어른의 세계는 더없이 추하고 더러운 세계가 된다. 어린 아이의 세계에서는 우리 인간들의 건강과 종의 미래가 약속되지만, 어른의 세계에서는 우리 인간들의 쇠퇴와 종의 미래가 암담하게 된다. 어른은 어린 아이의 아버지이지만, 어린 아이는 아버지의 아버지가 된다. 동화의 세계는 티없이 맑고 순진무구한 세계이지만, 어른의 세계는 온갖 때 묻은 생각과 사리사욕만이 넘쳐나게 된다. 어린 아이는 죄가 없는 존재이며, 어른은 죄가 많은 존재이다. 어린 아이는 꿈 많은 존재이고, 어른은 속된 욕망의 포로에 지나지 않는다. 옛 세대가 가고 새 세대의 여명이 밝아와야만 하는 까닭이 바로 여기에 있는 것이다. 어린 아이는 이 세상에 태어날 때 두 손을 불끈 쥐고 태어나지만, 그러나 모든 어른들은 두 주먹을 펴고 죽어가지 않으면 안 된다. 어린 아이는 그의 생존과 인간의 미래를 위하여 할 일이 많이 있지만, 이 세상에서 자기 자신의 임무가 다 끝난 어른들은 완벽한 허위와 완벽한 범죄 행위들을 통해서 쌓아둔 그 모든 것들을 다 남겨두고 떠나가야만 한다.

동화의 세계는 TV의 세계와는 정반대로 티없이 맑고 순진무구한 세계이며, 우리 인간들의 이상적인 천국으로 회자된다. 에덴동산이나 극락의 세계가 바로 그것이다. 이상적인 천국이란 행복한 세계이며, 모든 것이 가능하고 어느 것 하나 부족한 것이 없는 세계를 말한다. 모든 것이 가능하고 어느 것 하나 부족한 것이 없기 때문에 타인들과 다투거나 경쟁할 필요도 없고, 날이면 날마다 즐겁고 기쁜 일만이 생겨나게 된다. 씨앗을 뿌리거나 밭을 매지 않아도 사시사철 오곡백과가 저절로 열리고, 늘 푸른 초원에는 하얀 양떼들과 소떼들이 한가롭게 풀을 뜯고, 그리고 하늘을 찌를듯한 숲에서는 아름다운 새들이 노래를 부른다. 노동도 없고, 임금투쟁도 없고, 산업공해도 없다. 병원도 없고, 경찰서도 없고, 법원도 없다. 모든 사람들이 영원한 어린 아이들에 지나지 않으며, 그 어린 아이들은 마치, 에덴동산에서처럼 선악의 세계도 이해하지 못한다.

 이태선 시인은 1998년 『현대시학』으로 등단했고, 첫 시집 『눈사람이 눈사람이 되는 동안』에 이르기까지, '자연 속의 삶'과 '삶 속의 자연'을 상호 교차시켜 나가면서, 궁극적으로는 인간과 자연, 인간과 인간, 그리고 인간과 사물이 화해롭게 살아가는 세계를 모색해왔다고 해도 지나친 말이 아니다. 이태선 시인의 「출석 부른다」라는 시는 동화적 상상력이 지배하고 있는 시이며, 자연과 인간, 인간과 인간, 그리고 인간과 사물이 화해롭게 손을 잡고 있다는 점에서, '자연주의'에 가까운 시라고 할 수가 있다. 때는 황매화와 철쭉이 돋보이는 봄날이며, 한우람이와 정다혜가 뛰어놀고 있는 '폭우' 그친 어느 날이다. 맑고 푸른 하늘에서, 그토록 다정다감한 '햇빛 선생님'이 나타나서, 한우람이와 정다혜, 그리고 황매와와 철쭉 등이 지난 밤의 폭우 속에서도 무사한지 출석을 부르고 있는 것이다. 폭우 그친 어느 봄날, 햇빛 선생님이 어린 아이들과 황매화 철쭉 등을 위해서 「출석 부른다」는 발상은 이태선 시인만의 새롭고 신선한 상상력이기는 하지만, 그러나 그 '폭우'가 의미하는 바는 그렇게 간단하지가 않다. 왜냐하면 그 폭우는 분노하는 물이며, '노아의 방주'에서처럼, 창조적 파괴를 감행한 물이기 때문이다.

 노아의 방주에서 하나님은 더 이상 유태인의 타락과 죄가 만발하는 세상을 참지 못하고, 사십주야를 밤낮 없이 '폭우'를 쏟아 보냈다. 천지창조 이후, '노아의 방주'만을 남겨둔 채, 그 모든 것을 재창조하고자 한 것이다. 물은 종(생명)의 탄생과 종의 성장, 그리고 마지막으로 종의 죽음에 근본적인 관련이 있고, 일찍이 수성론자인 탈레스가 역설한 바가 있듯이, 이 세계의 근본물질은 물일는지도 모른다. 아니, 데모크리토스의 말대로, 비록, 원자가 이 세계의 근본물질이라고 할지라도, 물은 모든 생명들의 최종심급이라고 할 수가 있다. 물이 없으면 어떠한 생명체도 살아 움직일 수가 없고, 또, 그리고 영원히 생성과 소멸을 거듭할 수가 없다. 물이 맑고 깨끗하면 아름다운 세상이 될 수가 있지만, 물이 탁하고 더러우면 더럽고 추한 세상이 될 수밖에 없게 된다. 아름다운 세상에서는 우리 인간들의 삶이 가능하지만, 더럽고 추한 세상에서는 그 어떠한 삶도 가능하지가 않게 된다. 아름다운 세상에서는 사시사철 맑고 깨끗한 비가 내리지만, 더럽고 추한 세상에서는 그 무엇보다도 잔인한 폭우가 쏟아져 내리게 된다. 물은 생명의 물이며, 분노하는 물이다. 또한, 물은 정화의 물이며, 다시 모든 생명들을 탄생시키는 물이다. 따라서

「출석 부른다」에서의 물은 분노하는 물이며 정화하는 물이라고 할 수가 있다. 폭우는 분노하는 물이며 폭우가 그친 뒤의 물은 정화하는 물이다. 물은 결코 자기 자신이 더럽혀지거나 오염되는 것을 참지 못한다. 왜냐하면 물이 오염되면 모든 생명들이 죽어가고, 그 물은 마침내 더욱더 커다란 분노로써 이 세상과 우리 인간들을 심판하고 있기 때문이다. 생명의 물, 분노하는 물(오염된 물), 정화의 물, 또다시 모든 생명들을 탄생시키는 물—. 모든 생명들은 물에 의해서 태어나고 물에 의해서 심판을 받고, 또, 그리고 그 물에 의해서 지옥과 천당으로 가게 된다.

이태선 시인의 「출석 부른다」는 모두 총 6연으로 되어 있는데, 제1연과 제2연은 현재의 시점이고, 제3연과 제4연은 과거의 시점이며, 그리고 제5연과 제6연은 다시 현재의 시점이다. 그 시점은 현재—오래된 과거(농촌생활)—가까운 과거(도시빈민생활)—현재로 정리해 볼 수도 있을 것이다. 때는 "1번 한우람 정다혜/ 2번 동사무소 앞 황매화/ 3번 경비실 옆 철쭉/ 4번 반 지하 방 창문 얼룩"에서처럼, 어느 폭우 그친 날이며, 장소는 "북한산 밑 쌍문 1동 교실"이다. 표면상으로는 폭우 그친 어느 날 그토록 다정다감한 '햇빛 선생님'이 나타나서, '한우람', '정다혜', '철쭉', '방 창문 얼룩' 등이 지난 밤의 폭우 속에서도 무사한지, 출석 부르는 것으로 되어 있지만, 그러나 그 폭우는 창조적 파괴를 감행한 물이라고 할 수가 있다. 폭우가 그친 현재의 시점에서 과거를 바라보면, 곧바로 그것을 이해할 수가 있을 것이다. 제4연의 "덥수룩한 어둑발이 쳐들어온다 마루 끝에 앉은 아버지 신을 벗어 턴다 소가 울지 않는다 옆집 도마질 소리 수돗가 펌프 소리"라는 시구는 가난하고 이루 말할 수 없을 만큼 궁핍했던 농촌생활에서의 그것을 말하고, 제5연의 "미지근한 수돗물 낮은 부뚜막 하수 냄새 외가의 쪽마루 고양이, 청승 맞게 울던 서울 냄새/ 멀미 노란 눈 속으로 고요히 골목 연탄 냄새"라는 시구는 그 고향을 떠나와서 도시빈민으로 재편입된 자의 그 체험을 말한다. 뼈 빠지게 일을 해도 먹고 살 길이 아득하기만 했었던 아버지, 소울음 소리마저도 들리지 않던 텅 빈 외양간―, 따라서 "옆집 도마질 소리"도 공허하게 들려오고, "수돗가의 펌프 소리"도 공허하게 들려오고 있을 뿐이다. 바로 여기에서 "텁수룩한 어둑발이 쳐들어온다"라는 시구는 어둠의 자식들, 즉, 가난하고 헐벗고 굶주린 장삼이사張三李四들을 감싸안고 있는 말에 지나지 않으며, 또한 "마루 끝에" 앉아서, 그토록 힘없이 신발을 털고 있는 아버지 역시도 그 민중의 계급에 지나지 않는다는 사실만을 가리키고 있을 뿐인 것이다. 제5연은 그 정든 고향을 떠나와서 "미지끈한 수돗물"과 "낮은 부뚜막"과 "하수냄새" 속에서 도시빈민으로 재편입된 자의 삶을 말하고, 그 쓰라리고 아팠던 삶에서는 그 어떠한 꿈도 꿀 수가 없었다는 것을 뜻한다. 달콤하고 시원한 맛을 잃어버린 수돗물, 시큼털털하고 몹시 고약하기만 했던 하수도 냄새, 낮은 부뚜막, 외가의 쪽마루에서 고양이가 청승맞게 울던 서울 냄새, 연탄가스에 중독된 것처럼 멀미가 나고 노란 하늘의 천장이 빙글빙글 돌기만 했던 도시빈민의 달동네는 우리 인간들의 타락과 죄악이 만발한 세상임을 뜻한다고도 할 수가 있다. 물은 생명의 물이면서도 정화하는 물이다. 정화하는 물은 분노하는 물이며, 우리 인간들과 죄 많은 이 세상을 심판하는 물이다.

가난한 자는 부자에게 짓밟히고, 부자는 가난한 자의 피를 빨아먹고 살아간다. 부자는 사회의 윤리의식을 부패시키고, 가난한 자는 이 세상의 생명의 근원인 물을 오염시킨다. 아니다, 부자도 이 세상의 생명의 근원인 물을 오염시키고, 가난한 자도 이 사회의 윤리의식을 부패시킨다. 부자들의 타락과 죄악도 만발하고, 가난한 자들의 타락과 죄악도 만발한다. 따라서 「출석 부른다」의 폭우는 이 세상의 타락과 부패를 참지 못해서, 그 정의의 칼날을 뽑아든 것이다. 물이 오염되면 모든 생명들이 죽어가고, 이 물은 마침내 폭우로써 그 분노를 드러내게 된다.

이태선의 「출석 부른다」의 시가 동화적 상상력의 소산임은 바로 이러한 역사 철학적인 배경이 있었기 때문일 것이다. 물은 창조주로서 하나님이 되고, 햇빛은 그 하나님의 종으로서 선생님이 된다. 하나님은 물로써 이 세상을 깨끗하게 정화시키고, 그리고, 햇빛 선생님은 예컨대, '한우람', '정다혜', '황매화', '철쭉', '방 창문 얼룩' 등이 그 폭우 속에서도 무사한지 출석을 부르고 있는 것이다. 사악한 덧셈과 곱셈뿐인 어른도 없고, 온갖 중상모략으로 '완벽한 허위'와 '완벽한 범죄'의 세계를 연출해낸 어른도 없다. 오직 있는 것은 "네/ 네/ 네/ 깊게 깊게 맑은/ 폭우 그친 다음 날/ 한우람 정다혜"라고 대답하고 있는 더없이 맑고 천진난만한 어린 아이들과 '뜸부기', '소쩍새', '황매화', '철쭉' 등이 있을 뿐인 것이다. 이때의 "4번 반 지하 방 창문 얼룩"과 "담벼락의 벽보"와 그리고 "내 마음의 얼룩"이라는 이미지들은 더럽고 때 묻은 어떤 것이 아니라, 그 물에 의해서 "반짝 반짝" 씻겨진 어떤 것(어린 아이들)으로 이해하지 않으면 안 된다. 왜냐하면 "4번 반 지하 방 창문 얼룩"과 "담벼락의 벽보"와 그리고 "내 마음의 얼룩"이라는 이미지들이, 폭우 그친 뒤, '햇빛 선생님'의 부름에 '반짝 반짝 대답한다'는 것은 매우 어폐가 있기 때문이다. 새 세상은 자연이 유치원이며, 그 유치원에서는 모든 것이 가능하고 어느 것 하나 부족한 것이 없게 된다. 이때의 물은 정화의 물을 지나서, 이 세상의 만물들을 새롭게 탄생시키는 생명의 물이 된다. 이태선의 「출석 부른다」라는 시는 동화적 상상력이 돋보이는 시이며, 물에 대한 역사 철학적인 인식이 가장 돋보이는 시이다. 그는 이 「출석 부른다」라는 시 한 편만으로도 제일급의 경지에 올라선 시인이라고 할 수가 있다. 우리 한국인들이 '사상가와 예술가의 민족', 즉, '고급 문화인'이 될 수 있도록 더욱더 정진하고, 또 정진해주기를 바란다.

명시 · 19

김정원
줄탁

하늘의 갈색 섬 매 한 마리가
내리꽂히기 직전, 강변 갈대숲에
오금이 저리는 뱁새들처럼
겨우내 땅속에 노랗게 웅크린
생명들,

톡,
톡,

지구알 속에서 신호를 보낸다

음파 탐지기같이 하늘 어미가
그 신호의 출처를 찾아서
봄빛 부리로

탁,
탁,
쪼아 환하게 통로를 내주자

이윽고 삐악삐악
천지에 가득한 새싹들의 가락歌樂

갈망은 소통을 부르고
소통은 봄날을 부화한다

―『애지』, 2006년, 여름호

김정원 시인은 1962년 전남 담양에서 출생했고, 전남대학교 영문과와 동대학원을 졸업했다. 그리고 그는 현재 한빛고등학교 교사이며, '전교조 담양 지회장'이다. 그는 아주 오랫동안 시에 뜻을 두고 창작에 전념하여 왔으나, 그 뜻을 이루지 못하고 있다가, 2006년도에 『애지』를 통해서 등단한 바가 있다. 김정원 시인은 그러나 대한민국 '서정시의 진수'를 보여주고 있으며, 그는 그의 현실주의를 통해서 모든 생명에 대한 무한한 예찬과, 그리고 이 땅의 한과 삶의 애환들을 더없이 아름답고 뛰어나게 묘사해낸 바가 있다. 김정원 시인은 티없이 맑고 깨끗한 천성을 지닌 시인이며, 속된 말로 '법 없이도 살아갈 수 있는 선량한 양심'을 지닌 시인이다. 그의 시의 장점은 '언어의 절제'와 '상상력의 자유'에 있다고 나는 생각한다. 그 언어의 절제의 토대는 상상력의 자유이며, 이 '상상력의 자유'의 결정체는 그 언어의 절제이다. 그의 상상력의 자유는 모든 것을 의인화시킬 수 있는 힘으로 작용을 하고, 그의 언어의 절제는 그 상상력의 자유를 더욱더 정교하고 세련되게, 아니, 달리 표현해본다면, 더욱더 아름답고 우아하게 만들어 주는 힘으로 작용을 한다. 그의 언어들은 그의 상상력의 힘으로 이 우주와 서정시의 영역을 자유—자재롭게 날아 다니고, 그 상상력의 자유는 그의 언어의 힘으로 더욱더 아름답고 우아하게 그 비상의 몸짓(춤)들을 안출해내게 된다.

김정원 시인의 「줄탁」에서 "하늘의 갈색 섬 매 한 마리"는 마치, 모든 법관들이 저마다 독립된 기관이듯이, 자기 자신의 절대적인 권한으로 그 모든 것을 판단하고 있다는 것을 뜻한다. 그러니까 "하늘의 갈색 섬 매 한 마리가/ 내리꽂히기 직전, 강변 갈대숲에/ 오금이 저리는 뱁새들처럼"이라는 시구는 절대절명의 생존의 위기에 몰린 자의 심정을 말하고, "겨우내 땅속에 노랗게 웅크린/ 생명들// 톡/ 톡// 지구알 속에서 신호를 보낸다"라는 시구는 그 절대절명의 생존의 위기를 극복하고, 마침내 새로운 생명으로서 부화의 몸짓을 보내고 있다는 것을 말한다. 한 아이가 어머니의 뱃 속에서 태어난다는 것도 기적에 가까운 일이고, 한 마리의 새가 그 알의 껍질을 뚫고 나온다는 것도 기적에 가까운 일이며, 그리고, 또한, 모든 씨앗들이 땅에 떨어져서 새싹이 된다는 것도 기적에 가까운 일이다. 왜냐하면 그 모태의 온도와 영양상태와 자연환경과 천재지변에 의한 내외우환을 반드시 극복하지 않으면 안 되는 일이기 때문이다. 김정원 시인은 그 과정을 "하늘의 갈색 섬 매 한 마리가/ 내리꽂히기 직전, 강변 갈대숲에/ 오금이 저리는 뱁새들처럼"이라고 표현하고, 또한, 그 위기를 극복하는 과정을 "겨우내 땅속에 노랗게 웅크린/ 생명들// 톡/ 톡// 지구알 속에서 신호를 보낸다"라고 표현한다. 김정원 시인의「줄탁」, 제1연의 시적 표현은 이처럼, 매우 긴장감이 넘치며, 그 살아 있는 시구 속에서, "겨우내 땅속에 노랗게 웅크린/ 생명들"의 역동적인 모습들을 아주 탁월하고 뛰어나게 표현한 시구라고 할 수가 있다. 마치, 그 속도감은 마하의 속도, 아니, 빛보다도 더 빠른 속도감을 방불케 한다.

　그러나「줄탁」은 새들이 알을 낳고 부화하는 과정을 노래한 시가 아니다. 김정원 시인의「줄탁」은 모든 생명들은 난생卵生이지만, 그러나 그 알은 새들의 그것이 아니라 '지구의 알'이라고, 매우 도전적이고 야심만만하게 주장을 하고 있는 것처럼도 보인다. "겨우내 땅속에 노랗게 웅크린/ 생명들// 톡/ 톡// 지구알 속에서 신호를 보낸다"라는 발구發句에 의하여, "음파 탐지기같이 하늘 어미가/ 그 신호의 출처를 찾아서/ 봄빛 부리로/ 탁/ 탁/ 쪼아 환하게 통로를" 내주게 되고, 그 발구發句와 대구對句, 즉, 그 신호와 응답에 의하여, "이윽고 삐악삐악/ 천지에 가득한 새싹들의 가락歌樂"이 울려 퍼지게 된다. 다시 한 번 더 강조해두지만, '지구알' 속에서 '톡, 톡' 신호를 보내는 것은 새들도 아니고, 뭇짐승들도 아니며, 또한 우리 인간들도 아니다. 그것은 만물이 소생하는 봄이 의미하듯이, 새로운 나무와 풀들의 새싹을 의미하고 있는데, 왜냐하면 "겨우내 땅속에 노랗게 웅크린/ 생명들"은 새와 뭇짐승들과 우리 인간들을 지시하고 있지 않기 때문이다. 따라서 '하늘 어미'는 '봄날이 되고, 그 새끼들은 수많은 풀과 나무들의 새싹이 된다. 겨우내 노랗게 웅크렸던 생명들이 지구알 속에서 신호를 보내오면, '음파 탐지기같은 하늘 어미', 즉, 따뜻한 봄날이, 그 '봄빛 부리'로 "탁/ 탁/ 쪼아 환하게 통로를" 내주게 되는 것이다. 새싹들의 "갈망은 소통을 부르고/ 소통은 봄날을 부화한다".

　김정원 시인의 장점은 첫 번째로 언어의 절제를 통하여 서정시의 전범을 보여주고 있다는 점이며, 두 번째로는 '인식의 대전환'을 통하여 '상상력의 자유'를 마음껏 살고 있다는 점이다. 언어의 절제란 모든 시인들의 지상최대의 과제이며, 그것은 시의 역사와 함께, 모든 시인들을 그토록 괴롭히고, 또, 괴롭혀왔던 지상최대의 난제라고 하지 않을 수가 없다. 모든 시는 침묵을 지향하고, 그 침묵이 모든 인간들을 감동시킨다. 시는 침묵함으로써 말을 하는 언어 예술이고, 또한 시는 말을 함으로써 침묵하는 언어 예술이라고 하지 않을 수가 없다. 가능하면 군더더기가 하나도 없이, 마치 물이 흐르듯이―그것이 시냇물이든, 폭포이든, 상류계곡의 급류이든, 비옥한 평야지대의 강물이든지 간에―그 자연스러운 흐름을 잃지 말아야 한다. 시인은 상징적이고 함축적인 언어를 자유―자재롭게 사용할 줄을 알아야만 한다. 그리고 그 상징적이고 함축적인 언어는 반드시 잠언적이고 경구적인 문체로 이어지지 않으면 안 된다. 만일, 최소한도의 언어로 최대한의 의미를 담아내는 것이 시라고 한다면, 모든 시는 침묵의 언어를 지향한다라는 말의 참뜻이 바로 여기에 있는 것이다. "갈망은 소통을 부르고/ 소통은 봄날을 부화한다"라는 것이 「줄탁」의 잠언이고 경구이라면, '하늘의 갈색 섬 매 한 마리', '오금이 저리는 뱁새들처럼', '겨우내 땅속에 노랗게 웅크린 생명들', '지구알 속에서 신호를 보낸다', '음파 탐지기같이 하늘 어미가', '봄빛 부리로', '이윽고 삐악삐악/ 천지에 가득한 새싹들의 가락'은 상징적이고 함축적인 언어들이라고 할 수가 있다. 상징과 함축은 다의적인 언어들이며, 그 언어들은 그것을 읽는 독자들마다 저마다의 '창조적인 해석의 자유'를 누리게 된다. '진리는 하나이되 현자는 이를 여러 이름으로 언표한다'. 아니, 이 힌두경전의 잠언을 좀 더 과감하게 변용시켜본다면, '진리는 없되, 모든 시인들은 그것을 저마다 다르게 표현한다'가 될 것이다.

 김정원 시인은 그 출신성분과 시인의 경력이 일천함에도 불구하고, 이 '인식의 대전환'을 통하여 '상상력의 자유'를 살고 있다고 해도 과언이 아니다. 이때의 '인식의 대전환'은 기존의 낡은 인습과 전통을 떠나 있다는 것을 말하고, 다른 한편, '상상력의 자유'는 우화寓話를 가능하게 하고 있다는 것을 말한다. 우화는 '무생물들'과 '동식물들'의 세계를 의인화시키는 것을 말하지만, 그러나 그것은 '상상력의 자유'를 살고 있지 않으면 가능하지가 않다. 나는 이미 앞에서, "다시 한 번 더 강조해두지만, '지구알' 속에서 '톡, 톡,' 신호를 보내는 것은 새들도 아니고, 뭇짐승들도 아니며, 또한 우리 인간들도 아니다. 그것은 만물이 소생하는 봄이 의미하듯이, 새로운 나무와 풀들의 새싹을 의미하고 있다"라고 말한 바가 있는데, 이제는 그 오류들을 수정하지 않으면 안 된다. 왜냐하면 그 오류들은 시의 문맥만을 축자적으로 따라간 것이지, '지구알'이 뜻하는 상징적이고 함축적인 언어를 제대로 이해하지 못했기 때문이다. 새들과 짐승들도 지구 위에서 태어나고 지구 위에서 죽어간다. 인간과 나무와 풀들도 지구 위에서 태어나고 지구 위에서 죽어간다. 김정원 시인의 '지구알'이란 용어는 '모든 생명들은 난생卵生이다'라는 도전적이고 야심만만한 주장이 담겨 있다고 하지 않을 수가 없다. 그것은 '인식의 대전환'의 소산이며, 따라서 그는 시인으로서 그 언어의 신전의 주인공이 되어 갔다는 것을 뜻한다. 「줄탁」의 신전에서는 그가 최초의 명명자이며, 그 입법자의 권력을 향유한다. '하늘의 갈색 섬 매 한 마리'에 의해서 '오금이 저리는 뱁새들처럼' 오돌오돌 떨다가 마침내 '톡/ 톡// 지구알 속에서 신호'를 보내는 생명들과 "음파 탐지기 같이 하늘 어미가/ 그 신호의 출처를 찾아서/ 봄빛 부리로/ 탁/ 탁 쪼아서 환하게 통로를 내주자/ 이윽고 삐악삐악/ 천지에 가득한" 울음 소리를 내고 있는 생명들이 그 사제(시인)의 자식들이 아니라면 무엇이란 말이고, "갈망은 소통을 부르고/ 소통은 봄날을 부른다"라는 시구가 그 최초의 명명자(입법자)의 교시敎示가 아니라면 무엇이란 말인가! 따뜻한 봄기운을 '하늘 어미'로 표현하고, 그 모든 생명들을 '난생' 속의 새로운 생명들로 빚어낸 이 우화적인 솜씨는 김정원 시인의 제일급의 솜씨라고 하지 않을 수가 없다. '겨우내 땅 속에 노랗게 웅크렸던 언어들이 톡, 톡, 톡, 신호를 보내오면', '음파 탐지기같은 시의 어미가' 그 '봄빛 부리로' 탁, 탁, 탁, 쪼아주게 되는 것이다. 이윽고 '삐악삐악/ 천지에 가득한 시의 새싹들의 노래'―.

  만일, 우리 시인들이 아니라면 어떻게 새와 짐승과 나무와 인간과 바위와 바다와 별들이 그 생명력을 얻고, 또, 그리고, 이 아름답고도 신비한 우화의 주인공들이 되어갈 수가 있단 말인가!

  시인은 언어의 사원의 주인공이며, 모든 생명들의 어머니이다.

| 명
| 시
| ·
| 20

박이화
그리운 연어

고백컨대
내 한 번의 절정을 위해
밤새도록
지느러미 휘도록 헤엄쳐 오던
그리하여
온 밤의 어둠이
강물처럼 출렁이며 비릿해질 때까지
마침내 내 몸이
수초처럼 흐느적거릴 때까지

기꺼이

射精을 미루며,
아끼며,

참아주던

그 아름답고도 슬픈 어족

그가 바로 지난 날 내 생에
그토록 찬란한 슬픔을 산란하고 떠나간
내 마지막 추억의 은빛 연어이지요

― 『애지』, 2006년

전통적인 가부장적인 사회에서는 남성을 '진정한 인간'으로 찬양하고 여성을 '덜 된 인간'으로 폄하해온 바가 있었다. 남자는 '주존재'요, 여자는 '부존재'가 되었던 것이다. 하지만 이러한 가부장적인 남성중심주의에 서서히, 균열의 조짐이 보였던 것은 자본주의와 민주주의 사회가 태동하고부터였을 것이다. 인간의 이성의 발달과 산업기술의 혁명은 자본주의를 태동시켰고, 자본주의 사회는 그 궁극적인 목표(부유한 사회, 또는 최고 이윤의 법칙)를 위해서 산업전사로서의 교육받은 대중들이 필요하게 되었던 것이다. 자본주의 사회는 문맹의 퇴치를 최우선적인 과제로 삼을 수밖에 없었고, 따라서 교육받은 대다수의 민중들은 '만인평등'을 주창하게 되었다. 페미니즘, 즉, 여성해방운동은 여성들의 정치적, 사회적, 법률적 권리를 주창하는 운동이기는 하지만, 그것을 가능케 한 근본적인 원동력은 그 무엇보다도 자본주의와 민주주의라고 해도 틀림이 없다. 모든 여성들을 교육시키고 참정권을 주지 않을 수가 없었던 것, 바로 이것이 남성중심주의의 조종弔鐘이 되었던 것이며, 여성해방운동의 근본적인 원동력이 되어 주었던 것이다. 오늘날 여성해방론자들은 그 무엇보다도 호전적이고 전투적인 정신으로 무장을 하고 남성보다도 더 남성적인 여성들이 되어가고 있는 것처럼도 보인다. 그 여성들에게는 남성이란 암암리에 억압의 손길을 뻗쳐오는 괴물이요, 다른 한편, 남근이란 괴물과도 같은 거대한 '음경몽둥이'에 지나지 않는다. 남성이란 오직 타도의 대상이며, 더 이상의 사랑의 대상이 아닌 것이다. 오늘날 '남성과 여성'의 사회적 지위는 '여성과 남성'으로 급속하게 역전되어가고 있으며, 앞으로, 가까운 장래에는 '남성해방운동'이 그처럼 힘차게 태동을 하게 될는지도 모른다.

박이화 시인은 경북 의성에서 태어났고, 1998년 『현대시학』으로 등단한 바가 있다. 박이화 시인의 첫 시집, 『그리운 연어』는 '한국 연애시의 진수'이며, 이 땅의 여성해방론자들과는 정반대 방향에서, 이 세상의 모든 남성들을 사랑의 대상으로 노래한 아름다운 시집이라고 할 수가 있다. 그의 시세계는 춘화적이면서도 고전적이고, 고전적이면서도 춘화적이다. 그의 시들은 육욕(춘화적 사랑)과 순수한 사랑(고전적 사랑)을 상호 넘나들면서도 그처럼 아슬아슬하게 균형을 유지해가고 있다고 할 수가 있다. 나는 일찍이 『행복의 깊이』 제3권, 제5장 「연애에 대하여」에서 "연애는 서로간에 이성을 그리워하는 데서 그 최초의 싹이 움트고, 아버지가 되고 어머니가 되려는 생리적인 움직임을 말한다. 따라서 연애는 우리 인간들의 지상최대의 목적이 되며, 행복한 결혼 생활의 기초가 된다"라고 역설한 적도 있고, 또한, 그 글에서, "성적 합일은 가장 행복한 형태이며, 우리 인간들의 삶을 꽃 피우는 행위이다. 모든 성교는 반드시 달콤하고 짜릿하고 황홀해야 될 필요가 여기에 있다. 에로스의 향연은 최상급의 삶의 절정이어야 하며, 수많은 이성들의 관심의 초점이 되어야만 한다. 그것은 동물적이어야 하고, 마약이나 알콜의 세계에서처럼 무아지경 속의 황홀함을 연출해내지 않으면 안 된다"라고 역설한 적도 있다. 사랑은 춘화적일 때도 있고, 고전적일 때도 있다. 남녀간의 사랑은 종족의 명령이며, 그 궁극적인 목적은 2세를 생산하고 종족을 보존하는 일이다.

박이화 시인의 대표작, 「그리운 연어」는 그가 온몸으로 쓴 연애시이면서도, 그러나 춘화적이기보다는 고전적인 '한국 연애시의 진수'라고 생각된다. 「그리운 연어」는 '그리운 연어만'의 '수많은 절정'을 위해서 그토록 멀고 험한 물길을 헤엄쳐 온 것이 아니라, "고백컨대/ 내 한 번의 절정을 위해/ 밤새도록/ 지느러미 휘도록 헤엄쳐 오던" '그리운 연어'이었던 것이다. "고백컨대/ 내 한 번의 절정을 위해/ 밤새도록/ 지느러미 휘도록 헤엄쳐 오던" '그리운 연어'에 의해서, "온 밤의 어둠이/ 강물처럼 출렁이며 비릿해"지고, "마침내 내 몸이/ 수초처럼 흐느적" 거리게 된다. "온밤의 어둠이/ 강물처럼 출렁이며 비릿해질 때까지"라는 시구에는 수컷의 사정射精과 암컷의 분비물과, 그리고 한증탕 속의 두 남녀처럼, 온몸이 땀범벅이 되었다는 것을 뜻하고, 또한, "마침내 내 몸이/ 수초처럼 흐느적거릴 때까지"라는 시구에는 그 성교의 절정 끝에서 온몸이 축 늘어지고 혼곤해진 상태를 뜻한다. 이처럼, 박이화 시인은 어느 누구보다도 남녀간의 연애의 목적과 그 성교의 중요성을 제대로 알고, 또, 그것을 실천해온 시인이라고 할 수가 있다.

  연어는 '연어목 연어과'의 '회귀성' 어류라고 한다. 연어의 수정된 알은 섭씨 8~10도에서 약 60일이 지나면 부화되고 이듬해 봄이 오면 바다로 내려가 생활을 하게 된다. 보통 3~5년이 지나면 짝짓기가 가능하며, 이때가 되면 자신이 태어난 강으로 모천회귀를 하게 된다. 산란기가 되면 암컷과 수컷은 모두 혼인색을 띠며, 이때부터는 먹이를 먹지 않는 특징이 있다. 암컷은 2~3회에 걸쳐서 700~7000개의 알을 낳으며, 동시에 수컷이 수정을 하게 된다. 짝짓기를 마친 암컷과 수컷은 또다른 상대를 만나 짝을 짓기도 하며, 그 짝짓기가 완전히 끝나면 그 아름다운 생애를 마치게 된다. 연어의 모천회귀는 한 편의 아름다운 연애시이면서도 종족의 명령에 따른 어떤 것이라고 하지 않을 수가 없다. 다시 말해서 연어의 순수성과 회귀성, 그리고 그 희생정신은 모든 생명체들의 귀감이 된다고 하지 않을 수가 없다.

  박이화 시인이 연어의 모천회귀가 종족의 명령에 따른 2세의 생산과 자기 자신의 생애를 마감하는 것이라는 사실을 너무나도 잘 알고 있으면서도, 연어의 산란과정만이 아닌, 연어의 모천회귀과정 전체를 성애의 과정으로 묘사한 것은 참으로 탁월하고 놀라운 통찰력이라고 하지 않을 수가 없다. 따라서 연어의 몸통 전체가 거대한 생식기가 되고, 시인의 온몸은 바다와 강이 되며, 그리고 또한, 바닷물과 강물은 내 생애의 절정에서 내가 내뿜어내는 분비물이 된다. 이때에 "기꺼이// 射精을 미루며/ 아끼며/ 참아주던// 그 아름답고도 슬픈 어족"이라는 시구는 단 한 번의 '나'의 '절정'을 위해 그토록 멀고 험한 물길을 헤엄쳐 오던 당신에 대한 최상급의 찬사가 되고, 또한 그 시구는 공명共鳴하는 울림통처럼 수많은 의미들을 확산시키게 된다. "기꺼이// 射精을 미루며/ 아끼며/ 참아주던// 그 아름답고도 슬픈 어족"의 일차적 의미는 남성이 여성을 배려해주는 성행위에 맞닿아 있지만, 그러나 그 이차적 의미는 타자를 위한 희생과 봉사라는 도덕적 선에 맞닿아 있고, 그리고 마지막으로 삼차적 의미는 그토록 아름답고도 황홀한 성교에 의한 종의 생산이라는 종족의 명령에 맞닿아 있다고도 할 수가 있다. 모든 성교는 종족의 명령인 것이다. 기꺼이 사정을 미루며, 아끼며, 참아주던 그대, 그토록 어렵고 힘든 물길을 헤엄쳐 왔으면서도 자기 자신보다는 사랑하는 연인을 보다 더 배려해주었던 그대, 또, 그리고, 그 도덕적 선의 상징으로 자기 자신의 2세를 생산하고, 더욱더 종의 아름다움과 건강을 담보해냈던 그대—. 박이화 시인의 「그리운 연어」에 의하면 이 세상의 모든 남성들은 사랑의 대상일 뿐이지, 타도의 대상이 아닌 것이다. 왜냐하면 타도의 대상은 적대감의 소산이지만, 사랑의 대상은 상호 존중과 상호 배려의 소산이기 때문이다. 박이화 시인의 「그리운 연어」는 자기 자신의 욕망의 충족보다는 상대방의 절정(오르가즘)을 더욱더 배려해주는 '타자의 현상학'에 맞닿아 있으며, 따라서 그 타자는 동일자로 환원되거나 귀속되지 않고 자기 자신의 주체성을 향유하게 된다.

　박이화 시인은 '그리운 연어'를 "그 아름답고도 슬픈 어족"이라고 말하고, "그가 바로 지난 날 내 생에/ 그토록 찬란한 슬픔을 산란하고 떠나간/ 내 마지막 추억의 은빛 연어입니다"라고 말한다. 왜, 그리운 연어는 그 아름답고도 슬픈 어족이 되었던 것일까? 또, 왜, 그리운 연어는 "그토록 찬란한 슬픔을 산란하고 떠나간/ 내 마지막 추억의 은빛 연어"가 되었던 것일까? 또, 그리고, 왜, 슬픔은 너무나도 쓰라리고 아픈 상처가 아니라, '그토록 찬란한 슬픔'이 되고 있었던 것일까? 첫 번째로는 그토록 어렵고 힘든 물길을 헤엄쳐 왔으면서도 자기 자신보다는 사랑하는 연인을 보다 더 배려해주었기 때문일 것이며, 두 번째로는 그 도덕적 선의 상징으로서 그토록 장엄한 생애를 마쳤기 때문일 것이다. 첫 번째의 설명은 아름답고도 슬픈 어족에 맞닿아 있고, 두 번째의 설명은 "그토록 찬란한 슬픔을 산란하고 떠나간/ 내 마지막 추억의 은빛 연어"에 맞닿아 있다. 그리고, 마지막으로 세 번째는, 이때의 '슬픔'은 국어사전적 의미에서의 '원통하고 서럽다'는 뜻으로 이해해서는 안 되고, 오히려, 거꾸로 '희망'이나 '아름다움'으로 이해하지 않으면 안 된다. 왜냐하면 '찬란함'과 '슬픔'은 서로 공존할 수 없는 형용모순이며, 그 찬란함이 슬픔을 수식한다는 것은 반어反語가 되지 않으면 안 되기 때문이다. 「그리운 연어」가 산란한 것은 우리들의 미래의 희망과 종의 아름다움이지, 슬픔이 아닌 것이다. 아니, 그 '아름답고도 슬픈 어족'은 그토록 찬란한 희망과 아름다움을 산란하고 떠나간 당신이면서도, 그러나 내 가슴 속에는 내 슬픔의 원인이 되어주고 있는 당신이기도 한 것이다.

　　기꺼이

　　射精을 미루며,
　　아끼며,
　　참아주던

그 아름답고도 슬픈 어족

그가 바로 지난 날 내 생에
그토록 찬란한 슬픔을 산란하고 떠나간
내 마지막 추억의 은빛 연어이지요

　박이화 시인의 「그리운 연어」는 '한국 연애시의 진수'이면서도, 그러나 영원히 그 생명력을 잃지 않을 '불후의 고전'이라고 할 수가 있다. 연어의 모천회귀과정을 온몸의 사랑으로 묘사하고, 그리고 그 온몸의 사랑을 황홀한 절정의 그것으로 묘사하고 있으면서도, 절대로 더럽거나 추해보이지가 않는다. 아니, 오히려, 거꾸로, 더욱더 아름답고 고귀해보이며, 우리들 모두가 그 온몸의 사랑 속으로 몰입해 들어가게 되는 것이다. 얼마나 사랑했으면 '그 아름답고도 슬픈 어족'이었겠으며, 또한 얼마나 사랑했으면 '그토록 찬란한 슬픔을 산란하고 떠나간/ 내 마지막 추억의 은빛 연어'이었겠는가! 그 사랑의 강도強度는 수천 년을 찍어누르고, 그 천하의 절경 속에다가 불후의 고전, 「그리운 연어」의 문자를 새겨넣고 있는 것인지도 모른다.
　'그리운 연어'의 순수성과 회귀성, 그리고 그 희생정신―. 이 '그리운 연어'는 박이화 시인의 영원한 연인이자 그 이상적인 전범이라고 할 수가 있다. '그리운 연어'는 박이화 시인을 인도해주는 별이며, 그가 이 세상을 살아가게 하는 힘이 되어주고 있는 것인지도 모른다.
　오오, 그리운 연어여! 오오, 그리운 연어여!

| 명시 · 21

박종국
색깔은 말이다

색깔 만드는 게 직업인 나는
먹고 사는 일도 색깔에 기댑니다
나는 색깔 만들고
색깔은 내가 사는 길 내어줍니다
만들 때마다 제 마음 들려줍니다
검정색 만들 때는
모든 파장 받아들이는 大德
어머니 마음 들려주고
흰색은 모든 파장 반사하는
어린 아이 눈동자 같은 마음 들려주고
파랑은 꿈속 이야기
노랑은 나만의 행복한 마음
보라색은 고통을 견디는 방법 들려줍니다
색깔 만들 때마다

옛날부터 내려오는 전언을 듣습니다
내가 듣는 자연의 말입니다
색깔 속에는 내 생이 들어 있어

사람보다 사람같이 말하는
색깔들의 말을 듣습니다

― 『하염없이 붉은 말』, 천년의 시작, 2007년

나는 철학예술가로서 나의 근본 문제를 '인간의 행복은 무엇인가'로 삼은 바가 있었고, 나의 낙천주의 사상은 그 '행복론'의 결정체라고 할 수가 있다. 나는 대한민국 최초로, 아니, 인류의 역사상 최초로 '철학예술가'가 되고자 했던 것이며, 나의 낙천주의 사상의 방법적인 화두는 '지혜'와 '용기'와 '성실'이라고 할 수가 있다. 지혜는 이 세상의 근본 이치를 꿰뚫어 보는 힘이고, '용기'는 그 지혜를 실천할 수 있는 힘이며, 그리고 마지막으로 '성실'은 그 지혜(앎)와 용기(행동)를 일치시키기 위해서는 하늘이 무너져 내리는 한이 있다고 하더라도, 그것을 성실하게 실천할 수 있는 힘을 말한다. 지혜는 삶의 목표를 가져다가 주고, 용기는 그것을 실천할 수 있는 힘을, 그리고 마지막으로 성실은 그 어느 누구보다도 뜨거운 열정으로 자기 자신의 삶을 살아가게 해준다. 지혜가 없는 자는 이 세상에서 삶의 목표가 없는 자이며, 그는 절대로 행복할 수가 없는 자이다. 용기가 없는 자는 그 지혜 앞에서 우유부단한 자이고, 성실하지 못한 자는 어떠한 지혜와 용기마저도 그 '불성실함'의 용광로 속에서 다 소진시켜 버리고 마는 자에 지나지 않는다. 용기가 없는 자도 행복할 수가 없고, 성실하지 않은 자도 행복할 수가 없다.

 자기 자신의 지혜의 한 움큼은 타인들의 지혜의 만萬 움큼보다도 더 가치가 있고, 자기 자신의 용기의 한 움큼은 타인들의 용기의 만 움큼보다도 더 가치가 있다. 요컨대, 자기 자신의 성실함 역시도 마찬가지이다. 지혜로운 사람의 가장 큰 적은 지혜롭지 않은 사람이며, 용기 있는 사람의 가장 큰 적은 용기가 없는 사람이고, 그리고 성실한 사람의 가장 큰 적은 성실하지 않은 사람이다. 이 세상에서 지혜롭지 않은 자와 용기가 없는 자, 그리고 성실하지 않은 사람들의 해악에 비하면, 외부의 적이나 나이가 많은 노약자와 병약자들의 해악은 차라리 새 발의 피에 지나지 않는다. 그들은 도저히 자기 자신의 실력으로는 정정당당하게 살아갈 수가 없는 자들이며, 따라서, 그 생존경쟁에서 살아 남기 위해서는 만악의 근원인 온갖 권모술수를 다 창출해내게 된다. 우리 학자들의 끊임없는 표절과 우리 정치인들의 사색당쟁이 바로 그 대표적인 예들에 해당된다. 우리 한국인들은 자기 자신의 행복론을 소유하지 못한 어중이 떠중이들에 불과하며, 자기 자신들의 존재론적 기반이 저마다의 눈앞의 사소한 이익 때문에 다 무너져가고 있다는 것을 모르고 있는 이 세상의 어중이 떠중이들, 즉, 영원한 철부지 어린 아이들에 지나지 않는다.

 시를 쓰는 마음에는 사악한 생각이 하나도 없다고 했던가? 시인은 끊임없이 자기 자신을 반성하고 성찰하는 사람이지, 눈앞의 사소한 이익을 위하여 전체의 이익을 훼손시키는 사람이 아니다. 또한 시인은 끊임없이 새로운 지혜를 창출하고 그 지혜를 통하여 우리 인간들을 인도해나가는 사람이지, 온갖 권모술수로 사색당쟁을 일삼는 사람이 아니다. 박종국 시인의 「색깔은 말이다」라는 시는 그의 지혜와 용기와 성실함의 소산이며, 시인으로서의 장인 정신이 어떠한 것인가를 가장 웅변적으로 보여주고 있다고 하지 않을 수가 없다. 쇼펜하우어는 일찍이 "전문가인 그들의 기쁨은 학문과 예술에서 버는 금전뿐이다. 이런 멸시는 빈곤, 굶주림 이외는 다른 욕망의 자극 없이는 어떤 일에도 본심으로 착수할 수 없다는 천한 신념에 그 기초를 두고 있다. (……) 그러나 사실은 어떤 일을 목적으로 하는 것이 비전문가이고, 그것을 한낱 수단으로 여기는 것이 전문가다. 또 어떤 일을 본격적으로 행하는 것은 직접 그것에 몸을 바치고 좋아서 행하는 사람뿐인 것이다. 가장 위대한 일을 시작하는 것은 언제나 이와 같은 사람들이지, 결코 돈을 위해 일을 하는 사람이 아니다"(『슬기로운 삶을 위하여』, 을지출판사, 1984년)라고, 그 장인 정신을 역설한 바가 있다.

하지만 쇼펜하우어의 '비전문가'와 '전문가'의 그릇된 대립 개념은 수정되지 않으면 안 된다. 왜냐하면 전문가는 일 자체를 목적으로 삼는 사람이지, 돈 자체를 목적으로 삼는 사람이 아니기 때문이다. 전문가가 그 직업에 충실하게 되면 마르크스와 쇼펜하우어, 또는 반고호와 보들레르처럼 자기 자신의 유일한 생명까지도 바치게 되지만, 이 세상의 어중이떠중이들, 즉, 비전문가가 전문가의 행세를 하게 되면, 악화가 양화를 구축하게 되고, 대중성과 상업성이 판을 치게 된다. 진리를 탐구하는 학문과 예술마저도 이 세상의 어중이 떠중이들의 기호에만 맞추어야 하고, 그리고 그 상업성이 담보되지 않으면 어떠한 진리도 비진리에게 그 자리를 내어 주지 않으면 안 된다. 하지만, 그러나, 자기 자신의 직업에 성실하게 임하고, 돈 자체보다도 일 자체를 목적으로 삼게 되면, 이 세상의 근본적인 법칙과 질서가 바로 잡히게 되고, 양화가 악화를 구축하게 된다. 전문가는 일 자체를 사랑하는 사람이고, 비전문가는 돈 자체를 사랑하는 사람이다.

박종국 시인은 충북 괴산 출생이며, 1997년에 『현대시학』으로 등단한 '늦깎이' 시인이다. 그의 시집으로는 『집으로 가는 길』과 『하염없이 붉은 말』뿐이지만, 그러나 그의 장인 정신은 '색채제조업자'로서나, 또는 '시인'으로서나 제일급의 경지에 올라섰다고 해도 지나친 말이 아니다. "색깔 만드는 게 직업인 나는/ 먹고 사는 일도 색깔에 기댑니다/ 나는 색깔 만들고/ 색깔은 내가 사는 길 내어줍니다/ 만들 때마다 제 마음 들려줍니다"라는 첫 시구는, 색채제조업자로서도 그의 내공의 깊이가 배어 있고, 다른 한편, 시인으로서도 그의 내공의 깊이가 배어 있다. 따지고 보면 "색깔 만드는 게 직업인 나는/ 먹고 사는 일도 색깔에 기댑니다"라는 시구도 대수로울 것이 없고, "나는 색깔 만들고/ 색깔은 내가 사는 길 내어줍니다"라는 시구도 대수로울 것이 없다. 이 시구들은 너무나도 당연하고 평범한 시구들에 지나지 않지만, 그러나 색깔을 "만들 때마다 제 마음 들려줍니다"라는 시구는 그 평범한 시구들을 살아 움직이게 하면서, 「색깔은 말이다」라는 시를 제일급의 시로 이끌어 올려준다. 이제 '색깔'은 단순한 '색깔'이 아니라, 색채제조업자의 오랜 친구가 되고, 또, 그리고 자기 자신의 마음을 사심없이 들려주는 그의 스승이 된다. 이처럼 '색깔'은 단순한 '색깔'이 아니라 시인의 오랜 친구이며 스승이기도 한 것이다. 따지고 보면 무기체인 색깔이 그의 친구와 스승이 될리가 없지만, 그러나 시인은 그 색깔에 자기 자신의 영혼을 불어 넣으며, 그 색깔을 오랜 친구처럼, 또는 위대한 스승처럼, 이처럼, 잘 대접하며 받들어 모시고 있는 것이다. 아무튼 내가 색깔을 만들면 색깔은 내가 먹고 사는 길을 내어 준다. 이 자연스러운 인과응보의 법칙이, 그러나 내가 색깔을 만들 때마다 "제 마음을" 들려주는 색깔이 있기 때문에, 그 현실성(인과응보의 법칙)의 벽을 뚫고 예술의 차원으로 그 비상의 나래를 펼쳐 나가게 된다. 시인은 일 자체를 사랑하는 사람이지, 돈 자체를 사랑하는 사람이 아니다. 시인은 자기 자신의 작품마다 그의 영혼을 불어 넣어주는 전문가이지, 온갖 겉만 번지르르한 눈속임의 대가(비전문가)가 아니다.

 날이면 날마다 색깔을 만들 때마다 그의 영혼을 불어 넣어주는 박종국 시인, 그 색깔을 단순한 색깔이 아니라 오랜 친구이며, 훌륭한 스승으로서 섬기며 그 색깔들의 말을 받아 적고 있는 박종국 시인―. 박종국 시인이 단순한 색채제조업자로서 머무르지 않고 '늦깎이' 시인이 된 이유가 바로 여기에 있는 것이며, 이 「색깔은 말이다」라는 시는 그의 삶의 철학이 진하게 배어 있는 작품이라고 하지 않을 수가 없다. 일찍이 보들레르는 "이 세상 일체는 상형문자이고, 시인은 다름 아닌 번역자이며 암호해독자"라고 역설한 바가 있다. 상형문자는 물체의 형상을 본 떠서 만든 글자이며, 바로 그 문자 속에는 우리 인간들의 의식이 각인되어 있는 것이다. 시인이 다름 아닌 번역자이며 암호해독자라고 할 때, 바로 그때에는 현실에 충실하면 이 세상의 모든 이치(상형문자)는 저절로 풀리게 되어 있는 것이다. 철학은 지혜를 탐구하는 학문이며, 그 지혜를 통하여 영원불멸의 사상의 신전을 짓는 것을 그 궁극적인 목표로 삼고 있는 학문이다. 사상이란 그것이 공산주의이든, 자본주의이든, 낙천주의이든지 간에, 하나의 기적을 불러 일으킬 수 있는 구원론으로 되어 있으며, 그리고 그 사상의 신전은 이 세상의 모든 인간들이 살아갈 수 있는 지상낙원이라고 할 수가 있다. 사상은 모든 학자와 예술가들의 최종적인 목표이며, 그 모든 것이다. 박종국 시인이 날이면 날마다 그 색깔들을 받들어 모시며, 그 색깔들의 말을 받아 적는다는 것은 이미, 그가, 색채제조업자로서, 또는 시인으로서 대사상가의 길에 올라섰다는 것을 뜻한다. 박종국 시인은 그가 그 색깔들에게 영혼을 불어넣어주고 있다는 점에서는 상징주의자이고, 다른 한편, 그 색깔들의 말을 받아 적는다는 점에서는 현실주의자이며, 그리고 "옛부터 내려오는 전언", 즉, 전통과 관습을 존중하고, "자연의 말"에 귀 기울이며 행복하게 살아가고 있다는 점에서는 낙천주의자이다.

박종국 시인은 색깔의 말을 받아 적는 번역자(통역자)이며, 암호해독자이다. 검정색은 그에게 "모든 파장 받아 들이는 大德/ 어머니 마음"을 들려주고, 흰색은 "모든 파장 반사하는/ 어린 아이의 눈동자같은 마음"을 들려준다. 검정색은 매우 따뜻한 색이며, 그 검정색(검은 옷, 검정 외투)이 없다면 우리 인간들은 기나긴 엄동설한을 그처럼 따뜻하게 지낼 수가 없을는지도 모른다. 따라서 검정색은 모든 파장을 다 받아들이는 大德이 되고, 그 '大德의 사상'은 어머니의 마음이 된다. 흰색은 이 세상에서 가장 맑고 깨끗한 색이며, 이 가장 맑고 깨끗한 색은 "어린 아이의 눈동자"와도 같은 색이 된다. 어린 아이는 하나의 거울과도 같은 존재인데, 왜냐하면 그 어린 아이의 눈동자를 바라보게 되면, 더없이 더럽고 추한 우리 인간들의 마음이 사실 그대로 되비춰지고 있기 때문이다. 흰색은 어린 아이의 눈동자와도 같은 마음이며, 모든 파장들(모든 사건들)을 모조리, 다, 되비춰 주게 된다. 파랑색은 박종국 시인에게 "꿈 속의 이야기"를 들려주고, 노랑색은 "나만의 행복한 마음"을, 그리고 마지막으로 '보라색'은 "고통을 견디는 방법"을 들려준다. 파랑색은 푸르고 푸른 하늘과 바다를 지시하고 있는 색이며, 그 파랑색은 '하늘의 높이'와 '더 크고 더 넓게'라는 뜻을 지니게 된다. 청운의 푸른 꿈은 사나이 대장부의 꿈이며, 우리 인간들을 이 '고통의 바다'로부터 구원할 수 있는 꿈이 된다. 노랑색은 밝고 따뜻한 색이며, 마치, 유치원의 어린 아이들처럼, '나만의 행복한 세계'로 잠입해 들어가게 해주는 색이다. 노랑색은 우리 인간들에게 동화적인 아름다움과 그 행복감을 가져다가 준다. 또, 그리고, 보라색은 남색과 자주색이 섞인 색이며, 우리 인간들의 마음에 더없는 안정감과 따뜻함을 가져다가 준다. 따라서 '보랏빛 희망'이라는 말이 있듯이, 보라색은 그에게 '고통을 견디는 방법'을 들려주게 된다. 청운의 푸른 꿈은 어떠한 고통도 즐겁고 기쁘게 생각하게 하고, 또한 청운의 푸른 꿈은 '나만의 행복한 세계'로 인도해준다. 만일, 행복이, 네 마음과 네 의지 속에 있는 것이라면, 청운의 푸른 꿈 속에는 모든 행복이 다 들어 있다는 것이 된다. 박종국 시인은 어머니와도 같은 大德의 마음과 어린 아이와도 같은 티없이 맑고 깨끗한 마음을 지녔고, 또한, 사나이 대장부로서의 장엄하고 웅대한 기상을 지녔다.

박종국 시인의 무지개는 오색이며, 그것은 검정색, 흰색, 파랑색, 노랑색, 보라색으로 나타난다. 그는 최초의 명명자이며, 그 언어의 사원의 창시자이다. 검정색, 흰색, 파랑색, 노랑색, 보라색 등에게, 그 색깔과 그 색깔에 걸맞는 의미를 부여해주고 있으면서도, 그는 또다시 이렇게 능청을 떨어댄다. 이때의 능청이란 겸손함이며, 이 겸손함이 그 능청마저도 자연스럽게 만들어준다. "색깔 만들 때마다/ 옛날부터 내려오는 전언을 듣습니다/ 내가 듣는 자연의 말입니다/ 색깔 속에는 내 생이 들어 있어// 사람보다 사람같이 말하는// 색깔들의 말을 듣습니다"라고ㅡ. 어느덧 박종국 시인이 부여해준 색깔이 말이 되고, 그 색깔의 말은 만인들의 심금을 울릴 수 있는 '자연의 말'(또는 '시인의 말')이 된다. '예술이 자연을 모방하는 것이 아니라, 자연이 예술을 모방한다'라는 말의 참된 이치가 바로 여기에 있는 것이다. 나의 말은 색깔의 말이며, 그 색깔의 말은 자연의 말이다. 그리고 그 자연의 말은 이 세상에서 최고의 예술가인 시인의 말이 된다.

그러나 이제는 철두철미한 장인 정신이 전문가의 정신에 함몰되어서는 안 된다는 사실을 또한 밝혀두지 않으면 안 된다. 만일, 전문가가 그가 다루는 기계나 물리학, 또는 그가 연구하는 사회학이나 문학에 국한된 어떤 것이라면, 그는 전문가의 울타리에 갇혀 있는 인간이지, 진정한 전문가는 결코 될 수가 없는 것이다. 마르크스가 경제학자로 출발을 해서 세계적인 대사상가가 되고, 아인시타인이 물리학자로 출발을 해서 세계적인 대사상가가 되었듯이, 세계적인 대사상가와 예술가들은 그 전문가의 울타리를 뛰쳐나와 인류 전체와 이 세계 전체를 구원해냈던 현자들이라고 할 수가 있다. 부의 공정한 분배와 만인평등의 문제는 시간과 공간의 문제가 아니며, 어느 특정국가와 인종의 문제도 아니다. 또한 상대성 이론 역시도 시간과 공간의 문제가 아니며, 어느 특정 국가와 인종의 문제도 아니다. 왜냐하면 그 진리들은 그만큼 보편적이고 객관적이기 때문이다. 전문가는 일 자체를 사랑하는 사람이고 비전문가는 돈 자체를 사랑하는 사람이다. 하지만, 그러나, 그가 제 아무리 일 자체를 사랑하는 사람일지라도 그가 그 전문가의 함정에 빠져 있다면, 그는 비전문가가 되고, 우리 인간들의 전체의 이익은 그의 눈앞의 사소한 이익(전문가의 이익) 때문에 더없이 훼손을 당하게 되어 있는 것이다. 그러나 그가 그 전문가의 한계를 뚫고 더 큰 바다로 나온다면, 그의 진리는 인상파 화가들의 색채처럼, 또는 소크라테스의 진리처럼 그 빛을 더하게 될 것이다. 진정한 전문가치고 돈 자체를 사랑하는 사람은 없으며, 또한 진정한 전문가치고 그 전문가의 한계를 뚫고 나오지 않은 사람도 없다. 그 전문가는 고귀하고 위대한 인물이며, 이 세상과 우리 인간들을 구원하는 문화적 영웅들이라고 하지 않을 수가 없다. 색채제조업자로서 스스로 그 색깔들을 만들고, 그 색깔들 하나 하나마다 독자적인 이름과 그 의미를 부여할 줄 아는 인간, 또, 그리고, 그 색깔들과 날이면 날마다 대화를 나누며 그 색채제조업자로서의 한계를 뚫고 나와, 이처럼 아름답고 뛰어난 시를 쓴 시인이 바로 그런 사람들인 것이다. 그가 "사람보다 사람같이 말하는/ 색깔들의 말을 듣습니다"라고 노래할 때, 우리가 사는 이 세상은 "검은색,

흰색, 파랑색, 노랑색, 보라색"의 무지개 빛깔—박종국 시인만의 무지개 빛깔로—로 더욱더 아름답게 되는 것이다.

  시는 그의 색깔이고, 색깔은 그의 시이다. 그의 색채론은 그의 언어론이며, 그의 언어론은 그의 색채론이다. 나는 그가 더욱더 '색채론의 대가'로서, 혹은 진정한 시인으로서, 그 위업을 쌓아나가기를 바랄 뿐이다.

명
시
·
22

이대흠
동그라미

어머니는 말을 둥글게 하는 버릇이 있다
  오느냐 가느냐라는 말이 어머니의 입을 거치면 옹가 강가가 되고 자느냐 사느냐라는 말은 장가 상가가 된다 나무의 잎도 그저 푸른 것만은 아니어서 밤낭구 잎은 푸르딩딩해지고 밭에서 일 하는 사람을 보면 일 항가 댕가 하기에 장가 가는가라는 말은 장가 강가가 되고 애기 낳는가라는 말은 아 낭가가 된다

강가 낭가 당가 랑가 망가가 수시로 사용되는 어머니의 말에는
한사코 ㅇ이 다른 것들을 떠받들고 있다

남한테 해꼬지 한 번 안 하고 살았다는 어머니
일생을 흙 속에서 산,

무장 허리가 굽어져 한쪽만 뚫린 동그라미 꼴이 된 몸으로

어머니는 아직도 당신이 가진 것을 퍼 주신다
머리가 발에 닿아 둥글어질 때까지
C자의 열린 구멍에서는 살리는 것들이 쏟아질 것이다

우리들의 받침인 어머니
어머니는 한사코
오손도순 살어라이 당부를 한다

어머니는 모든 것을 둥글게 하는 버릇이 있다

— 『애지』, 2003년, 여름호

모든 패거리들은 동일한 이념과 동일한 이해 관계를 공유하고 있으며, 그 동일한 이념과 그 동일한 이해관계를 위해서는 어떠한 나쁜 짓도 서슴없이 자행하게 된다. 사적인 개인으로는 모두가 착하고 선량해보이지만, 집단의 패거리로서의 그들은, 마치, 제정신을 빼어놓고 살아가는 미치광이들과도 똑같다. 노동조합, 전교조, 시민단체, 여야의 정당, 민족문학작가회의 등이 해마다 국가의 예산을 물쓰듯이 낭비하면서, 사사건건 그들의 이익에 반하는 사람들을 물고 늘어지는 추태들을 생각해본다면 나의 그 말은 더욱더 타당성을 띠게 될 것이다. 새만금 방조제 공사는 이미 그들의 시위에 의하여 장래의 이익을 대부분이 다 탕진해버린 상태이며, 경부고속철도의 사업도 이미 그들의 시위에 의하여 장래의 이익을 대부분이 다 탕진해버린 상태라고 하지 않을 수가 없다.

 새만금 방조제 공사에 들어간 국가 예산이 얼마이며, 그 소송비용과 공사지연으로 인한 비용이 과연 얼마인가? 경부고속철도의 공사에 들어간 국가 예산이 얼마이며, 그 공사지연으로 인한 비용이 과연 얼마인가? 아마도 정확하게 따져본다면 이미 그 손실 비용만 하더라도 수십조원―원자력 발전소의 폐기물을 둘러싼 그 격렬했던 시위들을 다시 한 번 생각해보아라!―이 더 될는지도 모른다. 모든 패거리들은 그들의 단체의 목표와 그 이익만을 생각할 뿐, 그들이 속한 국가의 장래의 이익은 전혀 생각하지도 않는다. 그들은 이미 어떤 사업의 정당성을 따져보기도 전에, 선악의 가치기준표를 선험적으로 간직하고 있으며, 그들의 입맛에 맞으면 선이고, 그들의 입맛에 맞지 않으면 악이 된다. 그들은 무엇이 옳고 그르며, 그것의 궁극적인 목적이 우리 한국인들의 영광이 되는가, 아닌가에는 애초부터 관심조차도 없는 것이다.

 A도 하나회 회원이고 B도 그 하나회 회원이다. C는 개인적으로 퍽 이나 가깝게 지냈던 A와 B로부터 뒤통수를 얻어맞고 너무나도 크나큰 배신감의 아픔에 치를 떨어야만 했었다. C와 어떤 무명씨와의 사이에는 몹시 어렵고도 힘든 분쟁의 소지가 있었고, 만일, 그 분쟁이 제대로 해결되지 않는다면 상호간에 엄청난 희생과 그 피해를 감수하지 않으면 안 되게 되어 있었다. A는 C와 함께 자그만 교실도 함께 운영했었고, 일상생활에서는 단 한 번도 다툰 일은커녕, 마치 백년지기보다도 더 가깝게 지냈다. B는 대학교수이자 시인이며 그의 친구이었고, C는 그의 요청이면 무엇이든지 기꺼이 다 들어 주었다. 그리고 그 B교수와 C와의 관계 역시도 어떤 이해 관계 때문에 단 한 번도 말다툼을 하거나 싸운 적이 없었던 것은 두말할 필요조차도 없다. C는 그들에게 전화상으로, 사적인 이메일로 정중하게 그

사건의 중재를 요청했었다. 왜냐하면 그들은 무명씨와는 공적으로는 같은 하나회의 동료이고, 또, 그리고 개인적으로는 의형제이며, 사제지간의 관계를 맺고 있었기 때문이었다.

C는 그들이 그의 중재요청을 매우 호의적으로 받아 들여주고, 아주 깨끗하게 해결해줄 것을 기대했었던 것이다. 그러나 그들은 매우 합리적이고 정당한 C의 요청을 일언지하에 거절했을 뿐만 아니라, C가 보낸 사적인 이메일들을 모조리 상대방에게 전해주고, C가 연출해낸 최고급의 문화적 사건을 그 무명씨의 걸작품으로 둔갑시키기 위해서 그 무명씨를 무차별적으로 도와주기 시작했던 것이다. 그 이메일을 사실 그대로 전송해줌으로써 C의 의도와 C의 약점이 사실 그대로 드러났음은 두말할 필요조차도 없을 것이다. C는 대한민국 최고의 지식인이며, 우리 한국인들 최초로 사상과 이론을 정립했던 지식인이다. 그가 연출해낸 문화적 사건은 만인들이 기립박수를 보냈던 최고급의 문화적 사건이며, 궁극적으로는 우리 한국어와 우리 한국인들의 전체의 영광이 걸린 아주 중요한 사건이었던 것이다. 그들은 그 문화적 사건이 C가 주도하지 않으면 절대로 되지도 않는다는 사실을 너무나도 잘 알고 있었지만, 그런데도 그들의 패거리인 동료의 편을 들어 주었던 것이다. 여기에는 그들의 사악한 질투심과 시기심이 작용했음은 두말할 필요조차도 없을 것이다. A와 B가 여태까지 C와의 인간 관계는 전혀 안중에도 없었다는 듯이, 상대방의 일방적인 승리와 C의 파멸만을 기도하고 있었다는 사실을 C는 새삼스럽게 깨닫지 않을 수가 없었다. 그들은 분쟁의 조정자가 아니라, 그 분쟁의 사주자이며, C의 파멸만을 기도했던 대악당들이었던 셈

이다. A와 B는 개인적으로 다같이 착하고 선량한 대학교수이자 시인이었지만, 그 집단의 패거리로서는 더없이 사악하고 교활한 인간들이었던 셈이다. 그 패거리들의 선과 악, 진실과 허위, 적과 동지의 이분법에 의하여 대한민국의 국가의 이익은 더없이 훼손되고, 모든 인간 관계는 상호 불신의 늪으로 빠져들게 된다. 송자 전 연세대 총장이 표절의 문제로 낙마를 한 것은 시민단체들의 시위 때문이었지만, 이필상 고려대 총장의 표절의 문제에는 그 시민단체들이 일제히 침묵을 지킬 수밖에 없었다. 왜냐하면 송자 연세대 총장의 표절은 최고의 악이었지만, 그 시민단체의 일원이었던 이필상 고려대 총장의 표절은 최고의 선이었기 때문이다. 표절을 한 번도 한 적이 없는 A와 B는 대한민국 최고의 대학교수이자 시인(?)이었지만, 동료 시인과 동료 교수들의 표절의 문제에 대해서는 하늘이 무너지는 한이 있더라도 침묵으로 일관하는 선량한 양심을 가진 지식인들이다. 아아, 이 땅의 엉덩이에 뿔 달린 패거리들이여, 그대들이 바로 악마들이며, 우리 한국어와 우리 한국인들의 전체의 영광을 통째로 갉아먹는 지옥의 연출자들이 아니던가!

아버지는 씨를 뿌리고 또 뿌리는 존재이고, 어머니는 낳고 또 낳는 존재이다. 동물의 세계에서는 '부성애'라는 말이 매우 희귀한 현상이듯이, 아버지라는 존재는 다소 무책임하지만, 어머니라는 존재는 그 어느 누구보다도 투철한 사명감과 책임 의식으로 무장을 하고, 자기 자식들에게 그 모든 것을 다 베풀어 준다. 왜냐하면 아버지라는 존재는 끊임없이 '이 여자와 저 여자들 사이에서' 더 많은 씨앗을 뿌리려고 하기 때문이고, 다른 한편, 어머니라는 존재는 그가 누구의 씨앗이든지 간에, 그 아이를 낳고 그 아이를 양육하는 데 최선을 다 하고 있기 때문이다. 젖을 달라고 하면 젖을 주고, 밥을 달라고 하면 밥을 주고, 돈을 달라고 하면 돈을 주고, 빚을 얻어다가 달라고 하면 빚을 얻어다가 주는 것이 이 세상의 어머니들인 것이다. 아버지의 사랑은 조건이 있는 사랑이지만, 어머니의 사랑은 조건이 없는 사랑이다. 그 어머니는 자기 자식을 위해서라면 더욱더 강력한 적과도 싸우고, 심지어는 이글이글 타오르는 불길 속과, '공포, 그 자체'인 시퍼런 강물 속으로 뛰어드는 일조차도 서슴지 않는다. 어머니의 사랑에 의해서 존재의 역사는 그 발걸음을 멈추지 않게 되고, 그 어머니의 사랑에 의해서 이 세상의 행복한 삶이 가능해진다.

이대흠 시인은 1967년 전남 장흥에서 태어났고, 1994년 『창작과비평』으로 등단했다. 시집으로는 『상처가 나를 살린다』와 『눈물 속에는 고래가 산다』 등이 있고, '현대시동인상'과 '애지문학상'을 수상한 바가 있다. 이제까지 이대흠의 시세계는 두 방향으로 구축되어 왔는데, 첫 번째는 '한국적 정한'의 세계이고, 두 번째는 '우주론적 화해'의 세계라고 할 수가 있다. 그러나 이대흠의 한국적 정한의 세계는 사회적 차원의 저항의 몸짓보다는 그 정한의 세계 속에서 그 정한의 삶을 살아가고 있는 우리 한국인들의 모습을 보다 더 구체적으로 진솔하게 묘사해왔던 것이고, 그리고 그 '우주론적 화해'의 세계는 선악의 이분법보다는 모든 것이 하나라는 대통합의 세계라고 할 수가 있다. 이 대통합의 세계는 우주론적 화해의 세계이며, 그 적대적인 이분법을 무화시키면서, 모든 상대성과 다원성의 세계를 아우르는 일원론의 세계라고 할 수가 있다.

'제1회 애지문학상 수상작'인 「동그라미」에 의하면 우선 어머니는 그 말을 둥글게 하는 버릇이 있는 것이다. "오느냐 가느냐라는 말이 어머니의 입을 거치면 옹가 강가가 되고 자느냐 사느냐라는 말은 장가 상가가 된다"라는 시구가 그것이고, "나무의 잎도 그저 푸른 것만은 아니어서 밤낭구 잎은 푸르딩딩해지고 밭에서 일 하는 사람을 보면 일 항가 댕가 하기에 장가 가는가라는 말은 장가 강가가 되고 애기 낳는가라는 말은 아 낭가가 된다"라는 시구가 그것이다. 다시 말해서 어머니의 어법에 의하면, '자느냐 사느냐'는 '장가 상가'가 되고, '오느냐 가느냐'는 '옹가 강가'가 된다. '밤나무 잎은 푸르러지고'는 '밤낭구 잎은 푸르딩딩해지고'가 되고, '장가 가는가'는 '장가 강가'가 된다. 이 어법은 전형적인 전라도의 어법이기는 하지만, 그러나 그 독특한 어법 속에는 어머니의 생활 철학과 삶 자체가 고스란히 배어 있는 것이다. 인간과 언어는 둘이 아니라 하나이며, 그 인간의 죽음이 아니고서는 그 인간에게서 그의 언어를 함부로 빼앗을 수는 없다. T. S 엘리어트가 좀 더 구체적으로 역설한 바가 있듯이, 외국어로 사고하는 것은 가능하지만, 외국어로 느끼는 것은 거의 가능하지가 않다. 시대, 인종, 장소, 남녀노소, 출신성분, 역사 철학적인 문맥에 따라서, 똑같은 언어일지라도 천차만별로 해석될 수 있는 것이 언어인데, 그 언어 속에, 그 주체자의 생명과 삶의 결이 배어 있지 않으면 외국어로 그 감정들을 느낀다는 것은 거의 가능하지가 않은 것이다.

이대흠의 대표작인 「동그라미」의 어머니는 모든 말을 그 어머니의 어법대로 둥글게 표현한다. 그 둥긂은 이 세상의 상대성과 다원성의 세계를 하나로 통합시키는 일원론의 세계이며, 우주론적 화해의 세계이다. 그 어머니는 일생을 흙과 함께 살고, "남한테 해꼬지 한 번 안 하고" 사신 어머니이다. 아버지의 세계는 네모의 세계이고, 어머니의 세계는 동그라미의 세계이다. 네모의 세계에서는 밑변과 윗변이 싸우고, 윗변과 아랫변이 싸운다. 좌우의 옆변과 옆변이 싸우고, 두 개의 가로변과 세로변이 서로의 대립각을 곤두세우며, 서로가 서로를 향해서 으르렁거리게 된다. 선과 악, 진과 위, 적과 동지, 남자와 여자, 주관과 객관, 흑과 백, 음과 양, 네 것과 내 것 등의 모든 이분법이 바로 여기에서 생겨나며, 그리고 그 주체자들은 범주가 구속된 사회를 형성하고, 그 패거리들의 무자비한 공격성을 드러내게 된다. 그들의 전 인류애적 사랑은 그들의 자그만 범주(사회) 속에 갇혀 있고, 그들의 전 인류애적 사랑은 오늘날의 미제국주의자들처럼, '완벽한 허위'와 '완벽한 범죄'의 색채를 띠게 된다. 그러나 동그라미의 세계에서는 모든 것이 가고 모든 것이 되돌아 온다. 모든 것이 죽고 모든 것이 새로 꽃 피어난다. 너와 내가 영원한 숙적으로서 정반대의 길을 걸어 갔지만, 그러나 너와 내가 도착한 곳은 너와 내가 출발한 바로 그곳일 뿐인 것이다. 왜냐하면 동그라미의 세계에서는 시작이 끝이 되고, 그 끝이 시작이 되고 있기 때문이다. 선과 악이 없어지고, 적과 동지의 이분법도 없어진다. 네모의 세계는 다툼이 있는 세계이지만, 동그라미의 세계는 다툼이 없는 세계이다. "일생을 흙속에서" 살고, "남한테 해꼬지 한 번 안 하고" 사신 어머니가 바로 그것을 증명해준다.

아버지가 사회적인 무책임과 갈등을 조장하는 존재—반드시 그렇지는 않지만—라면, 어머니는 그 어느 누구보다도 투철한 사명감과 책임 의식으로 무장을 하고 이 땅의 모든 사회적 갈등과 불만을 잠재우는 거룩한 존재라고 할 수가 있다. "내가 진실로 너희에게 이르노니, 한 알의 밀이 땅에 떨어져 죽지 아니하면 한 알 그대로 있고, 죽으면 더 많은 열매를 맺느리라"의 「요한복음」의 진리는 이 어머니의 희생정신에 맞닿아 있다고 해도 과언이 아니다. "무장 허리가 굽어져 한쪽만 뚫린 동그라미 꼴이 된 몸으로/ 어머니는 아직도 당신이 가진 것을 퍼 주신다"라는 시구가 그것이고, "머리가 발에 닿아 둥글어질 때까지/ C자의 열린 구멍에서는 살리는 것들이 쏟아질 것이다"라는 시구가 그것이다. 어머니는 이타적인 존재이며, 무한히 거룩한 존재이다. 그 어머니가 C자형의 구부러진 몸으로 모든 것을 다 퍼주게 되면, 어머니의 머리는 발에 닿고, 그리고 그 어머니의 생애는 동그라미 하나로 완성될 것이다. 이 세상의 최선의 방법은 사랑이며, 그 삶의 궁극적인 목표는 자기 자신의 인생 전체로 동그라미를 완성하는 것이다.

동그라미는 시작과 끝도 없고, 적과 동지도 없다. 동그라미는 남과 여도 없고, 주관과 객관도 없다. 동그라미는 흑과 백도 없고, 네 것과 내 것도 없다. 동그라미는 무한히 자비롭고 친절하고, 또, 동그라미는 무한히 평화롭고, 이 지구처럼, 이 우주처럼, 영원히 돌고 또 돈다. 동그라미는 늘, 항상, "오손도순 살아라"라고 당부하는 어머니이며, "우리들의 받침인 어머니"이다. 동그라미는 서양인들이 'O.K' 할 때의 긍정성과 우리 한국어의 부드러운 발음과 그 친숙성의 세계를 자랑한다. 동그라미는 갈등과 분열을 모르는 세계이며, 모든 사악한 패거리들까지도 다 포용하는 '우주론적 화해'의 세계이다. 모든 사악한 패거리들은 그들의 적을 모조리 죽임으로써 자기 자신들도 비참하게 죽어가지만, 이 우주론적 화해론자들은 자기 자신의 이웃과 그 원수들을 더욱더 사랑함으로써, 너와 내가 다같이 살아갈 수 있는 지상낙원을 건설하게 된다.

워싱턴에 있는 대통령은 우리에게 편지를 보내어, 우리 땅을 사고 싶다는 뜻을 전합니다. 하지만 하늘을 어떻게 사고 팝니까? 땅을 어떻게 사고 팝니까? 우리에게 땅을 사겠다는 생각은 이상하기 그지 없습니다. 맑은 대기와 찬란한 물빛이 우리 것이 아닌 터에 그걸 어떻게 사겠다는 것인지요?
이 지구라는 땅덩어리의 한 조각 한 조각이 우리 백성에게는 신성한 것이올시다. 빛나는 솔잎 하나하나, 모래가 깔린 해변, 깊은 숲속의 안개 한 자락, 한 자락, 풀밭, 잉잉거리는 풀벌레 한 마리까지도 우리 백성에게는 신성한 것이올시다. 이 모든 것이 우리 백성의 추억과 경험 속에서는 거룩한 것이올시다.
우리는 나무 껍질 속을 흐르는 수액을 우리 혈관 속을 흐르는 피로 압니다. 우리는 이 땅의 일부요, 이 땅은 우리의 일부올시다. 곰, 사슴, 독수리……이 모든 것은 우리의 형제올시다. 험한 산봉우리, 수액, 망아지의 체온, 사람…… 이 모두가 형제올시다.
— 조셉 캠벨, 「신화의 힘」 중, '어느 시애틀 추장의 말'에서

모든 것이 가고 모든 것이 되돌아 온다. 모든 것이 죽고 모든 것이 새로 꽃 피어난다*. 존재의 동그라미는 영원히 돌고, 또, 돈다. 오오 동그라미여! 오오 동그라미여!

*이 말은 니체의 『짜라투스트라는 이렇게 말했다』에 나오는 말이지만, 말의 엄밀한 의미에서 그것은 힌두교와 불교의 '윤회사상'의 말이지, 니체의 독창적이 말이 아니다. 그래서 따옴표 없이 쓰게 된 것이다.

명시
·
23

이은채
나빌레라

거실에 홀로 앉아 차를 달인다

미수를 넘긴 백통 나비장에 기대어 그만 까무룩 잠이 든 사이

잠결에 양 어깻죽지가 순간 스을쩍 들리는 듯
겨드랑이 비밀스런 숲에서 일어나는 무슨 물결소리 찻물 따르는 소리
그러다가 귓속말처럼 잎 틔우는 소리

이윽고 그 잎새 화알짝 펼쳐지며 몸이 송두리째 붕 뜨는 찰라 어디선가
고양이 한 마리 쏜살같이 튀어나와 내 손을 덥석 베어 무는데

나빌레라!

— 『애지』, 2006년, 겨울호

나는 이은채 시인을 1999년도인가, 이곳 충청도로 내려와서 처음으로 만났고, 그리고 그가 시를 쓰는 시인인 줄은 전혀 알지도 못했었다. 이은채 시인을 소개한 누군가가 그를 화가라고 소개했고, 그림에 문외한인 나는 그냥 술좌석에서 만나면, 함께 잡담이나 나눌 수 있는 사람으로만 생각했었다. 내가 무척이나 어렵고 힘든 결심 끝에 계간시전문지 『애지』를 창간(새천년, 즉, 2000년 봄)하고 나서, 이은채 시인이 1997년도에 『심상』으로 등단했다는 사실을 알게 되었었다. 이은채 시인은 아직 시인으로서의 풋내가 전혀 가시지 않았지만, 나는 그의 신작시들을 『애지』에 실었었고, 그후 얼마 지나지 않아 그가 보내온 「봄은 소주를 마신다」, 「태백」, 「셔터를 누를 수 없다」, 「오월」, 「범람하는 풍경」 등의 시들을 발견하고, 『애지』의 자그만 특집란인 '애지의 초점'에서 다루게 되었었다. 나는 나의 이은채 작품론인 「고문받는 순교자의 황홀한 환상」(『애지』, 2001년 봄호)이라는 글에서, 이은채의 염세주의적인 관점과 낙천주의적인 관점, 그리고 그의 탐미주의적인 기법과 자유로운 언어학적 상상력에 주목하면서, "이것은 분명히 제일급의 대가풍의 장점이기는 하지만, 이은채의 시 세계가 아직은 초보적인 걸음마 단계라는 점에서, 그녀의 대기만성의 가능성에 더 강조점을 두고 싶다. 한 편의 아름다운 시는 소우주라는 말도 있다. 수천 년을 찍어 누르듯이 자기 자신의 앎을 육화시키고 피로써 쓴 시인은 이미 소우주를 창조한 시인이며, 더 이상 시가 필요없는 시 자체의 삶을 살아가고 있는 것인지도 모른다. 아니, 그 시인은 이미, 벌써, 예술품 자체가 되어서 영원불멸의 삶을 살아가고 있는 것인지도 모른다"라고 말을 한 적이 있었다.

나는 「고문받는 순교자의 황홀한 환상」에서, 이은채 시인에게 진정한 예술가의 자세와 대쪽같은 장인 정신을 주문했던 것이지만, 그러나 그가 서울로 올라가고 우리는 한동안 매우 소원한 관계로 지냈었다. 거기에는 나의 거칠은 성격과 그의 지나친 결벽증이 한 몫을 담당했던 것이지만, 그러나 그는 「주홍단추」, 「나빌레라」, 「북」, 「구두」, 「지하철 4호선 평촌역 광장」, 「채송화」, 「찬 우물 가는 길」 등의 한국시문학사상 가장 아름답고 뛰어난 시들을 보내왔고, 나는 『애지』의 지면을 대폭 할애하여, 이은채의 새시집 '주홍단추를 미리 엿보다'라는 타이틀로 지난 일년 동안 연재를 할 수 있도록 주선을 해주었다. 아무도 눈여겨 보아주지 않고 있었던 무명 시인을 마치, 흙속의 진주처럼 발굴해낸다는 것은 잡지편집자로서, 또는 문학비평가로서의 지상 최대의 기쁨이자 하나님이 마련해준 축복이기도 했다. 이은채 시인은 진정한 예술가의 자세와 대쪽같은 장인 정신으로 '탐미주의의 정점'에서 우리 한국시문학의 새로운 진경을 선보이고 있었던 것이다.

　탐미주의란 무엇인가? 탐미주의란 '예술을 위한 예술'로 설명할 수가 있는 것이며, 문학의 자율성을 극단적으로 강조했던 일군의 예술가들을 지칭하게 된다. 정치적 충동을 문학이란 외피로 위장을 하고, 문학작품마저도 선전 선동의 수단으로 전락시켰던 현실주의자(공산주의자)들의 행태에 반발하여, 문학의 자율성을 극단적으로 강조했던 러시아의 형식주의자들과 프랑크푸르트학파들이 그 탐미주의의 정점을 이끌어 왔던 사람들이라고 할 수가 있다. 문학작품은 쉬클로프스키가 역설한 바가 있듯이, '모든 스타일상의 기교의 총화'이며, 그것은 '낯설게 하기'로 나타나고 있다고 할 수가 있는 것이다. 프란츠 카프카, 사르트르, 까뮈, 베르톨트 브레히트, 보들레르, 랭보, 말라르메, 발레리, 앙드레 브르통 등이 그 '낯설게 하기'의 선구자들이며, '영원한 혁명의 역사'라는 '문학사'를 이끌어 나가고 있는 시인들이라고 해도 과언이 아니다.

　이은채 시인의 「나빌레라」는 그의 탐미주의의 소산이며, 매우 아름답고 뛰어난 작품이다. 만일, 그렇다면, "거실에 홀로 앉아 차를 달인다"는 것은 무엇을 뜻하는 것일까? 또한, 왜, 그는 차를 달이다가 말고 "미수를 넘긴 백통 나비장에 기대어 그만 까무룩 잠"이 들어 버렸던 것일까? 차는 기호식품이며, 설록자, 녹차, 홍차, 작설차, 뽕잎차 등이 있다. 다도茶道는 찻잎을 따서 마시기까지의 과정을 가리키며, 그 다도를 통해서 몸과 마음을 단련시키는 행위를 말한다. "마음이 맑아야 도가 보인다"라는 잠언처럼, 한 인간의 미덕은 그 '다도정신'의 소산임을 강조하는 사람들이 점점 더 늘어가고 있는 실정이기도 하다. 중국의 당나라 시대와 신라시대, 그리고 일본의 무로마치 시대에서 비롯된 그 다도는 아주 고귀하고 우아한 분위기까지 배어나오고도 있다고 할 수가 있다. "거실에 홀로 앉아 차를 달인다"는 것은 자기 자신의 몸과 마음을 단련시키는 행위를 말하며, 그것은 이은채 시인이 진정한 다도인茶道人임을 뜻한다. 하지만 봄날은 춘곤기가 있는 계절이며, 그 춘곤기는 시인의 의지와는 상관이 없는 생리적인 현상이라고 할 수가 있다. 그는 잠이 스르르 쏟아져 들어와 '의식이 있는 둥, 마는 둥, 혼미해진 상태'를 "미수를 넘긴 백통 나비장에 기대어 그만 까무룩 잠이 든 사이"라고, 매우 아름답고 멋들어진 시구로 표현해낸다. '미수를 넘긴 백통 나비장'은 여든 여덟 해 이상이 된 것을 말하고, 이 '백통 나비장'은 여인네들의 은밀하고도 소중한 생활용품들을 넣어주는 장을 말한다. 나비장은 재목과 재목을 서로 이을 때 쓰는 나비모양의 장식에서 생겨난 이름이기는 하지만, 때 이른 봄날의 나른한 여인과 미수를 넘긴 백통 나비장과, 그리고 마지막으로 봄의 전령사인 나비가 삼위일체를 이루면서, 그 봄날의 '나비의 꿈'을 이끌어 나가게 된다. "미수를 넘긴 백통 나비장에 기대어 그만 까무룩 잠이 든 사이"는 춘곤기를 이기지 못한 시인의 그것을 말하지만, 그러나 이 시구는 그 봄날의 비몽사몽의 상태를, 또는 장자莊子의 「호접몽胡蝶夢」의 상태를 이끌어 나가는 시구가 되어주고 있는 것이다.

때 이른 봄날, 춘곤기로 나른한 여인과 미수를 넘긴 백통 나비장과, 그리고 마지막으로 봄의 전령사인 나비가 이끌어 나가는 백일몽은, 따라서, "잠결에 양 어깻죽지가 순간 스을쩍 들리는 듯한" 꿈의 옷으로 갈아 입게 되고, "겨드랑이 비밀스런 숲에서 일어나는 무슨 물결소리 찻물 따르는 소리/ 그러다가 귓속말처럼 잎 틔우는 소리"를 듣게 된다. 시인의 겨드랑이의 비밀스런 숲(체모의 숲)은 봄동산의 숲이 되고, 그 봄동산의 숲에서는 겨우내 얼어 붙었던 계곡의 물소리가 또다시 들려오게 되고, 그리고 모든 만물이 태동하는 소리가 들려오게 된다. 꿈은 현실의 세계가 아니며, 언제, 어느 때나 이적異蹟이 가능한 세계이다. 한낮의 '백일몽(나비의 꿈)'은 나비 여인이 타고 가는 우주비행선이 되고, 그 비몽사몽 간에 '찻물 끓이는 소리는 모든 만물이 태동하며 겨우내 얼어 붙었던 계곡의 물소리와, 그 나비 여인 이외에는 어느 누구도 모르게 가만히, 살금살금, 다가와, "귓속말처럼 잎 틔우는 소리"가 되어주기도 한다.

 하지만, 그러나 그 우주비행선을 타고 있는 나비의 꿈은 "이윽고 그 잎새 화알짝 펼쳐지며 몸이 송두리째 붕 뜨는 찰라 어디선가 고양이 한 마리 쏜살같이 튀어나와 내 손을 덥석 베어 무는데"라는 시구에서처럼 깨어지게 되고, 나는 또다시 현실의 세계로 되돌아오게 된다. 왜냐하면 아직은 사나운 눈보라가 휘몰아치는 때 이른 봄날이기 때문이고, 나는 여전히 중력의 법칙에 구속되어 있기 때문이다. 이은채 시인은 거실에 홀로 앉아—차를 달이다가—그만 깜빡 잠이 들었다가 깨어난 것이지만, 그러나 이때의 "어디선가 고양이 한 마리 쏜살같이 튀어나와 내 손을 덥석 베어 무는데"라는 시구는 실제의 고양이일 수도 있고, 아닐 수도 있다. 나는 이 고양이는 이은채 시인이 집에서 기르고 있는 애완동물이 아니라, 이 「나빌레라」의 시적 장치에 의해서 가상으로 등장시킨 반동 인물에 지나지 않는다고 생각한다. 우리는 고양이를 곧잘 '나비'라고 부르고, 그 '나비'를 때때로 애완동물로 기르고 있는 것이다. 나비와 나비(고양이)는 언어의 유사성에 의한 '펀 효과'를 고조시키면서도, 그 역할은 주동인물과 반동인물로 상호 엇갈리게 된다. 나비가 기나 긴 겨울의 어둠을 뚫고 '생의 약동'을 전해주는 '봄의 전령사'이라면, 또 하나의 나비(고양이)는 그 '나비의 꿈'을 깨뜨리면서, 이 땅의 어두운 현실을 가리키는 훼방꾼(현실주의자)의 역할을 하고 있는 것이다. 전자의 나비는 중력의 법칙에서 자유로운 나비이고, 후자의 나비는 중력의 법칙에 구속되어 있는 나비이다. 아무튼 거실에 홀로 앉아―차를 달이다가―그만 깜빡 잠이 들었다가 깨어난 일화를 토대로 하여, 그것을 '나비의 꿈'에서 깨어난 것으로 노래하고 있는 이은채 시인의 「나빌레라」는 대단히 아름답고 뛰어난 시라고 하지 않을 수가 없다.

제4연의 "이윽고 그 잎새 화알짝 펼쳐지며 몸이 송두리째 붕 뜨는 찰라 어디선가 고양이 한 마리 쏜살같이 튀어나와 내 손을 덥석 베어 무는데"라는 시구에서는 고양이가 시인의 '나비의 꿈'을 깨뜨리고 그를 현실의 나락 속으로 추락시킨 장본인이지만, 마지막 연의 '나빌레라!'는 그 고양이에 대한 원망이나 분노의 표현이 아니라고 할 수가 있다. 바로, 이 마지막 종련의 '나빌레라!'는 그 '나비의 꿈' 속에서 깨어난 안타까움의 뜻도 들어 있기는 하지만, '나비였구나!', '그래, 나비였구나!'라는 감동의 언어로 이해하지 않으면 안 되고, 그것은, 또한, 나비를 보았다는 놀라움과, 또, 그리고, 내가 나비가 되었었다는 놀라움으로 이해하지 않으면 안 된다. 요컨대 '나빌레라!'는 감탄문은 나는 나비가 아니라는 자각과, '나는 나비를 보앉다'는 놀라움과, 나는 '나비가 되었었다'라는 놀라움이 겹쳐져 있는 것이다.

  최서림, 유홍준, 문인수, 신현정의 시들이 그들의 독특한 개성과 그 진수를 보여주고 있었지만, 탐미주의의 정점에서, 상징적이고 함축적인 언어로 한국어의 새로운 진경을 선보이고 있는 이은채의 「나빌레라」를 제4회 애지문학상 수상작으로 선정하게 되었다. 이은채의 최근의 시에는 전혀 필요하지 않은 말이나 이상야릇하게 불협화음을 불러 일으키거나 튀는 말은 전혀 찾아볼 수가 없다. 그중에서도 '거실에 홀로 앉아 차'를 달이며, '까무룩 잠이 든 사이', 羽化登仙 날개가 돋아나는 아름다운 나비의 모습으로, 기나 긴 겨울을 지나 봄소식을 알리는 「나빌레라」는 그 어느 작품과도 비교를 거부하는 아름다운 명작이라고 할 수가 있다. 다시 말해서 까무룩 잠이 들면서도 우주와 내통하고, 그 역동적인 힘으로 불모의 동토를 녹이고, 그리고 끝끝내는 아름다운 나비의 춤사위를 저절로 연출해내고 있는 모습은 가히, 詩神의 경지라고 할 수가 있는 것이다. 언어는 스스로 약속한다. 이은채의 언어는 이은채의 붉디 붉은 피이며, 우리 한국어의 영광 자체인 것이다. 오늘도 자기 자신의 無明의 껍질을 뚫고 우리 한국어의 영광을 위해서 최선의 노력을 다하고 있는 이은채에게 진심으로 경의를 표하고자 한다.

― 제4회 '애지문학상 심사평'에서

이은채 시인은 탐미주의자로서 진정한 예술가의 자세와 대쪽같은 장인정신을 지닌 시인이기도 하다. 첫 번째로는 가장 세련되고 정교한 언어를 자유롭게 구사할 줄 안다는 것이 그것이고, 두 번째로는 상징적이고 함축적인 언어로 옛이야기와도 같은 구수한 이야기를 전개시켜 나갈 줄 아는 능력이 있다는 것이 그것이며, 그리고 세 번째로는 그의 '자유로운 상상력'이 바로 그것이라고 할 수가 있는 것이다. 나는 이 언어의 절제를 통하여 가장 세련되고 정교한 언어를 구사할 줄 아는 능력과 상징적이고 함축적인 언어와 기승전결을 통한 이야기의 구조에 대해서는 이미 앞에서 살펴본 바가 있다. 이은채 시인의 자유로운 상상력은 "미수를 넘긴 백통 나비장에 기대어 그만 까무룩 잠이 든 사이/ 잠결에 양 어깻죽지가 순간 스을쩍 들리는 듯/ 겨드랑이 비밀스런 숲에서 일어나는 무슨 물결소리 찻물 따르는 소리/ 그러다가 귓속말처럼 잎 틔우는 소리"와도 같은 아름다운 시구를 낳고 있고, 또한 그의 자유로운 상상력은 "이윽고 그 잎새 화알짝 펼쳐지며 몸이 송두리째 붕 뜨는 찰라 어디선가 고양이 한 마리 쏜살같이 튀어나와 내 손을 덥석 베어 무는데// 나빌레라!"와도 같은 아름다운 시구를 낳고 있다. 모든 문학작품이 '기교의 총화'라면 나는 이은채 시인의 기법을 '羽化登仙의 기법'이라고 명명해보고 싶은 것이다. '우화등선의 기법'은 가장 아름답고 화려한 멋진 기법이며, 그 기법은 자유연상을 방불케 하면서도 그러나 무의미와 무의식의 세계를 지향하지 않고, 그와는 정반대 방향에서 자연스러운 이미지와 의미의 안정성에 기여를 하게 된다. 요컨대 '거실에 홀로 앉아 차'를 달이며, '그만 까무룩 잠이 든 사이', '우화등선의 날개가 돋아나는 아름다운 나비의 모습'으로, 기나 긴 겨울을 지나 봄소식을 연출해내는 이은채의 시적 기법은 그 어느 기법과도 비교를 거부하는 아름다운 기법이라고 할 수가 있다. 이은채 시인의 우화등선의 기법은 탐미주의자로서의 그의 대쪽같은 장인 정신의 소산이며, 한국현대시의 무한한 영광이라고 하지 않을 수가 없다. 이은채 시인의 언어는 가장 아름답고 화려하며, 언제, 어느 때나 우화등선의 날개가 돋아나고 있는 것이다.

더없이 힘든 시기에 수상 소식을 듣게 되었다
나는 아마도 천천히 일어나 가스레인지에 찻물을 올렸지 싶다
분청 다기에 댓잎을 조금 덜어냈지 싶다
서서히 우러나는 댓잎차 물끄러미 들여다 보았지 싶다
별로 할 말이 없었다

등단 이후 10년째
길눈조차 어두운 나는 늘 마음이 아팠고 짐짓 수면상태였다
아주 가끔은 꿈결처럼 화알짝 펼쳐 보이는 나비의 꿈을 꾸고 있었던 걸까
처음으로 작업실을 갖게 된 오래 전 어느 날 불쑥 내게 걸어 들어온 백통 나비장,
혈육같은 그를 팔아 상을 탄다
아픈 마음을 시절을 묵묵히 받아 안아주던 그는 이제 저만치서 은은하게
고개를 끄덕이는 듯 하다

서럽고 서러운 길 엄살 부리지 말고 걸어가라는 말씀으로 알겠다

― 제4회 '애지문학상 수상소감' 중에서

명시 · 24

반칠환
외딴 유치원

아랫목에 밥 묻어 놨다—
어머니, 품 팔러 새벽 이슬 차며 나가시고
막내야, 집 잘 봐라
형, 누나 학교 가고 나면 어린 나 아버지와 집 지키네
산지기 외딴집 여름해 길고,
놀아줄 친구조차 없었지만 나 하나도 심심하지 않았다네
외양간엔 무섭지만 형아 같은 중송아지,
마루 밑에 양은냄빈 왈칵 물어도 내 손은 잘근 씹는 검둥이,
타작 끝난 콩섶으로 들락거리던 복실꼬리 줄다람쥐,
엄마처럼 엉덩이 푸짐한 암탉도 한 마리 있었다네
아아 낯설고 낯설어라, 세상은 한눈 팔 수 없는 곳—
원생은 나 하나뿐인 외딴 유치원, 솔뫼 고개 우리 집
아니 아니, 나 말고도 봄에 한배 내린 병아리 떼가 있었네
그렇지만 다섯살배기 나보다 훨씬 재빠르고 약았다네

병아리 쫓아, 다람쥐 쫓아 텃밭 빠대다보면,
아버지 부르시네
풍으로 떨던 아버지,
마당에 비친 처마 그림자 내다보고 점심 먹자 하시네
해가 높아졌네, 저 해 기울면 엄마가 오시겠지

— 『뜰채로 죽은 별을 건지는 사랑』, 시와시학사, 2001년

반칠환 시인은 1964년 충북 청주에서 태어났고, 1989년 중앙대학교 문예창작학과를 졸업했다. 또한, 1992년 《동아일보》 신춘문예로 등단했으며, 『뜰채로 죽은 별을 건지는 사랑』과 『웃음의 힘』 등의 시집과, 그리고 『하늘 궁전의 비밀』, 『지킴이는 뭘 지키지?』 등의 동화집을 출간한 바가 있다. 어떤 사람에게는 가난이 치명적인 상처가 되고, 어떤 사람에게는 가난이 아름다운 추억이 된다. 나는 나의 어린 시절과 나의 가계家系에 대해서는 한사코 침묵을 지켜왔지만, 그러나 반칠환 시인은 그의 『뜰채로 죽은 별을 건지는 사랑』에서 그의 어린 시절과 그의 가계에 대해서, 보다 자연스럽고, 보다 사실적이고, 보다 완전하고, 보다 아름답고 역동적인 이야기들로 재구성해 놓은 바가 있다. 가난이 치명적인 상처가 되는 사람은 공산주의자가 되고, 가난이 아름다운 추억이 되는 사람은 낙천주의자가 된다. 왜냐하면 전자의 의식은 사회적 지위에 의해서 결정되지만, 후자의 사회적 지위는 그의 의식에 의해서 결정되고 있기 때문이다. 전자는 자본가와 노동자, 지배계급과 피지배계급이라는 계급적 질서에 반발하여 부의 공정한 분배와 만인 평등 사회를 추구하게 되고, 후자는 자본가와 노동자, 지배계급과 피지배계급이라는 계급적 질서보다는 이 세상에서 굶어 죽는 한이 있다고 하더라도, '자유로운 개인'으로서 살아가고자 한다. 나는 그러나 공산주의자가 되지 않았는데, 왜냐하면 그 가난마저도 더욱더 의연하고 꿋꿋하게 살아나감으로써 그 인간의 정신으로 극복하고자 했었기 때문이다. 어쨌든 나의 어린 시절은 다만 어두컴컴한 과거일 뿐이며, 영원히 치유할 수 없는 남 부끄러운 상처일 뿐인 것이다.

나의 가난은 아직도 치명적인 상처가 되고, 반칠환 시인의 가난은 아름다운 추억이 된다. 나는 나의 어린 시절에 대해서는 한사코 침묵으로 일관하고 있지만, 그는 그의 어린 시절을 매우 즐겁고 기쁘게 이야기 한다. 충북 청주시 용정동 84번지, 솔뫼 고개의 산지기 움막집에서 천 년 사찰인 보살사를 등 지고 있는 낙가산을 정면으로 바라보면 왼쪽으로는 150여 호의 이정골 마을이 있고, 오른쪽으로는 80여 호의 중고개 마을이 있다.(지금은 도시화가 급속하게 진행되어 중고개 마을이 사라지고, 이정골 마을도 많이 변해버렸지만.) 이정골 마을과 중고개 마을의 중간 지점에, 조금은 널찍한 진사래 들판과 낙가산을 정면으로 바라볼 수 있는 곳이 '솔뫼고개'이며, 그 '솔뫼고개'의 산지기 움막집이 반칠환 시인과 내가 태어났던 곳이기도 하다. 아버지 반상규(1916~1969), 어머니 정간옥(1921~2000), 장남 반성환(사망), 이남 반길환, 장녀 반용산(사망), 삼남 반용환, 사남 반경환, 오남 반동환, 차녀 반순환, 삼녀 반수환(사망), 육남 반칠환—. 아버지 반상규 씨와 어머니 정간옥 여사 사이에는 육남 삼녀가 있었지만, 반칠환 시인이 태어났을 때는 장남과 장녀가 이미 사망한 뒤였기 때문에, 그의 이름이 '칠환'이가 되었던 것이다. 그리고 반칠환 시인이 두 살인가, 세 살이었을 때, 그의 바로 손 위의 누나인 수환이마저도 홍역을 앓다가 이 세상을 떠나가게 되었다. 아버지는 어린 시절부터 노동력을 상실한 천식환자였고, 육이오 이후부터는 어머니의 노동력에 의지해서 살아가야만 하는 매우 어렵고도 궁핍한 집안이었다. 반길환, 반용환, 반경환은 상급학교 진학은커녕, 초등학교를 마치자마자 값싼 싸구려 상품처럼 팔려 나갔던 곳, 산전뙈기 1,000여 평과 수십 그루의 감나무와 두 거목의 은행나무와 울창했던 참나무 숲과, 해발 400여 미터의 아주 아름답고 수려했던 낙가산이 그 산지기 외딴집의 유일한 터전이자 그 배경이 되어 주었던 것이다.

반칠환 시인은 마르크스의 반대방향에서, 인간의 사회적 지위가 존재의 의식을 결정하지 않고, 인간의 의식이 그 존재를 결정짓는다는 리얼리스트이며, 그의 「외딴 유치원」은 그 의식의 독창성이 빛나는 시라고 하지 않을 수가 없다. 인간이 그 지위보다 못할 때 그는 사물화된 인간이며, 그는 그 지위(대통령, 장관, 국회의원, 사장 등)에 연연하게 된다. 그러나 인간이 그 지위보다 나을 때 그는 자유인이 되고, 그는 그 지위에 연연하지 않게 된다. 모든 가치는 정신의 가치이며, 정신의 가치가 사물의 가치(상품의 가치)를 압도하게 된다. 산전뙈기 밭일과 날품팔이 노동으로 살아가던 어머니, 중풍으로 떨던 아버지, 어렵고도 힘든 시절만을 보내고 있는 형과 누나 등의 반대방향에서, "아아 낯설고 낯설어라, 세상은 한눈 팔 수 없는 곳"이라는 반칠환 시인의 티없이 맑고 순진했던 시구들이 바로 그것을 말해준다. "아랫목에 밥 묻어 놨다/ 어머니, 품 팔러 새벽 이슬 차며 나가시고"는 초여름 새벽에 이웃 마을로 일을 하러 나가시면서도 병든 남편과 어린 막내 아들이 찬밥을 먹지 않도록 세심하게 배려하는 어머니의 사랑이 배어 있는 시구이며, "막내야, 집 잘 봐라/ 형, 누나 학교 가고 나면 어린 나 아버지와 집 지키네"라는 시구는 형과 누나 등이 학교에 가고 나면, 도둑조차도 외면하는 산지기 외딴집에서 그 막내 아들의 외톨이의 처지가 배어 있는 시구이다. 외톨이는 소외된 인간이며, 최악의 생존조건에 처해 있는 인간을 말한다. 또한, 외딴집도 소외된 집이며, 최악의 생존 조건 속에 처해 있는 인간의 집을 말한다. 그러나 반칠환 시인은 "산지기 외딴집 여름해 길고/ 놀아줄 친구조차 없었지만 나 하나도 심심하지 않았다네"라고 노래한다. 왜냐하면 "외양간엔 무섭지만 형아 같은 중송아지/ 마루 밑에 양은냄빈 왈칵 물어도 내 손은 잘근 씹는 검줄이/ 타작 끝난 콩섶으로 들락거리던 복실꼬리 줄다람쥐/ 엄마처럼 엉덩이 푸짐한 암탉도 한 마리 있었다네/…… / 아니 아니, 나 말고도 봄에 한배 내린 병아리 떼" 등이 있었기 때문이다. 비록 그곳이 "원생은 나 하나 뿐인 외딴 유치원, 솔뫼고개 우리집"이었을지라도, 그 어린 아이에게는 "아아 낯설고 낯설어라, 세상은 한눈 팔 수 없는 곳"이라는 그 이상적인 호기심이 있었던 것이다. "아아 낯설고 낯설어라, 세상은 한눈 팔 수 없는 곳"이라는 시구는 다섯 살배기의 호기심을 나타내고 있는 시구이지만, 그러나 그 호기심은 새롭고 신기한 것을 좋아하는 마음으로만 그치지 않는다. 그 호기심은 새롭고 신기한 것을 좋아하는 마음에서, 호기呼氣, 즉 자연스러운 숨쉬기로 이어지고, 그 자연스러운 숨쉬기는 낯선 세상을 잘 살펴볼 수 있는 호기好機로 이어진다. 그 호기는 마음이 넓고 뜻이 큰 모양의 호연지기浩然之氣로 이어지고, 그 호연지기는 사나이 대장부답고 장중하고 웅대한 기상을 뜻하는 호기豪氣로 이어지며, 고산영봉적高山靈峰的인 언어와 그 의미들의 문맥을 형성하게 된다. 외양간의 중송아지도 그의 시선과 마음을 사로잡고 엉덩이 푸짐한 암탉과 병아리 새끼들도 그의 시선과 마음을 사로잡는다. 그 호기심은 "아아 낯설고 낯설어라, 세상은 한눈 팔 수 없는 곳"이라는 그의 자연스러운 숨쉬기로 이어지고, 그 자연스러운 숨쉬기는 "병아리 쫓아, 다람쥐 쫓아 텃밭을 빠대다 보면"의 호기好機로 이어진다. 그리고 그 호기는 "아아 낯설고 낯설어라, 세상은 한눈 팔 수 없는 곳"이라는 호연지기浩然之氣와 호기豪氣로 이어지게 된다. 따라서, 이 세상은 그의 '외딴 유치원'이며, 그 「외딴 유치원」은 그의 이상적인 천국이 된다.

 반칠환 시인은 그의 '외딴 유치원', 즉 그의 호기심 천국에서 가장 아름답고 행복한 운명의 주인공이 되어간다. 새벽부터 일을 나가 해가 기울어야 돌아오시는 어머니는 조금도 염려가 안 되고, 중풍으로 떨며 반신불수의 삶을 살아가는 아버지의 앞날도 염려가 안 된다. 어렵고 힘들게 향학열을 불태우고 있는 형과 누나 등의 장래도 염려가 안 되고, 산지기 외딴집의 외톨이의 신세도 걱정이 안 된다. 왜냐하면 그는 그의 호기심 천국에서 중송아지, 검줄이, 줄다람쥐, 암탉, 병아리 새끼들을 벗삼아, 그 외딴 유치원의 드넓은 천국을 제멋대로 뛰어다니고 있기 때문이다. 다섯 살 배기 어린 아이가 전혀 떼를 쓰지 않고, 그처럼 잘 놀았다는 것은 지금의 내가 생각해보아도 거의 기적에 가까운 일이 아닐 수가 없다. 늙은 엄마의 빈젖이나 빨고, 중풍으로 떨던 아버지마저도 그가 여섯 살 때 세상을 떠났으니까, 이 세상에서 반칠환 시인만큼 어렵고 힘들게 자라온 시인도 드물 것이다. 반칠환 시인은 티없이 맑고 깨끗한 시인이며, 매우 온화하며 낙천적인 시인이다. 늙은 엄마의 빈젖이나 빨고 중풍으로 떨던 아버지와 함께 살아 왔으면서도, 그 최악의 생존조건마저도 아름답고 풍요로웠던 「외딴 유치원」으로 미화시켜 놓은 것이 바로 그것이다. 이 세상으로부터 소외되어 있고 그 최악의 조건 속에서도 행복한 인간이라면, 그 무엇이 두려울 것인가? 따라서 원생은 나 하나 뿐인 「외딴 유치원」에서의 "해가 높아졌네, 저 해 기울면 엄마가 오시겠지"라는 그의 낙천주의를 생각해보아라! 그의 현실주의는 그의 낙천주의 토대이고, 그의 낙천주의는 그의 현실주의의 소산이다.

    원생은 나 하나뿐인 외딴 유치원, 솔뫼 고개 우리 집
    아니 아니, 나 말고도 봄에 한배 내린 병아리 떼가 있었네
    그렇지만 다섯살배기 나보다 훨씬 재빠르고 약았다네
    병아리 쫓아, 다람쥐 쫓아 텃밭 빠대다보면,
    아버지 부르시네
    풍으로 떨던 아버지,
    마당에 비친 처마 그림자 내다보고 점심 먹자 하시네
    해가 높아졌네, 저 해 기울면 엄마가 오시겠지

반칠환 시인의 「외딴 유치원」은 시 전체가 어머니, 형, 누나, 중 송아지, 검줄이, 줄다람쥐, 암탉, 병아리, 아버지 등의 이야기로 이어지는 점층법과 동화적인 어법과 리듬, 그리고 '아아 낯설고 낯설어라', '아니 아니' 등의 반복법으로 구성되어 있다. 점층법은 이야기를 점점 더 고조시켜나가고, 동화적인 어법과 리듬은 시의 분위기를 가볍고 경쾌하게, 또한 그만큼 즐겁고 기쁘게 이끌어나가고, 그리고 반복법은 「외딴 유치원」의 동화적인 세계로 몰입해 들어가게 만든다. 어머니, 형, 누나, 아버지도 살아서 움직이고, 중송아지, 검줄이, 줄다람쥐, 암탉, 병아리 등도 살아서 움직인다. 진형적인 상황에서의 전형적인 등장 인물들과 그 언어들도 살아서 움직이고, 시인의 티없이 맑고 깨끗한 천성(의식)으로 그 최악의 조건들이 최상의 조건으로 변모를 하게 된다. 「외딴 유치원」은 반칠환 시인의 호기심 천국이며, 가장 행복한 이상적인 천국이다.

대부분의 사람들은 사교적이며, 그들은 모든 적대자들마저도 설득시킬 수 있을 만큼 가장 화려하고 아름다운 화술을 갖고 싶어한다. 그들은 생각하고 배우지 않으며, 또한 배우고 생각하지도 않는다. 왜냐하면 언제, 어느 때나 진지하고 깊이 있게 사유하는 것은 그들의 적성에 맞지 않기 때문이다. 그들이 가장 중요시하는 것은 재기발랄함과 공허하고 허황되기 짝이 없는 말들의 잔치이다. 아는 것은 보는 것이며, 보는 것은 아는 것이다. 여론, 대중, 대중심리, 예의 범절을 늘 중요시하며, 자기 자신은 결코 되돌아 보지도 않는다. 사교적인 사람들은 늘 무엇인가에 쫓기고 있듯이 시간이 없고, 고독이나 외로움을 그 무엇보다도 가장 싫어한다. 이에 반하여, 진정한 시인은 늘 혼자 있어야 가장 행복한 사람이다. 그는 늘 사색과 산책을 하며 어떠한 악의악식惡衣惡食마저도 전혀 개의치를 않는다. 그는 생각하고 배우며, 또한 배우면서 생각한다. 그는 진정으로 대시인이 되기 위하여 최악의 생존조건 속으로 뛰어들고, 어떠한 고독이나 외로움도 마다하지 않는다. 그는 고독 속에서도 행복하게 살고, 외로움 속에서도 행복하게 산다. 가난, 고독, 외로움, 고통 등을 벗삼아 살아가며, 티없이 맑고 순진한 사람을 위하여 「외딴 유치원」의 주인공이 되어간다.

 늘, 항상, 검소한 생활을 즐기면서도 고귀하고 위대한 꿈을 갖고 살아간다는 것―, 늘, 항상, 사색과 산책을 즐기면서도 「외딴 유치원」의 주인공이 되어간다는 것―, 바로, 이것이, 우리 한국인들이 가장 부족한 것이다.

 시인은 홀로 있어야 가장 행복한 사람이다.

명
시
·
25

강정이
맵고 아린

1
호두까기인형이 되어
태엽감은듯 빙글빙글 도는 발레리나
새처럼 춤추기 위해 발가락은
맵고 아리다
그녀 발가락이 불퉁불퉁
마늘뿌리다

꽃목걸이 걸고 웃는 발레리나
껍질 벗긴 한 톨 마늘이다
스포트라이트 받은 얼굴 매운내 훅— 터지니
눈 부 시 다

2
친구야 마늘은
장터국밥에나 용봉탕에나
헌 운동화나 동쪽 별자리에도
들어있다
울지마라

―『나비, 봄을 짜다』, 애지문학회 편, 종려나무, 2007년

1891년부터 1892년 사이에 세계적인 작곡가 차이코프스키는 독일의 동화작가 호프만의 「호두까기와 쥐의 임금님」을 대본으로 하여 「호두까기인형」이라는 발레음악을 작곡하였다. 어느 해, 어느 겨울, 크리스마스 때, 클라라 소녀는 '호두까기인형'을 선물로 받았는데, 그 인형이 꿈 속에서 쥐의 대군을 퇴치하고, 아름다운 왕자로 변신을 하여 클라라 소녀를 '과자의 나라'로 인도해가게 된 것이다. 현실의 나라는 쥐의 나라이고, 동화의 나라는 과자의 나라이다. 과자의 나라는 동화의 나라이고, 동화의 나라는 모든 것이 가능하고 어느 것 하나 부족한 것이 없는 이상적인 천국이라고 할 수가 있다. 따라서 클라라 소녀와 아름다운 왕자가 추는 춤은 매우 환상적이고 새처럼 아름답고 우아할 수밖에 없는 것이다. 새는 중력의 법칙에서 자유로운 존재이지만, 인간은 중력의 법칙에 구속되어 있는 존재이다. 하늘과 가까운 곳은 성스러운 곳이고, 땅 밑의 지하의 세계는 더럽고 추한 곳이다. 땅은 천당과 지옥의 중간지대이며, 그 중간지대에서 살고 있는 우리 인간들은 언제, 어느 때나 그 지하의 세계로의 추락을 제일 두려워하고, 그토록 오랫동안 끊임없이 하늘의 세계를 동경하며 살아왔던 것이다. 인간은 춤을 통해서 자기 자신을 높이 높이 끌어 올린다. 중력의 법칙을 벗어나는 것은 모든 인간들의 영원한 꿈이며, 그는 새처럼 자유 자재롭게 날아다니면서 하늘나라의 천국을 구상하게 된다. 발레리나는 새가 된 인간이며, 우리 인간들의 미래의 이상적인 인간을 대표한다. 그 발레리나는 쥐가 들끓고 있는 현실의 세계를 극복하고, 마침내 아름다운 소녀인 클라라를 하늘나라로 데려가게 된다.

  마늘은 영양만점의 건강식품이면서도 음식의 맛을 내는 데 쓰이는 향신료라고 할 수가 있다. 마늘의 원산지는 중앙 아시아이며, 중국을 통해서 우리나라로 들어 왔다고 한다. 곰이 마늘과 쑥을 먹고 웅녀가 되어 환웅과 결혼했다는 「단군신화」가 있듯이, 마늘은 대한민국의 시조인 단군과도 깊은 관련이 있을 수밖에 없는 것이다. 왜냐하면 환웅과 웅녀의 자손인 단군은 이미 태어나기 이전부터 이처럼 마늘과 깊은 관련이 있었기 때문이다. 다시 말해서, 깊은 가을에 파종을 하면 이른 봄에 싹이 나고 6월이면 수확하게 되는 육쪽 마늘은 대한민국의 대표적인 건강식품이면서도 그 향신료라고 하지 않을 수가 없다. 마늘의 주된 향기는 '알린alliin'이 '알리나제alliinase'에 의하여 '알리신allicin'으로 변하고, 이것이 다시 휘발성 황을 포함한 단백질인 '디알릴디설파이드diallyl disufide'로 변하기 때문에 나는 것으로 알려져 있다. 마늘의 약리작용은 매우 다양하고 독특해서, 변비치료와 식욕증진, 페스트 치료, 스태미너의 증진, 상처와 화농의 치료, 항균, 항암, 항곰팡이, 중금속 해독작용, 항피로 작용 등에 뛰어난 효과를 갖고 있다고 한다. 그러나 마늘의 주성분인 '알리신의 항미생물의 기능'이 옛날부터 이미 잘 알려져 있었기 때문에, 대부분의 제약회사들은 이 마늘의 '항미생물 특성에 대한 연구와 임상실험'을 기피하고 있다고 한다. 왜냐하면 제 아무리 인류의 이익과 건강에 도움이 된다고 할지라도 특허가 될 수 없는 제품은 그 경제적 가치가 없기 때문이다(이상, 인터넷 백과사전 참조).

내가 이처럼 '춤'과 '마늘'에 대해서 언급한 것은 강정이 시인의 「맵고 아린」이라는 시를 이해하기 위해서는 이처럼, 두 가지의 사전지식이 필요했기 때문이었다. 강정이 시인은 경남 삼천포에서 태어났고, 2004년도에 『애지』로 등단한 신진 시인이다. 그의 「맵고 아린」은 그 무엇보다도 언어가 절제되어 있고, 어떤 사물이나 사건의 본질을 꿰뚫어 보는 선언적이고 단정적인 어법에 의하여, 그 시적 공간을 주지적이면서도 역사 철학적인 공간으로 이끌어 나간다. 우선 "호두까기인형이 되어/ 태엽감은듯 빙글빙글 도는 발레리나/ 새처럼 춤추기 위해 발가락은/ 맵고 아리다/ 그녀 발가락이 불퉁불퉁/ 마늘뿌리다"라는 시구는 여러 측면에서 다음과 같은 질문을 던져보게 한다. 왜 발레리나는 춤을 추고 있는 것이며, 왜 그녀의 발가락은 마늘뿌리와도 같고, 그리고, 왜, 또한 그녀의 발가락은 맵고 아린 것일까? 이미 시사한 바가 있듯이, 발레리나는 새가 된 인간이며, 우리 인간들의 미래의 이상적인 인간을 대표한다. 아주 어렵고 힘든 이 땅을 벗어나서 무한히 아름답고 영원불멸의 삶이 가능한 천국으로 날아가고 싶다는 꿈이 그 발레리나를 존재하게 하고 있는 것이며, 우리 인간들은 그 발레리나의 춤을 통해서, 비록, 그것이 간접적일지라도 그 동화(환상)의 세계로 빠져 들어가게 되는 것이다. 하지만 그 발레리나는 "호두까기인형이 되어" "새처럼 춤추기 위해 발가락은/ 맵고 아리게" 될 수밖에 없게 된다. 그 발레리나의 발가락은 마늘뿌리와도 같고 "꽃목걸이를 목에 걸고" 웃고 있는 발레리나의 알몸의 윤곽은 "껍질 벗긴 한 톨 마늘"과도 같다. 마늘뿌리와 발레리나의 발가락, 한 톨의 마늘과 발레리나의 알몸의 윤곽이 그 형태의 유사성에 의한 자연스러운 결합이라면, 만일, 그렇다면 그녀의 발가락은 왜 맵고 아린 것이 되어야만 했던 것일까? 마늘이 매운 것은 '알리신'이라는 성분 때문이고, 마늘이 아린 것은 그 자극적인 매운 맛 때문에 혀끝이 아릿하게 되기 때문이다. 따라서 발레리나의 발가락이 맵고 아리다는 것은 발레리나의 발가락만이 아니라 그녀의 인생 전체를 지시하고 있는 것이겠지만, 이때의 맵고 아리다는 것은 '맵고 아리다'라는 일차적인 의미를 넘어서, 이차적 의미, 즉, 발레리나의 절차탁마의 과정을 지시하고 있다고 하지 않을 수가 없다. 한 톨의 마늘이 기나 긴 겨울을 지나고, 모진 비바람과 만고풍상을 겪으면서 탄생한 것이듯이, 발레리나는 새가 되기 위하여 기나 긴 절차탁마의 과정을 거치지 않으면 안 된다. 그 절차탁마의 과정은 내가 내 방식대로 표현해본다면 '고통의 지옥훈련과정'—'태엽감은듯 빙글빙글 도는 발레리나의 그 연습과정을 생각해보라! 얼마나 가혹하고 혹독했으면 '새처럼 춤추기 위해' 발가락은 맵고 아리게 되었던 것일까?—이며, 그녀의 발가락이 '울퉁불퉁', 기형적으로 변모되지 않고는 진정한 새의 인간이 될 수가 없는 것이다. 마늘은 단군의 신화에도 나오듯이, 신성한 건강식품이며, 우리 한국인들의 대표적인 향신료이다. 발레리나의 발가락이 맵고 아리다는 것은 그녀의 춤이 그만큼 아름답고 우아했다는 것을 뜻한다. 그녀의 마늘뿌리와도 같았던 발가락들은 온몸 전체로 '한 톨의 마늘'이 되고, 따라서 그녀는 너무나도 당연하게 '꽃목걸이'를 걸고 '스포트라이트'를 받게 된다. "스포트라이트 받은 얼굴 매운내 훅―터지니/ 눈부시다"라는 시구는 매우 후각적인 '매운내'마저도 시각적인 스포트라이트와 결합시키고, 이 「맵고 아린」의 시를 제일급의 시로 이끌어 올리고 있는 것이다. 오랜 절차탁마의 과정을 거쳐서 새의 인간이 된 발레리나, 대한민국의 대표식품인 마늘과도 같은 존재가 되어서 단군의 신화 속으로 날아가고 있는 발레리나, "스포트라이트 받은 얼굴 매운내 훅―터지"듯이 눈부신 존재가 되어 있는 발레리나―. 강정이 시인의 「맵고 아린」은 '호두까기인형'을 보고 쓴 가장 아름다운 시이며, 그 새가 된 인간에 대한 최고급의 찬사가 담긴 시라고 하지 않을 수가 없다.

  강정이 시인의 「맵고 아린」의 후반부는, 그러나, 그 발레리나에 대한 찬사도 없고, 그 화려한 분위기와 조명도 없다. 「호두까기인형」의 환상적인 세계와 그 발레리나의 아름다운 춤에 매료되었던 수많은 관객들도 다 돌아가고, 이제는 시인과 친구만이 쓸쓸하게 남아 있는 것이다. "친구야 마늘은/ 장터국밥에나 용봉탕에나/ 헌 운동화나 동쪽 별자리에도/ 들어 있다/ 울지마라"라는 시구에서 알 수가 있듯이, 그 친구는 이미 '새의 인간'(발레리나)의 꿈을 잃어버리고, 수많은 좌절감과 절망감에 사로잡혀 있는 것처럼도 보인다. 호두까기인형 같은 왕자도 없고, 아름다운 소녀인 클라라도 없다. 만일, 그렇다면 진정으로 시인의 친구는 왜 울고 있는 것이며, 시인은 어떻게 그 친구를 위로하고 있는 것일까? 그것은 발레리나에 대한 꿈을 잃어버렸기 때문이었던 것일까? 아니, 그것은 이렇다 할 만한 꿈이 없는 일상생활에서 수없이 좌절하고 절망만을 되풀이 하고 있었기 때문이었던 것일까? 그 해답은 정확하게 알 수가 없지만, 그 이유는 전자의 의미일 수도 있고, 후자의 의미일 수도 있다. 아니, 아니, 그토록 소망해왔던 발레리나의 꿈―꼭 발레리나가 아니더라도 무한한 영광과 명예에 대한 꿈―을 잃어버리고, '장터국밥'과 '용봉탕'이나 만들어 팔고 있는 것처럼, 그 둘 다의 의미일 수도 있다. 친구는 무한한 영광과 명예만을 생각하고 그 좌절감과 절망감만을 되풀이 씹고 있는 것이지만, 그러나 시인은 좀 더 성숙한 시선으로, 스포트라이트를 받는 발레리나만이 훌륭하게 사는 것이 아니라, 이른 새벽부터 다 떨어진 헌 운동화를 신고, '장터국밥'과 '용봉탕'을 만들어 파는 너의 삶도 훌륭한 삶이라고 위로를 하고 있는 것이다. 그렇다. 무한한 영광과 명예의 삶도 훌륭한 것이지만, 그 무한한 영광과 명예의 그늘 아래서, 그러나 '맵고 아린' 마늘처럼 최선을 다해서 살아가는 일도 더없이 훌륭한 것이다. 고귀하고 훌륭한 삶은 영광과 비영광, 명예와 불명예에 있는 것이 아니라, 언제나, 늘 최선을 다하는 삶에 있다는 것이 강정이 시인의 시적 전언이라고 해도 틀림이 없다.

    친구야 마늘은
    장터국밥에나 용봉탕에나

헌 운동화나 동쪽 별자리에도
들어있다
울지마라

　강정이 시인은 이 「맵고 아린」이라는 시를 진정으로 수없이 좌절과 절망만을 되풀이하고 있는 그의 친구를 위로하기 위하여 쓴 것인지도 모른다. 고귀하고 위대한 꿈만을 꿈꾸면서 살아오던 사람이 그 꿈을 상실했을 때는 더 이상 이 세상을 살아갈 만한 이유가 없게 되는지도 모른다. 꿈이 없는 생활은 무목표와 무의지와 무책임으로 일관하게 되어 있는 생활이며, 끊임없이 표류하게 되어 있는 생활일 뿐인 것이다. 꿈이 있다면 어떠한 절차탁마나 고통의 지옥훈련과정마저도 견뎌나갈 수가 있지만, 그러나 그 꿈을 상실했을 때는 끊임없이 우울증에 사로잡혀서, 이 세상의 서민들이 그토록 선망하고 있는 상류계급의 생활마저도 마다하고 자살을 기도하게 된다. 친구는 화려한 조명의 세계만을 바라다 보지만, 시인은 그 조명의 세계와 그 이면의 세계를 다 같이 바라다 본다. 누구나 다같이 고귀하고 위대한 발레리나의 삶을 꿈꿀 수는 있지만, 그러나 그 발레리나가 될 수 있는 사람은 아주 예외적인 극소수에 지나지 않는다. 따라서 소수의 발레리나만이 모든 영광과 명예를 다 뒤집어 쓰고, 수많은 다수의 사람들은 모두가 다같이 그처럼 쓸쓸하게 역사의 무대에서 퇴장을 해야만 된다는 것일까? 적어도 그것은 아닐 것이다. 고귀하고 위대한 발레리나는 그가 그 자리에 올라설 수 있도록 끊임없이 디딤돌의 역할을 해주었던 다수에게 더없이 감사해야 할 것이고,

그 무한한 영광과 명예의 그늘에 가려서, 그토록 쓸쓸하게 살아가는 다수의 사람들은 그러나 그 고귀하고 위대한 발레리나가 자기 자신의 또다른 분신임을 잊지 말고, 늘, 항상, 최선을 다하는 삶을 살아가야 될 것이다. 성공과 실패는 눈에 보이는 것과 눈에 보이지 않는 것으로 그렇게 명확하게 구분될 수 있는 것이 아니다. 무한한 영광과 명예의 삶은 울지 않는 삶에 있으며, 후회하지 않는 삶에 있는 것이고, 비록, 그것이 무한한 고통과 실패의 연속일지라도 늘 최선을 다하는 삶에 있는 것이다.

강정이 시인의 「맵고 아린」은 시의 진정제 효과에 해당되고, 그 진정제 효과는 이 세상에서 매우 어렵고 힘들게 살아가는 사람들을 어루만져주고 위로해주는 기능으로 작용을 한다. 그 어렵고 힘들게 살아가는 사람들의 마음을 어루만져주고 위로해주지 못한다면 도대체 시가 무슨 소용이 있단 말인가? 강정이 시인의 「맵고 아린」은 무한한 영광과 명예, 그리고, 그 그늘의 삶을 다같이 살펴보는 종합적인 시선이 돋보이는 시이며, 그 종합적인 시선으로 그 그늘의 삶도 무한한 영광과 명예의 삶이 될 수도 있다는 사실을 일깨워 주고 있는 것이다. 강정이 시인의 「맵고 아린」은 이 세상의 사물과 사건의 본질을 다같이 꿰뚫어 보는 선언적이고 단정적인 어법이 지배를 하고 있다고 해도 과언이 아니다. "새처럼 춤추기 위해 발가락은/ 맵고 아리다", "그녀 발가락이 불퉁불퉁/ 마늘뿌리다", "꽃목걸이 걸고 웃는 발레리나/ 껍질 벗긴 한 톨 마늘이다", "스포트라이트 받은 얼굴 매운내 훅– 터지니/ 눈 부 시 다", "친구야 마늘은/ 장터국밥에나 용봉탕에나/ 헌 운동화나 동쪽 별자리에도/ 들어 있다/ 울지마라" 등의 시구가 바로 그것이다. 선언이란 어떤 의견과 주장을 공표하는 것을 말하고, 단정이란 더 이상의 이론의 여지가 없이 결정적인 판단을 내리는 것을 말한다. '맵고 아리다', '마늘뿌리다', '한 톨 마늘이다', '눈부시다', '들어 있다', '울지마라' 등의 종결어미 중에서 '들어 있다'와 '울지마라'만을 빼어놓고는 모두가 다같이 단정적인 어법들이다. '들어 있다'는 '장터국밥'과 '용봉탕'과 '헌 운동화'와 '동쪽 별자리에도' 마늘이 들어 있다는 선언어법이고, '울지마라'는 너의 삶도 고귀하고 훌륭한 삶이니까, 결단코 '울지마라'는 명령어법(권유어법)이다. 하지만, 그러나, 그 종결어미들에는 시인의 의견과 주장이 더 이상의 이론의 여지가 없다는 듯이 들어 있기 때문에, 선언적이고 단정적인 어법들이 지배를 하고 있다고 보아야 할 것이다. 다시 말해서, 「맵고 아린」은 선언적인 어법에 의해서도 아니고, 단정적인 어법에 의해서도 아니고, 이 선언적이고 단정적인 어법에 의해서 지배되고 있다고 할 수가 있는 것이다. 선언적이고 단정적인 어법은 모든 사건들의 현상과 본질, 진짜와 가짜, 음과 양, 미와 추, 선과 악 등을 다같이 꿰뚫어 보고 있는 종합적인 시선의 소유자만이 가능한 어법이며, 따라서 「맵고 아린」은 요즈음 한국시단에서는 매우 보기 드물게 대단히 역사 철학적인 사유와 그 성찰의 깊이가 배어 있는 작품이라고 하지 않을 수가 없다. 요컨대 「맵고 아린」은 최고급의 건강식품과 최고급의 향신료인 마늘이 시사해주고 있듯이, 최고급의 삶에 대한 경이의 표시이며, 이 세상의 삶에 대한 낙천주의적인 찬가라고 하지 않을 수가 없다.

어느덧 강정이 시인은 호두까기인형 같은 왕자가 되고, 그의 친구는 아름다운 소녀인 클라라가 된다. 그들은 다같이 그토록 아름답고 우아한 춤을 추면서, 하늘나라로, 그 옛날의 단군의 신화 속으로 날아 올라가고 있는 것이다. 우정은 더없이 어렵고 힘든 삶을 살아가는 친구를 미화시켜주고, 그리고 이처럼 아름답고 뛰어난 시마저도 탄생시켜준다. 우정은 '우정의 이름'으로 '인간애의 꽃'을 피우고, 천하 제일의 명시의 모태가 되어주고 있는 것이다.

  오오, 맵고 아린 삶이여!
  오오, 맵고 아린 삶이여!

명시 · 26

엄재국
교대근무

진달래 지천으로 피는 북향의 산비탈
꽃잎이 공중에 매장되고 있다

지하의 한 칸 계단을 내려서고 있는, 친구의 하관식

병반의 광부가 막장의 임무를 교대하고 있다

퇴적된 목숨들이 겹겹이 일어서는, 캄캄한 공중의 광맥들

우수수 쏟아지는 분홍빛 석탄들

누군가,
공중에 꽃을 매장하고 있다

— 『정비공장 장미꽃』, 애지, 2006년

힌두교와 불교의 중심사상은 윤회사상이며, 그 윤회사상은 이 세상의 자연의 이치를 가장 잘 드러내 주고 있다고 나는 생각한다. 니체는 이 윤회사상을 그의 『짜라투스트라는 이렇게 말했다』에서,

　　모든 것이 가고 모든 것이 되돌아온다. 존재의 수레바퀴는 영원히 회전한다. 모든 것이 죽고 모든 것이 새로 꽃피어난다. 존재의 해(年)는 영원히 계속된다.
　　모든 것이 부서져버리고 모든 것이 새로이 짜맞춰진다. 동일한 존재의 집이 영원히 세워진다. 모든 것이 헤어지고 모든 것이 다시 만나 인사한다. 존재의 환環은 영원히 자신에게 충실하다
　　어느 찰나에나 존재는 시작된다. 모든 여기를 중심으로 저기의 공은 굴러간다. 중심은 곳곳에 있다. 영원의 오솔길은 곡선이다.

라고, 매우 잠언적이고도 경구적인 언어들로 변주시켜 놓은 바가 있

다. 모든 것이 가고 모든 것이 되돌아온다는 윤회사상은 매우 합리적이고 과학적인데, 왜냐하면 그것이 자연의 이치를 가장 잘 드러내주고 있기 때문이다. 한 그루의 나무가 죽으면 새로운 나무가 태어나고, 한 그루의 풀이 죽으면 새로운 풀이 태어난다. 한 마리의 짐승이 죽으면 새로운 짐승이 태어나고, 어느 인간이 죽으면 새로운 인간이 태어난다. 한 그루의 나무가 죽으면 수많은 생명들이 그 나무의 영양분을 먹고 자라나고, 어느 인간이 죽으면 그 시체에서 수많은 생명들이 자라난다. 일찍이 아인시타인이 역설한 바가 있듯이, 에너지는 질량이고 질량은 에너지이다($E=MC^2$). 다시 말해서, 수많은 생명들이 자기 자신의 존재의 껍질을 벗어던지고, 나무와 풀로, 그리고 수많은 짐승들로 새롭게 변모할 수는 있지만, 그 에너지의 총량은 변함이 없는 것이다. 텅 빈 무無에서 새로운 존재가 생겨날 수도 없고, 이미 존재하고 있는 생명(에너지)이 텅 빈 무로 사라져 갈 수도 없다. 바로 이것이 자연과학 차원에서의 윤회사상인 것이고, 이 자연과학 차원의 윤회사상은 또다른 차원, 즉, 종교적 차원에서, 우리 인간들의 삶을 위로해주고 어루만져주는 기능으로 작용을 하게 된다. 사제계급, 귀족계급, 평민계급, 천민계급 등의 카스트 제도가 인도에는 여전히 현존하고 있듯이, 인간의 사후에는 사제계급이 최하 천민의 계급이 되고, 이 최하 천민의 계급이 사제의 계급이 될 수도 있다는 신앙은 이 세상에서 가장 어렵고 힘들게 살아가고 있는 최하 천민계급의 계급적 갈등과 그 불만을 잠재워주고, 그리고 그들로 하여금 현실에 순응을 할 수 있도록 해주고 있는 것이다. 나는 이 종교적 차원에서의 윤회사상은 지배계급(사제계급)의 대사기극이며, 인간이 인간을 억압하고 착취하는 가장 사악한 그것이라고 생각한다. 인도의 카스트 제도와 미합중국의 노예제도는 역사 철학적으로 대동소이한 어떤 것에 지나지 않는다.

　엄재국 시인은 경북 문경에서 태어났고, 2001년, 『현대시학』으로 등단한 바가 있다. 그의 「교대근무」는 종교의 차원이 아닌, 자연의 차원에서 윤회사상에 가장 깊숙이 맞닿아 있다. 모든 것이 가고 모든 것이 되돌아온다. 모든 것이 죽고 모든 것이 새로 꽃피어난다. 이른바, 하루는 24시간, 한 달은 30일, 일 년은 365일, 그리고 백 년하고도 또, 천 년, 만 년 동안, 주야晝夜로 한 치의 오차도 없이 「교대근무」로 이 세상의 삶은 이루어지고 있는 것이다. 진달래가 지천으로 핀 어느 봄날, 그의 친구가 때 이르게 죽어갔고, 그는 그 친구의 장지를 다녀와서 이 「교대근무」를 쓰게 되었던 모양이다. 진달래꽃은 4월에 잎보다 먼저 피고, 참꽃 또는 두견화라고도 한다. 높이는 2~3미터이고, 줄기는 윗부분에서 많은 가지가 갈라지며, 잎은 어긋나고 긴 타원 모양의 바소꼴로 되어 있다. 진달래는 삼천리 금수강산 곳곳에 분포되어 있으며, 꽃은 이른 봄에 화전을 만들어 먹거나 진달래술(두견주)을 담가 먹기도 한다. 한방에서는 꽃을 영산홍迎山紅이라는 약재로 쓰는데, 해수, 기관지염, 감기로 인한 두통과 이뇨작용에도 효과가 있다고 한다. 때 이른 봄날, 온산천을 붉게 물들이는 진달래는 매우 아름답기는 하지만, 그러나 우리 한국인들에게는 그 진달래꽃의 아름다움보다는 더욱더 서러운 한恨의 정서로 다가오기도 한다. 때 이른 봄날은 3월 1일의 대한독립만세운동과 4·19혁명과 5·16의 군사쿠테타와도 관련이 있으며, 한 걸음 더 나아가서, 절대빈곤의 현상인 보리고개와도 관련이 있는 것이다. 왜냐하면 우리 한국인들은 초근목피로 연명을 하고, 수많은 내외우환의 정변들을 겪으면서 진달래꽃의 아름다움을 감상해볼 여유가 없었기 때문이다. 금강산 구경도 식후경이라는 말이 있다. 모든 문화는 굳건하고 튼튼한 경제적 토대 위에서 자라나고, 그리고, 또한, 그것을 향유하는 데는 어느 정도의 여유와 한가함을 지니고 있지 않으면 안 된다.

「교대근무」의 주인공은 때 이르게 죽어간 광부이며, 그가 가는 곳은 북망산천의 막장이다. "진달래 지천으로 피는 북향의 산비탈/ 꽃잎이 공중에 매장되고 있다// 지하의 한 칸 계단을 내려서고 있는, 친구의 하관식// 병반의 광부가 막장의 임무를 교대하고 있다"라는 시구가 바로 그것을 말해준다. 대부분의 사람들은 따뜻하게 햇볕이 잘 드는 남향을 선호하지, 늘 음습하고 추운 북향을 선호하지는 않는다. 따라서 진달래꽃잎과 함께 "북향의 산비탈"에 매장된 친구는 비명횡사의 주인공이지, 천수를 다하고 죽어간 노인의 그것이 아니다. 만일, 그렇다면 시인의 친구의 직업은 무엇이었으며, 그 친구는 왜, 그처럼 슬픈 운명의 주인공이 되어갈 수밖에 없었던 것일까? "병반의 광부*가 막장의 임무를 교대하고 있다"라는 시구에서 유추할 수가 있듯이, 그 친구의 직업은 광부이었던 것이며, 그리고 그는 광부로서 그처럼 슬픈 운명의 주인공이 되어 갔던 것이다. 그는 갱도가 무너져 내린 막장의 사고로 죽어간 것일까? 석탄이나 광석을 채굴하기 위한 채굴막장에서 죽어간 것일까? 갱도를 만들기 위해 굴진하고 있는 굴진막장에서 죽어간 것일까? 인간의 몸에 유해한 분진가루를 장기간 들이마시고 만성적인 진폐증 환자로 죽어간 것일까?

아니, 이 모든 것이 아니라면 이 세상에서 더 이상 나아갈 수 없는 광부로서, 그 생활의 하중을 견디지 못하고 죽어간 것일까? 「교대근무」의 문맥으로 보면, 그 친구의 죽음의 원인을 잘 알 수가 없지만, 하지만, 바로 그렇기 때문에, 그의 죽음을 더욱더 다양하고 자유롭게 유추해볼 수가 있는 것이다. 그 친구는 막장의 사고로 죽어갔을 수도 있고, 만성적인 진폐증의 환자로 죽어갔을 수도 있고, 그리고 한 걸음 더 나아가, 이 세상의 막장에서 죽어갔을 수도 있다. 그 막장에서의 죽음은 또다른 막장으로의 이동일 뿐이지만, 그러나, 바로 이 지점에서, 너무 슬퍼하거나 통곡해야 될 이유가 없어지게 된다. 왜냐하면 이 세상에서의 막장은 슬픈 것이지만, 저 세상에서의 막장은 슬픈 것이 아니기 때문이다. 삶은 삶의 공포에서 해방될 수가 없지만, 죽음은 삶의 공포에서 해방될 수가 있다. 그리고 그 친구의 죽음은 윤회사상의 차원에서, 그 친구를 살아가고 살아 움직이게 했던 에너지(석탄)에 대한 부채를 상환하는 「교대근무」에 지나지 않는다. 석탄이란 모든 동식물들이 퇴적하여, 가열과 가압작용을 받아 생성된 흑갈색의 가연성 화석연료를 말한다. 석탄은 탄화도炭化度에 따라 탄소분이 60%인 이탄泥炭, 70%인 아탄亞炭, 80~90%인 역청탄, 그리고 95%인 무연탄으로 나뉜다. 발열량은 좋은 탄질인 경우 6,500~7,000kcal/kg이고 저질탄은 보통 4,500kcal/kg이다. 그 친구를 살아가게 했고 살아 움직이게 했던 것이 석탄이었다면, 이제는 그 친구가 북향의 산비탈에서, 그 석탄이 되어가지 않으면 안 된다. 따라서, "퇴적된 목숨들이 겹겹이 일어서는, 캄캄한 공중의 광맥들// 우수수 쏟아지는 분홍빛 석탄들"이라는 시구 중에서, "퇴적된 목숨들이 겹겹이 일어서는, 캄캄한 공중의 광맥들"은 동식물들의 부식토가 겹겹이 나무와 숲으로 일어서는 것을 뜻하고, 또한 "우수수 쏟아지는 분홍빛 석탄들"은 진달래꽃잎이 공중에서 우수수 떨어지며 휘날리는 것을 뜻한다. "누군가가/ 공중에 꽃을 매장하고 있다"라는 것은 때 이르게 비명횡사해간 친구의 죽음에 대한 안타까움의 표현일 수도 있지만, 그러나 그것은 어느 누구도 피할 수가 없는 자연의 법칙일 뿐인 것이다. 모든 죽음은, 그것이 '생명의 꽃'이 지고 있다는 점에서, 우수수 떨어지는 낙화와도 같은 것이며, 그것은 "누군가가/ 공중에 꽃을 매장하고" 있는 것처럼 보일 수도 있는 것이다. 따라서 그 자연의 법칙 앞에서는 어느 누군가가 조금 더 돈과 명예와 권력을 갖고 살았다는 것도 문제가 될 리가 없고, 그 어느 누군가가 좀 더 오래 살았다거나 비명횡사해갔다는 것도 문제가 될 리가 없다. 자연은 전체적인 측면에서 종의 균형에만 관심이 있지, 어느 개인의 행복과 불행 따위에는 관심조차도 없다. 에너지는 질량이고 질량은 에너지이다. '모든 것이 가고 모든 것이 되돌아온다, 모든 것이 죽고 모든 것이 새로 꽃피어난다'라는 이 윤회사상의 순환구조 속에서, 친구는 인간이라는 육체의 탈만을 벗어던졌을 뿐, 그는 결코 죽어간 것이 아니다. 요컨대, 그는 언젠가, 어느 때, 그 시기가 무르익고 때 이른 봄날이 되면, 무연탄으로, 삼천리 금수강산의 진달래꽃으로 또다시 붉게 타오르고, 또 타오르게 될 것이다.

엄재국 시인의 「교대근무」는 때 이르게 죽어간 친구에 대한 '애도의 마음'이 깊이 있게 각인되어 있는 시이며, 그 '애도의 마음'을 윤회의 사상으로 너무나도 의연하고 꿋꿋하게 진정시켜 나가고 있는 시라고 할 수가 있다. 그 슬픔의 강도는 수천 년의 시간의 힘과도 견줄 만 하며, 그 시간의 가열과 가압작용으로 탄소분이 95% 이상인 무연탄이 되어가고 있다고 하지 않을 수가 없다. 자연과학적인 측면과 종교적인 측면, 그리고 마지막으로, 역사 철학적인 측면에서 그의 마음과 가슴이 찢어질 것같은 슬픔은 정화되고, 그리고 그 정화의 힘으로 그의 시는 절제를 얻게 된다. 언어의 절제는 슬픔의 절제이고, 슬픔의 절제는 언어의 절제이다. 그 절제된 언어와 슬픔만이 최고급의 무연탄이 되고 제일급의 명시가 될 수가 있는 것이다. 엄재국 시인은 모든 사물들과 생명들에게 새로운 의미를 부여해주는 제일급의 이미지스트이자 상징주의자라고 할 수가 있다. 엄재국 시인의 「교대근무」는 세 가지 차원의 윤회구조를 갖고 있다. 첫 번째는 친구가 석탄이 되고 석탄이 친구가 되는 것이고, 두 번째는 진달래가 석탄이 되고 석탄이 진달래가 되는 것이며, 그리고 마지막으로 세 번째는 친구와 진달래가 부식토가 되고, 그 부식토가 모든 생명들을 다시 태어나게 하고 있는 것이다. 윤회사상은 이 세상의 삶을 찬양하고 옹호하는 사상이다.

나는 너희들에게 이 윤회사상을 넘어서서, 나의 낙천주의 사상을 가르쳐 주고자 한다. 우리 인간들의 삶은 회의되거나 질문되기 이전에 향유되지 않으면 안 된다. 너희들은 우리 인간들의 삶을 더욱더 아름답고 풍요롭게 하기 위하여 무엇을 해왔단 말인가? 수많은 장애물들은 우리 인간들을 더욱더 고통스럽게 만들고, 심지어는 자살과 비명횡사마저도 연출해내지만, 그러나 우리들의 인생에 있어서 그 장애물들이 없었다면 우리가 어떻게 삶의 기쁨과 보람을 성취할 수가 있었단 말인가? 수많은 장애물들을 다 극복해낸 인간은 전지전능한 인간이 되어서 하늘을 찌를듯한 환희에의 기쁨을 맛볼 수가 있지만, 그러나 그 장애물들 앞에서 쓰러져간 인간들마저도 그 장애물들이 있어서 나의 삶은 즐겁고 행복했던 것이고, 그리고, 또 다시 태어나서, 그 장애물들에게 도전해보고 싶다라고 말하지 않으면 안 된다. 낙천주의자는 늘, 항상, 최선을 다하는 자이고, 그는 어떠한 일의 성공과 실패를 떠나서, 그의 삶을 즐겁고 기쁘게 향유하고 있는 자이다.

*나는 '병반의 광부'를 '병반病斑의 광부'로 이해하고, 그 광부의 죽음을 병에 의한 죽음으로만 이해했었다. 그러나 지극히도 다행스럽게 엄재국 시인이 그 병반을 질병에 의한 반점이 아니라, 갑반甲班, 을반乙班, 병반丙班이라는 광산의 용어라는 사실을 가르쳐 주었다. 애초부터 한자로 표기하거나 주를 달아 주었더라면 그러한 오류는 피할 수가 있었을 것이다. 갑반의 작업시간은 오전 8시이고, 을반은 오후 4시이고, 병반은 밤 12시라고 한다. 엄재국 시인의 친구는 한밤 중의 심야 작업반으로 그토록 어렵고 힘들게 살아가다가 그만 안타깝게도 그 생명의 끈을 놓아버렸던 모양이다. 부디 명계冥界에서나마 행복하게 살아가시기를 진심으로 기원해본다.

| 명
| 시
| ·
| 27

신현정
하나님 놀다가세요

하나님 거기서 화내며 잔뜩 부어 있지 마세요

오늘따라 뭉게구름 뭉게뭉게 피어오르고

들판은 파랑물이 들고

염소들은 한가로이 풀을 뜯는데

정 그렇다면 하나님 이쪽으로 내려오세요

풀 뜯고 노는 염소들과 섞이세요

염소들의 살랑살랑 나부끼는 거룩한 수염이랑

살랑살랑 나부끼는 뿔이랑

옷 하얗게 입고

어쩌면 하나님 당신하고 하도 닮아서

누가 염소인지 하나님인지 그 누구도 눈치채지 못할 거예요

놀다 가세요 뿔도 서로 부딪치세요.

― 『자전거 도둑』, 애지, 2005년

신성의 세계는 거룩함, 숭고함, 정중함, 무거움 등이 그 특징이며, 따라서 전지전능한 하나님이 살고 있고, 우리 인간들은 끊임없이 존경과 예배와 찬양을 바치지 않으면 안 된다. 신성의 세계는 모든 것이 가능하고 어느 것 하나 부족함이 없는 세계이며, 진리의 창조주인 하나님이 살고 있는 세계이다. 이에 반하여 세속의 세계는 더럽고 비천하며, 날이면 날마다 살인, 강도, 강간, 사기, 마약, 매춘 등의 범죄가 그치지 않고 일어나고 있는 세계이며, 어떤 일도 가능하지 않고 모든 것이 부족한 세계이다. 우리 인간들은 아담과 이브의 후손으로서 불완전한 인간이며, 세속의 세계에서 천형天刑의 삶을 살 수밖에 없게 되어 있다. 그러나 동화의 세계는 선과 악, 진리와 허위, 남과 녀, 음과 양, 신과 인간, 인간과 짐승의 세계를 구분할 필요가 없는 세계이며, 따라서 그 때 묻지 않은 천진난만한 시선 때문에 영원히 잃어버린 지상낙원의 세계로 인식된다. 우리 인간들은 동화의 세계(에덴동산)에서 세속의 세계로 내던져진 '실존적 투기'의 존재들이며, 그 실존적 내던져짐에 의해서 세속의 세계를 저주하고 신성의 세계로 나아가고자 한다. 하지만 신성의 세계는 정의로운 하나님과 최후의 심판자인 하나님에 의해서 굳건하게 문이 닫혀 있고, 우리 인간들은 그 좁은 문 앞에서 끊임없이 회개하고 참회를 하며 감사의 기도를 올리지 않으면 안 된다. 불완전한 인간이 전지전능한 신이 된다는 것, 어느 것 하나 가능하지 않고 모든 것이 부족한 세계에서 아름다운 천국으로 승천한다는 것, 이것이 우리 인간들의 행복론의 화두이며, 영원한 꿈일는지도 모른다.

　신현정 시인은 요즈음 매우 왕성한 시작 활동을 하고 있지만, 대부분의 독자들에게는 매우 낯설고 생소한 이름일는지도 모른다. 그는 1948년 서울에서 출생하여 1974년 『월간문학』으로 등단했고, 시집으로는 『대립對立』(1983), 『염소와 풀밭』(2003년), 그리고 이번에 출간한 『자전거 도둑』 등이 있다. 첫시집 『대립』을 출간한 이후, 20여 년 동안 시작 활동을 중단했다가 새천년을 맞이하여 시를 쓰게 된 모양이며, 『염소와 풀밭』으로 각각 '서라벌문학상'(2003년)과 '한국시문학상'(2004년)을 수상한 바가 있다. 그렇다면 신현정 시인은 왜 시작 활동을 중단했던 것이며, 왜 다시 시작 활동을 재개하게 되었던 것일까? 신현정 시인은 『염소와 풀밭』의 「첫머리」에서,

　　지난 해 이사를 하고부터 서울과 경기도를 경계짓는 해태 밑을 오고 가게 됐다.
　　해태는 시의를 판단하여 안다고 하는 상상의 동물. 여간해서는 자리를 뜰 것 같지 않은 굼뜬 형상 또한 제격이다. 그리고 머리 가운데

솟은 뿔 하나.

나도 해태의 뿔 하나쯤은 솟았으면 한다. 이 세상에서 전혀 새로운 입법자立法者로 살아가고 싶다.

라고, 그 까닭을 밝혀 놓은 바가 있고, 또 그리고 『자전거 도둑』의 「시인의 말」에서,

시가 무엇입니까.

초월, 우주적 자아, 아닐 것입니다.

눈물, 삶의 더러운 때, 아닐 것입니다.

위로, 화해, 더구나 아닐 것입니다.

희망, 절망, 아닐 것입니다.

죽음, 관념, 아닐 것입니다.

자유, 피의 전율, 그도 아닐 것입니다.

그럼에도 나는 당신을 이 지상에 초대합니다.

  당신이 행복에 겨워하는 모습을 반드시 보고야 말겠습니다.

라고, 그 까닭을 밝혀놓은 바가 있다.

 전혀 상상의 동물인 '해태의 뿔'을 하나쯤 갖고 새로운 입법자가 되고 싶다는 꿈, '초월, 우주적 자아', '눈물, 삶의 더러운 때', '위로, 화해', '희망, 절망', '죽음, 관념', '자유, 피의 전율' 따위 등의 상투적인 말과 인습적인 허구들을 내던져 버리고, '이 세상에 당신을 초대하고', '당신의 행복한 모습'을 반드시 보고 싶다는 꿈이 지난 20여년 동안의 잠적기에 그의 내면의 세계를 꽉 채우고 있었던 것이다. 전혀 새로운 입법자로서 우리 인간들의 행복한 세상, 즉 이 지구상에서 가장 아름답고 풍요로운 지상낙원을 연출해놓은 『자전거 도둑』의 세계는 영원불멸의 금자탑의 세계이며, 우리 한국시문학사가 새로운 전기를 맞이하는 계기가 되었다고 해도 과언이 아니다. 자기 자신만의 화법과 문체를 갖기 위하여 20여 년 동안이나 시작 활동을 중단하고 가장 독창적인 화법과 문체를 들고 나온 장인 정신, 새로운 가치의 창조자이자 입법자로서 사상과 이념의 신전神殿을 연출해낸 장인정신, 만일, 그렇다면 신현정의 『자전거 도둑』은 오랜 시간 동안의 절차탁마의 산물이며, 가장 독창적인 화법과 문체의 산물이고, 그리고 마침내는 상상력의 혁명의 산물이라고 할 수가 있는 것이다.

 신현정 시인은 형이상학적인 초월성의 세계도 거부하고, 형이하학적인 세속성(현실성)의 세계도 거부한다. 그가 선택한 세계는 동화의 세계이지만, 그러나 그 동화의 세계는 정신병리학적인 고착과 퇴행의 세계가 아니라, 초월성과 세속성을 다같이 끌어안고 대통합을 이룩해낸 동화의 세계, 즉 지상낙원의 세계라고 하지 않을 수가 없다. 나는 신현정 시인이 그의 '상상력의 혁명'을 통하여 사상과 이념의 차원에서 최고급의 인식의 제전을 펼쳐 보이고, 이 지구상에서 가장 아름답고 찬란한 행복론, 즉 지상낙원의 세계를 연출해냈다고 생각한다. 혹자는 보는 관점에 따라서 다르게 생각할 수도 있지만, 사상과 이념의 차원에서, 또는 문체와 화법, 그리고 기법의 차원에서, 또 그리고 상상력의 차원에서, 한국시문학사는 신현정 이전과 신현정 이후로 기술할 날이 오게 되는지도 모른다. 로빈스 크루소가 자기 자신의 장원의 주인공이자 전제군주이었듯이, 신현정 시인 역시도 자기 자신의 언어의 사원의 주인공이자 그 신전의 전제군주이다. 하나님도 새로운 가치의 창조자이며 입법자이고, 신현정도 새로운 가치의 창조자이자 입법자이다. 하나님과 시인은 다같이 대등한 존재이며, 그 대등한 관계에 따라서 만물의 조화를 연출해내지 않으면 안 된다. 그러나 하나님은 모든 것을 피조물들로 끌어내리고, 언젠가, 어느 때부터 '정의로운 하나님'과 '최후의 심판자'를 자처하게 되었던 것이다. 신현정의 입법에 따르면 그것은 자연에 대한 무차별적인 만행이며, 대역죄에 해당된다. 하지만 신현정은 형이상학적인 신성성을 부정하면서도, 그 하나님에 대한 분노를 드러내지 않는다. 분노와 증오는커녕, "하나님 거기서 화내며 잔뜩 부어 있지 마세요"라고 말하며, 그 하나님을 이 지상의 세계로 끌어내린다. "오늘 따라 뭉게구름 뭉게뭉게 피어오르고/ 들판은 파랑물이 들고/ 염소들은 한가로이 풀을 뜯는데/ 정 그렇다면 하나님 이쪽으로 내려오세요/ 풀 뜯고 노는 염소들과 섞이세요"라는 시구가 그것이고,

"염소들의 살랑살랑 나부끼는 거룩한 수염이랑/ 살랑살랑 나부끼는 뿔이랑/ 옷 하얗게 입고/ 어쩌면 하나님 당신하고 하도 닮아서/ 누가 염소인지 하나님인지 그 누구도 눈치채지 못할 거예요/ 놀다 가세요 뿔도 서로 부딪치세요"라는 시구가 그것이다. 인간이 위대한 점은 그가 '사유하는 동물'이기 때문이기도 하지만, 다른 한편, 모든 학문의 예비학으로서 '비판'할 수 있는 능력 때문이기도 한 것이다. 오늘따라 뭉게구름 뭉게뭉게 피어 있고, 염소들은 한가로이 풀을 뜯고 있는데, 왜 "하나님은 거기서 화를 내며 잔뜩 부어 있느냐"라는 것이 첫 번째 비판이며, 하나님이 자기 자신의 행복도 연출해내지 못한다면 그 천국은 살만한 곳이 못된다는 것이 두 번째 비판이고, 그리고 마지막으로 세 번째 비판은 "누가 염소인지 하나님인지 그 누구도 눈치챌" 수가 없다는 것이 수신동형獸神同形으로서의 신의 존재에 대한 비판이다. 요컨대 하나님도 없고, 천국도 없고, 바로 이곳이 지상낙원이라는 것이 「하나님 놀다 가세요」의 핵심적인 전언이기도 한 것이다. 그의 즐겁고 유쾌하며, 다소 해학적인 동화의 세계는 이처럼 일도필살一刀必殺의 문체와 낙천주의의 사상이 담겨 있는 것이다. 신현정의 동화의 세계는 반기독교적이며 신성모독적인 세계이다. 그는 정의로운 하나님과 최후의 심판자로서의 하나님도 거부하고 우리 인간들의 행복한 삶의 표정에 반하는 분노의 표정도 거부한다. 신성의 세계는 거룩하고 엄숙하며 유모어가 없는 세계이지만, 동화의 세계는 언제, 어느 때나 즐겁고 유쾌하며 상하의 계급과 위계질서가 없는 세계이다. 하지만 그는 동화의 세계의 분위기만을 연출해내지, 동화의 세계의 비현실적인 환상의 세계를 옹호하지는 않는다. 신성의 세계도 거부하고 세속의 세계도 거부하며, 또 그리고 동화의 세계마저도 거부한다면, 만일, 그렇다면 그는 무정부주의자나 냉소주의자, 또는 회의주의자나 염세주의자에 불과하단 말인가? 아니다. 전혀 그렇지가 않다. 이러한 점에 있어서 그는 현실의 삶을 옹호하는 현실주의자이자 이 세상의 삶을 찬양하고 옹호하는 낙천주의자라고 할 수가 있는 것이다.

*이 글은 나의 신현정론(「행복의 전령사―신현정의 '상상력의 혁명'에 대하여」)의 머릿글에 해당된다. 「하느님 놀다 가세요」를 더욱더 명료하고 재미있게 분석해 볼 수도 있지만, 그러나 시의 성격상 동어반복을 피할 수가 없을 것 같아서, 차라리 가장 아름답고 멋진 '자기 인용'으로 대체해보고 싶었던 것이다. 이 점을 독자 여러분들은 양해하여 주기를 바란다. 나는 몇 권의 실제비평의 평론집을 더 묶어낼 수도 있지만, 사상과 이론서가 아닌 그 잡문 성격의 평론집 출간을 한사코 기피하고 있는 것이다.

명
시
·
28

안도현
전전긍긍

소쩍새는 저녁이 되면
제 울음소리를 산 아래 마을까지 내려보내준다
방문을 닫아두어도 문틈으로 울음을 얇게, 얇게 저미어서 들이밀어준다
머리맡에 쌓아두니 간곡한 울음의 시집이 백 권이다

고맙기는 한데 나는 그에게 보내줄 게 변변찮다
내 근심 천 근은 너무 무거워 산속으로 옮길 수 없고
내 가진 시간의 밧줄은 턱없이 짧아서 그에게 닿지 못할 것이다

생각건대 그의 몸속에는
고독을 펌프질하는 또다른 소쩍새 한 마리가 울고 있을 것 같고
그리고 그 소쩍새의 몸속에 역시 또 한마리의 다른 소쩍새가 살고 있을 것도 같아서

나는 가난한 시 한편을 붙들고 밤새 엎드려

한 줄 썼다가 두 줄 지우고 두 줄 지웠다가 다시 한 줄 쓰고 지우고 전전긍긍할 도리밖에 없다

― 『너에게 가려고 강을 만들었다』, 창비, 2004년

요즈음 대부분의 청소년들은 소쩍새라는 이름조차도 생소하고, 더군다나 그 울음 소리는 대부분이 들어보지도 못했을 것이다. 산벚꽃이 흐드러지게 피었다가 지고, 어느덧 녹음이 우거진 5~6월의 저녁이 되면, '솟쩍/ 솟쩍'하고 울거나 '솟적다/ 솟적다'라고 우는 새가 있는데, 바로 그 새가 작은 소쩍새이다. 이에 반하여, 매우 급격한 단음으로 '훗~'하거나 '훗~'하고 긴 간격으로 우는 새가 있는데, 이 역시도 '올빼미목 올빼미과'의 큰 소쩍새라고 부른다. 작은 소쩍새는 중부 이북에서는 여름 철새이며, 또 어떤 무리들은 그들의 이동지를 향하여 떠나갈 때 잠시 쉬었다가 가는 나그새이다. 이 작은 소쩍새는 몸길이가 18.5cm~21.5cm이고, 몸의 빛깔은 잿빛이 도는 갈색이거나 또는 붉은 갈색을 띠게 된다. 5월 초순에서 6월 중순까지 한 배에 4~5개의 알을 낳고, 알을 품는 기간은 24~25일이며, 새끼를 먹여 키우는 기간은 21일이라고 한다. 낮에는 숲속 나뭇가지에서 잠을 자고, 이윽고 저녁이 되면 작은 곤충들과 거미류 등을 잡아먹고 살아간다. 한국, 사할린, 우수리, 중국(북동부) 등에 분포하며, 중국 남동부와 인도차이나 북동부까지 내려가 겨울을 난다고 한다. 이에 반하여, 큰 소쩍새는 대한민국의 흔한 텃새 중의 하나이며, 깊은 숲속의 침엽수림지대에서 터를 잡고 살아간다. 몸 길이는 약 20cm~25cm이고, 야행성이며, 작은 새, 양서류, 파충류, 포유류, 곤충류 등을 잡아먹고 살아간다. 한국, 중국, 우수리, 사할린 등에 분포하고, 대한민국에서는 1982년 올빼미, 수리부엉이, 솔부엉이, 칡부엉이, 쇠부엉이와 함께 천연기념물 제324호로 지정되었다고도 한다.

안도현 시인은 1961년 경북 예천에서 태어나 원광대학교 국문학과를 졸업했다. 1984년, 『동아일보』 신춘문예로 등단했으며, 시집으로는 『서울로 가는 전봉준』, 『모닥불』, 『그대에게 가고 싶다』, 『그리운 여우』, 『바닷가 우체국』, 『너에게 가려고 강을 만들었다』 등이 있고, 어른을 위한 동화집으로는 『연어』, 『관계』, 『사진첩』 등이 있다. 이밖에도 『외로울 때는 외로워하자』 등의 산문집이 있고, '제1회 시와시학 젊은 시인상', '제13회 소월시문학상', '제1회 노작문학상' 등을 수상한 바가 있으며, 그리고, 이제는 대한민국 사회에서 가장 유명한 시인 중의 한 사람이 되었다고 해도 과언이 아니다. 안도현 시인의 「전전긍긍」은 그 소쩍새와 시인의 대립이 가장 힘 있고 깊이 있게 이루어지고 있는 가운데, 어느덧 「전전긍긍」이라는 시를 제일급의 명시로 이끌어 올리고 있는 것처럼도 보인다. "소쩍새는 저녁이 되면/ 제 울음소리를 산 아래 마을까지 내려보내준다/ 방문을 닫아두어도 문틈으로 울음을 얇게, 얇게 저미어서 들이밀어준다/ 머리맡에 쌓아두니 간곡한 울음의 시집이 백 권이다"라는 시구를 생각해보면 안도현 시인의 소쩍새는 작은 소쩍새이지, 큰 소쩍새가 아니다. 큰 소쩍새의 '훗~'과 '훳~'이라는 울음 소리는 매우 급격하면서도 긴 간격의 단음으로 전혀 시적이지가 않지만, 작은 소쩍새의 '솟쩍/ 솟쩍'이라는 울음 소리와 '솟적다/ 솟적다'라는 울음 소리는 매우 시적이라고 할 수가 있다. 이 작은 소쩍새가 예로부터 "솟쩍/ 솟쩍"하고 울면 흉년이 들고, '솟적다/ 솟적다'라고 울면 '솥이 적으니 큰 솥을 준비하라'는 뜻에서 풍년이 든다고 한다. 소쩍새의 울음 소리는 그러나 젖먹이 어린 아기를 잃어버린 어미의 울음 소리처럼 매우 구슬프고 간절한 데가 있었고, 따라서 나는 이 소쩍새가 육식동물이라는 것이 잘 믿어지지가 않았던 시절도 있었다. 초근목피로 겨우 보리고개를 넘어가며, 어수선하고 살풍경했던 시절의 가슴 속으로 파고 들던 소쩍새의 울음 소리가 어찌나 구슬프고 간절했던지, 긴, 긴 밤, 잠을 이루지 못했던 적도 한,두 번이 아니었다. 안도현 시인은 그 소쩍새의 울음 소리를 가히 제일급의 시인답게 표현해보인다. "소쩍새는 저녁이 되면/ 제 울음소리를 산 아래 마을까지 내려보내준다/ 방문을 닫아두어도 문틈으로 울음을 얇게, 얇게 저미어서 들이밀어준다/ 머리맡에 쌓아두니 간곡한 울음의 시집이 백 권이다"라는 시구가 바로 그것이다. "소쩍새는 저녁이 되면/ 제 울음소리를 산 아래 마을까지 내려보내준다"라는 평범한 시구가 어느덧 "방문을 닫아두어도 문틈으로 울음을 얇게, 얇게 저미어서 들이밀어준다"라고 그 시적 긴장감을 고조시키고, 그리고 마지막으로 그 고조된 시적 긴장감을 마치 삶의 절정에서처럼, "머리맡에 쌓아두니 간곡한 울음의 시집이 백 권이다"라고, 최종적인 판결을 내려놓고 있는 것이다. 어스름 저녁이 되면 제 울음 소리를 산 아래 마을까지 내려보내주는 소쩍새, 그 소쩍새의 울음 소리가 너무나도 구슬프고 간절해서 방문을 닫아두면—왜냐하면 잠을 이룰 수가 없으니까—어느새 문틈으로 생선회를 뜨듯이 그 울음 소리를 얇게 얇게 저미어서 들이밀어주는 소쩍새, 어느덧 머리맡에 쌓아두니 그 아름다운 울음의 시집이 백 권이나 되는 소쩍새—. 안도현 시인은 그 소쩍새의 구슬프고 간절한 울음 소리를 들으면서, 소쩍새의 울음은 저처럼 만인의 마음을 사로잡고 돌부처의 내장 속까지도 파고들어가 감동시키고 있는데, 나는 과연 진정한 시인이라고 할 수나 있을까라는 생각 때문에 잠을 이루지 못하고 있는 것이다. 이 생각은 결코 질투가 아니며, 자기 자신에 대한 진정한 반성과 성찰을 뜻한다. 그리고 그 반성과 성찰이 소쩍새의 마음을 사로잡고 시신詩神의 마음을 감동시켜, "방문을 닫아두어도 문틈으로 울음을 얇게, 얇게 저미어서 들이밀어준다"라는 시구와 "머리맡에 쌓아두니 간곡한 울음의 시집이 백 권이다"라는 안도현 시인만이 쓸 수 있는 제일급의 시구들을 낳게 된다.

안도현 시인은 어느 초여름날 저녁, 소쩍새의 시집 백 권을 읽어보고 안절부절을 하지 못한다. 왜냐하면 '나는 시인도 아니며, 제 아무리 노력을 해도 소쩍새의 반에서 반도 따라가지 못한다'라는 생각이 지배적이기 때문이다. 자기 자신이 제일급의 시인이고 어느 누구도 나의 적수가 되지 못한다라는 생각이 들면, 그의 생각은 더욱더 풍요로워지고 더욱더 자비롭고 관용적이 되어가지만, 어느덧 문득, 타인들과 비교하여 그만 못하고 자기 자신이 못났다라는 생각에 미치게 되면, 그의 생각은 더욱더 옹졸해지고 사나운 시기심과 질투심 때문에 잠을 이루지 못하게 된다. 나는 안도현 시인의 그 생각을 질투가 결코 아니라고 했는데, 그의 반성과 성찰 속에는 이미 사나운 시기심과 질투가 내재해 있었던 것인지도 모른다. 그러니까 그는 잠을 이루지 못하고 그처럼 안절부절을 하지 못하고 있는 것이다. "고맙기는 한데 나는 그에게 보내줄 게 변변찮다/ 내 근심 천 근은 너무 무거워 산속으로 옮길 수 없고/ 내 가진 시간의 밧줄은 턱없이 짧아서 그에게 닿지 못할 것이다"라는 시구는 이제 그 시기심과 질투심을 떠나서, 자기 자신은 도저히 소쩍새와는 비교도 안 되는 시인이라는 것을 시인한 자의 처절한 절망의 소산에 지나지 않는다. 소쩍새의 아름다운 시집 백 권을 받고도 나는 그에게 보내줄 시집이 없다는 자괴감, 또, 내 근심 천 근은 너무 무거워서 산 속으로 옮길 수도 없다는 자괴감, 또, 그리고 내가 가진 시간의 밧줄은 턱없이 짧아서 그에게 닿지 못할 것이라는 자괴감이, 제2연의 반성과 성찰의 시간을 지배하고 있다고 해도 과언이 아니다. 소쩍새의 울음은 너무 무겁지도 않고 너무 가볍지도 않은 절제된 울음이지만, 나의 울음은 너무 무겁기만 하고 절제되지 않은 울음에 지나지 않는다. 소쩍새의 시간은 매우 지속적이면서도 일관성을 자랑하지만, 나의 시간의 밧줄은 턱없이 짧아서 그에게 닿지 못한다. 바로 이 지점에서 '내가 가진 시간의 밧줄'이 턱없이 짧다는 것은 도저히 이승의 생애에서, 대시인인 소쩍새의 울음을 따라 잡을 수가 없다는 절망감의 표현에 지나지 않는다.

 만일, 그렇다면, "생각건대 그의 몸속에는/ 고독을 펌프질하는 또 다른 소쩍새 한 마리가 울고 있을 것 같고"의 '그'는 어느 누구를 가리키고 있는 것일까? 이 '그'는 시적 화자인 '나'일까, '소쩍새'일까? 그것도 아니라면 제3의 인물일까? 이 '그'가 소쩍새라면 바로 그 다음에 이어지는 시구, 즉, "그리고 그 소쩍새의 몸속에 역시 또 한 마리의 다른 소쩍새가 살고 있을 것도 같아서"라는 시구와 그 문맥이 맞지 않고, 이 '그'가 제3의 인물이라면 '나'와 '소쩍새'의 대립의 긴장이 무너져 전혀 뜬금이 없는 것 같다. 따라서 나는 이 '그'를 '나'를 객관화시킨 '그'로 이해할 수밖에 없었다. 나의 몸 속에도 고독을 펌프질하는 소쩍새가 살고 있지만, 그러나 나는 그 소쩍새의 울음 소리를 아름다운 시로 승화시킬 수가 없다는 것, 바로 이것이 '내 근심 천 근'이 되고 있는 것이다. 소쩍새도 고독을 펌프질하고, 나도 고독을 펌프질 한다. 하지만 소쩍새의 고독은 아름다운 시가 되고 나의 고독은 전혀 시가 되지 못한다. 이것이 안도현 시인의 「전전긍긍」의 진면목이긴 하지만, 그러나 그 소쩍새 역시도 자기 자신의 울음(노래) 소리에 만족하지 못하고 있는 것 같다. 왜냐하면 소쩍새 역시도 자기 자신의 몸속에서 또다른 소쩍새가 그를 꾸짖고 있기 때문이다. 천하 제일의 대시인(명창)인 소쩍새 역시도 자기 자신의 노래 소리에 만족하지 못하고 끊임없이 괴로워하고 있다는 것, 바로 이것이 나를 더욱더 절망에 빠뜨리고 있는 것인지도 모른다.

  예로부터 시인은 비사교적이며, 고독을 펌프질하는 사람이다. 고독은 자기 자신을 더욱더 성숙하게 만들고, 눈 앞의 사소한 이익보다는 전체의 이익을 생각하게 만들어 준다. 그 고독 속에서는 지극히 사소하고 아무 것도 아닌 일들이 더욱더 소중하게 보일 수도 있고, 이에 반하여, 그토록 소중하고 애지중지했던 인간들이 전체적인 수준에서 바라보면 지극히 하찮은 인간들일 수도 있다. 모든 시인들은 자기 자신의 고독을 사랑하고, 그 고독의 생산성을 통해서 불후의 명시들을 탄생시키게 된다. 그러나 소쩍새의 고독은 그 고독의 생산성을 자랑하고 있는데 반하여, 나의 고독은 전혀 그 생산성을 자랑하지 못한다. 따라서 "나는 가난한 시 한 편을 붙들고 밤새 엎드려" 고민해보지만, 그러나 그것은 도로아미타불의 수고에 지나지 않는다. '가난한 시 한 편'은 대한민국 최고의 시인인 안도현으로서는 매우 서글프고 초라한 처지의 그것에 지나지 않는다. 이때의 가난은 '상상력의 빈곤', '언어 사용능력의 한계', '역사 철학적인 지식의 빈곤', 그리고 제일급의 시인으로서의 '삶의 진정성의 부재' 등에 맞닿아 있으며, 시인이라는 이름만을 지녔을 뿐, 그 시인의 자격이 없는 존재론적 토대를 말해준다. 안도현 시인은 그 진정한 시인의 이름에 값하고자 시 한 편을 붙들고 "밤새 엎드려" 써보지만, "한 줄 썼다가 두 줄 지우고 두 줄 지웠다가 다시 한 줄"을 쓰는 도로아미타불의 수고만 되풀이할 뿐, 그 어떤 댓가도 얻지를 못한다. 어떻게, 얼마나 더 노력하면 마치 소쩍새처럼, 그의 울음을 생선회처럼 '얇게, 얇게' 썰어놓고, 또한, 진정으로 그만큼 구슬프고 간절한 백 권의 시집을 완성해 놓을 수가 있는 것일까? 이 「전전긍긍」은 안도현 시인의 심모원려深謀遠慮와 비책묘계祕策妙計가 떠오르지 않는 진퇴양난의 상태를 말해준다. 그는 깊이 있게 생각하여 먼 미래를 내다 보지도 못하고, 비의적이면서도 슬기로운 지혜를 생각해내지도 못한 채, 이러지도 못하고 저러지도 못하고 있는 것이다.

    시는 무엇일까? 안도현 시인은 왜 시에 이처럼 매달리고 있는 것일까? 시는 종교적 기능과 교육적 기능과 축제적 기능을 갖고 있고, 또한 시는 진정제 효과와 강장제 효과와 흥분제 효과와 영생불사의 효과도 갖고 있다(이 점에 대하여는 나의 『행복의 깊이』 1, 2, 3권을 참고해주기를 바란다). 태초에 하나님이 언어로서 이 세상을 창조했듯이, 언어가 있고 우리 인간들이 존재한다. 언어라는 인식의 힘과 그 방대한 문화사전이 없었다면 우리 인간들은 만물의 영장은커녕, 영원한 유인원(원숭이)에 지나지 않았을는지도 모른다. 구조주의자들이 역설한 바가 있듯이, 언어가 있고 그 다음에, 우리 인간들이 존재하고 있는 것인지도 모른다. 언어 영역의 확대는 자아 영역의 확대이고, 자아 영역의 확대는 세계 영역의 확대이다. 우리는 언어가 있기 때문에, 하늘과 땅과 사물과 동식물들을 구분하고, 또, 그리고, 그 언어가 있기 때문에 상호간의 의사소통은 물론, 과거와 현재와의 대화를 꿈꾸며, 머나먼 미래를 향해 나아가게 된다. 요컨대 언어가 있기 때문에 만물의 영장, 즉, 역사적 인간이 된 것이다. 시인은 언어의 사제로서 인간 중의 인간이며, 그는 그 인신人神의 위치에서 우리 인간들의 꿈(종교)과 지혜(교육)와, 그리고 그 축제를 주재하게 된다. 따라서 시는 예술 중의 예술이며, 모든 인류를 감동시키게 된다. 시는 삶 자체이며, 삶은 시 자체이다. 대부분의 리얼리스트들은 시가 현실을 반영한다고 말하지만, 그러나 그 반영은 시와 삶을 분리시킨 인위적인 조작에 지나지 않는다. 시가 삶이 되고 삶이 시가 되면, 바로 그때에는 인간 자체가 예술품이 되는지도 모른다.

 이 안도현의 소쩍새는 '솟쩍/ 솟쩍' 울거나 '솟적다/ 솟적다'라고 울지 않고 '시 적다/ 시 적다'라고 울고 있는 것인지도 모른다. 왜냐하면 안도현의 시가 너무나도 가난하고 볼 품이 없기 때문이다. '상상력의 빈곤', '언어 사용능력의 한계', '역사 철학적인 지식의 부재', 그리고 '삶의 진정성의 부재'가 이 「전전긍긍」의 절망의 강도를 말해주고, 그리고 그는 어떠한 시대정신도 갖고 있지 않기 때문이다. 하지만, 그러나, "나는 가난한 시 한 편을 붙들고 밤새 엎드려/ 한 줄 썼다가 두 줄 지우고 두 줄 지웠다가 다시 한 줄 쓰고 지우고 전전긍긍할 도리밖에 없다"라는 절망의 깊이에서, 바로 이 「전전긍긍」의 기적이 일어나게 된다. 그의 온몸으로의 절망, 바로 그 온몸으로의 절망―그 구슬프고 간절한 울음 소리가―이 마침내, '얇게, 얇게' 저미어지고, 이 「전전긍긍」의 시 한 편이 소쩍새의 시집, 백 권에 값하게 되고 있는 것이다.

 '전전긍긍의 리얼리티! 그 불사조 같은 비상!'

 안도현 시인의 이 「전전긍긍」은 그의 심모원려深謀遠慮와 비책묘계祕策妙計의 소산이며, 그의 가장 아름답고 뛰어난 시라고 하지 않을 수가 없다.

명
시
·
29

최문자

위험한 식사

무서운 일이다
50년 이상
매일 매 끼니
저 불량한 밥을 위하여 실낱같은 희망을 가지고
세상에다, 끝도 모서리도 없는 둥근 밥상 하나 차리는 노동
거품 물듯 흰 밥알 한 입 물 때마다
이빨과 이빨 사이에서 와와, 흩어지던 으깨진 희망
산다는 건
세상이 나를 질겅질겅 밟고 지나가는 말발굽 같은 식사
산다는 건
아주 벙어리인 나로 깔릴 때까지
밥상 하나 차리며, 밥상이 나를 차리며
서로 반질반질하게 길들이는 노동

무서운 일이다
50년 넘게
매일 매 끼니 밥을 이기며
아슬아슬하게 먹어치우는 위험한 식사
저 불량한 칼 같은 밥을 먹기 위하여
꼭두새벽
나는 숟가락 하나 들고 나선다

―『그녀는 믿는 버릇이 있다』, 랜덤하우스, 2006년

셰익스피어는 그의 「리어왕」에서 "아비가 누더기를 걸치면/ 자식은 모르는 척 하지만/ 아비가 돈 주머니를 차고 있으면/ 자식들은 모두가 다 효자지"라고 역설한 바도 있고, "오 필요를 논하지 말아라. 아무리 비천한 거지도 약간의 여분이 필요하단다"라고 역설한 바도 있다. 전자는 돈에 의해서 효도와 불효가 결정된다는 것을 시사해주고 있고, 후자는 부의 축적이 반드시 필요에 의한 것이 아니라, 우리 인간들의 탐욕에 의한 것이라는 사실을 시사해주고 있다. 자본주의 사회는 돈이 돈을 낳고, 돈에 의해서 사회적인 위계질서와 그 폭력적인 서열제도가 결정되는 사회를 말하지만, 그러나 자본주의 사회 이전에도 최종심급은 언제나 하부구조로서의 경제이었던 것이다. 머나먼 그 옛날이나 오늘이나, 아비가 돈주머니를 차고 있으면 모두가 다 효자이고, 약간의 여분을 위해서라면 아버지와 아들 사이이거나 친구 사이도 아랑곳 하지 않은 채, 사생결단의 이전투구마저도 마다하지를 않는다. 앨빈 토플러의 『부의 미래』는 '탐욕의 미래'

이고, 빌 케이츠의 『생각의 속도』는 '최고 이윤의 속도'이며, 잭 웰치의 『위대한 승리』는 '위대한 자본가의 승리'이다. 돈이 돈을 낳고 돈 쌓이는 속도가 너무 느리다고 투덜대는 사회는 모든 인간 관계가 파탄을 맞이해가고 있는 사회이며, 그 싸늘한 이기주의 앞에서 대부분의 서민들은 어찌할 바를 모르면서 살아가게 된다.

  나는 강신용 시인의 사무실에서 '검이불인儉而不吝'이라는 말이 적혀 있는 것을 보았다. '검소하게 살되 인색하지 말라'는 강신용 시인의 좌우명이었던 것이다. '검이불인儉而不吝'은 '가난하여도 즐겁게 여기고 부유하여도 예를 좋아한다'(貧而樂, 富而好禮者也)는 공자의 말과도 일맥이 상통한다. 하지만 자본주의 사회의 최대의 맹점은 부의 공정한 배와 만인평등이라는 공산주의의 혁명을 역설하기 이전에, '검이불인儉而不吝'을 스스로 실천할 수 있는 자정 능력을 잃어버렸다는 데 있을 것이다. 자본주의 사회는 인류의 역사상, 최고의 부를 축적하였지만, 전혀 검소하지 않은 사회이며, 또, 그리고, 가난한 자를 다독거리고 어루만져주기는커녕, 최소한도의 예의도 모르는 대사기꾼들의 사회이다. 다국적 자본이나 국제금융자본의 음모는 더욱더 크나 큰 이익을 위해서는 적대적인 기업인수는 물론, 그 어떠한 제3세계의 시장도 단 한순간에, 깡통으로 만들어 버리는 일도 마다하지 않는다. 요컨대 돈이 없으면 공연히 기가 죽고 바보가 되는 사회가 자본주의 사회이며, 돈이 있으면 그 어떠한 무식한 자도 제법 근엄한 표정을 짓고 으시댈 수 있는 사회가 자본주의 사회인 것이다.

  하지만, 그러나 금강산 구경도 식후경이라는 말도 있고, 열흘 굶어서 도둑질을 하지 않는 사람은 없다라는 말도 있다. 제 아무리 착하고 선량한 양심을 지녔지만, 그까짓 빵 한 조각 때문에 그의 일생내내 감옥살이와 지명수배자의 삶을 살아가야만 했던 장발장을 생각해본다면, 오늘날의 대부분의 범죄자들은 생계형의 범죄자들이고, 이 장발장의 후예들인 것이다. 밥이란 무엇인가? 밥은 우리 인간들의 에너지의 공급원이며, 우리 인간들은 그 밥을 통해서 필요한 영양분을 얻고, 그 밥의 힘으로 살아서 움직이게 된다. 따라서 하루 세 끼의 밥을 해결하지 못하면 좌불안석, 즉, 어떠한 여유도 없어지게 된다. 밥의 종류로는 쌀밥, 조밥, 수수밥, 옥수수밥, 콩밥, 팥밥, 감자밥, 완두콩밥, 콩나물밥, 무밥, 송이밥, 굴밥 등이 있으며, 우리 한국인들과 동북아인들, 그리고 동남아인들은 쌀을 주식으로 하고 있기 때문에, 통칭 밥이라고 하면 쌀밥을 떠올리게 된다. 하지만, 요즈음의 인사말로 '아침 먹었어?', '점심 먹었어?'라고 묻는다면 '아침밥 먹었어?', '점심밥 먹었어?'라고 묻는 말과 마찬가지가 되고, 그 대답으로는 '빵 한 조각과 고기 한 조각으로 때웠어', '불고기와 밥 한 공기를 먹었네'라는 말도 심심찮게 듣게 된다. 따라서 이제 밥이라는 개념은 동양식의 음식이 아니라, 서양식의 빵과 동물성의 음식까지도 내포된 개념이라고 하지 않을 수가 없다. 밥은 유일무이한 에너지의 공급원이며, 우리 인간들은 그 밥을 통해서 필요한 영양분을 얻고, 그 밥의 힘으로 자기 자신의 동체성을 보존해나가게 된다.

　최문자 시인은 1943년 서울에서 태어났으며, 1982년 『현대문학』으로 등단했다. 시집으로는 『귀 안에 슬픈 말이 있네』, 『울음소리 작아지다』, 『나무 고아원』, 『그녀는 믿는 버릇이 있다』 등이 있으며,

'한성기문학상'을 수상하고, 현재 협성대학교 문예창작학과 교수로 재직 중이다. 최문자 시인의 「위험한 식사—실의 하루 2」는 자본주의 사회의 정신분열증의 정점에서 씌어진 시이며, 누군가에 의해서 끊임없이 조종되고 있다는 비극적 인식을 노래하고 있는 시라고 할 수가 있다. 그는 우선 "50년 이상/ 매일 매 끼니/ 저 불량한 밥을 위하여 실낱같은 희망을 가지고" 살아가는 것이 "무서운 일이다"라고 말하고, 또한 "세상에다, 끝도 모서리도 없는 둥근 밥상 하나 차리는 노동/ 거품 물듯 흰 밥알 한 입 물 때마다/ 이빨과 이빨 사이에서 와와, 흩어지던 으깨진 희망"을 가지고 살아가는 일도 "무서운 일이다"라고 말한다. "산다는 건/ 세상이 나를 질겅질겅 밟고 지나가는 말발굽 같은 식사"이기도 하고, 또한, "산다는 건/ 아주 벙어리인 나로 깔릴 때까지/ 밥상 하나 차리며, 밥상이 나를 차리며/ 서로 반질반질하게 길들이는 노동"같기도 하다. 저 불량한 밥을 위하여 살아가는 것도 무서운 일이고, 이빨과 이빨 사이에서 끊임없이 으깨진 희망을 씹는 것도 무서운 일이다. 세상이 나를 질겅질겅 씹고 가는 것도 무서운 일이고, 밥상과 내가 서로가 서로간에 반질반질하게 길들이며 살아가는 것도 무서운 일이다. 밥은 나의 위력 앞에 눌리워 있고, 나는 밥의 위력 앞에 눌리워 있다. 무서워하는 나와 무서워하는 밥이 오늘도 마주 앉아서, "아주 벙어리인 나로 깔릴 때까지", 서로가 서로간에 오들오들 떨고 있는 것이다. 나는 밥 때문에 나의 의사에 반하여 침묵을 지키면서 더없이 비겁하게 살아가고 있고, 밥은 나 때문에 밥의 의사에 반하여 산 채로 목숨을 잃을까봐 더없이 비겁하게 침묵을 지키면서 살아가고 있다. 밥이 주체가 되면 나는 객체가 되고, 내가 주체가 되면 밥이 객체가 된다. 서로가 서로를 반질 반질하게 길들이면서도 서로가 서로를 더욱더 무서워하는 「위험한 식사」는 들뢰즈/ 가타리식으로 말해본다면 정진분열증을 생산하고, 재생산하는 자본주의 사회의 꼭두각시에 지나지 않는다.

> 무서운 일이다
> 50년 넘게
> 매일 매 끼니 밥을 이기며
> 아슬아슬하게 먹어치우는 위험한 식사
> 저 불량한 칼 같은 밥을 먹기 위하여
> 꼭두새벽
> 나는 숟가락 하나 들고 나선다

꼭두각시는 중국에서 괴뢰傀儡를 뜻하는 곽독郭禿에서 '꼭두'가 나왔고, 일본에서는 구구쓰クグツ가 되었다는 설이 있는데, 연희자演戱者의 조종에 의해 움직인다 하여, 주체성 없이 조종되는 사람이나 정부를 뜻한다(『백과사전』 참조). '꼭두'는 '꼭두머리', '꼭두새벽'의 용례에서 알 수가 있듯이, 공간적으로나 시간적으로도 최상의 의미를 지닌 말이라고는 하지만, 만일 , 그렇다면, 꼭두각시는 나쁜 의미로 일체의 주체성 없이 기계적으로 조종되는 사람이나 정부를 뜻하게 될 것이다. 최문자 시인이 마지막 연에서, "50년 넘게/ 매일 매 끼니 밥을 이기며/ 아슬아슬하게 먹어치우는 위험한 식사/ 저 불량한 칼 같은 밥을 먹기 위하여/ 꼭두새벽/ 나는 숟가락 하나 들고 나

선다"라고 노래한 것은 그 꼭두각시의 운명을 말해주고 있지만, 그러나 그것이 더욱더 비극적인 것은 그 위험한 식사의 운명에서 전혀 벗어날 길이 없다는 점에 있을 것이다. 내가 밥을 먹는 것이 아니라 밥이 나를 먹고, 내가 단지 꼭두각시의 운명에 처해 있는 것이 아니라, 그 꼭두각시가 나를 조종하고 있다는 것, 바로 이것이 최문자 시인의 운명인 것이다.

입도 없다. 혀도 없다. 이도 없다. 목구멍도 없다. 식도도 없다. 위도 없다. 배도 없다. 항문도 없다. 자동기계들은 한 순간 정지되고 그것들이 분절해준 비유기적인 덩어리들을 출현시킨다. 기관들 없는 이 충만한 신체는 비생산적인 것, 불모의 것, 태어나지 않은 것, 소비할 수 없는 것이다. 앙토냉 아르토는 그가 아무 형태도 없이 또 아무 모습도 없이 있었던 때 이 신체를 발견하였다. 죽음의 본능, 이것이 그 이름이요, 죽음에는 모델이 없지 않다. 왜냐하면 욕망은 또한 죽음을 욕망하기 때문이다.
— 들뢰즈/ 가타리, 『앙티외디프스』, 민음사

오늘날 자본주의 사회에서는 정상이 비정상이 되고, 비정상이 정상이 되고 있다. 꼭두각시가 정상인이 되고, 정상인이 꼭두각시가 된다. 그들은 모두가 다같이 정체불명의 기계 인간들(기관없는 신체들)이고, 정신분열증을 앓고 있는 사람들에 지나지 않는다. 요컨대, 미쳤다는 것과 안 미쳤다는 것의 경계가 모호해지고, 바로 그것들이 서로서로 뒤섞이면서, 모든 것이 한 문명이 몰락하기 직전의 혼

돈 속으로 빠져 들어가고 있는 것인지도 모른다.

　최문자 시인은 한국시단에서 보기 드물게 사유의 힘과 감각적 언어를 절묘하게 결합시켜 나가면서, '존재론적 구원'의 세계를 추구해 나간다. 사유의 존재 근거도 고통이며, 감각의 존재 근거도 고통이다. 따라서 최문자 시인은 자본주의 사회와 우리 인간들의 마비된 의식과 그 감각을 일깨우면서, 이 「위험한 식사」를 쓰게 되었던 것이다. 최문자 시인이 이 「위험한 식사」를 쓰기까지 얼마나 고통스러워 했으면 자본주의 사회의 정신불열증적인 증후군들을 사유했겠으며, 또한 그가 얼마나 고통스러워 했으면 "이빨과 이빨 사이에서 와와, 흩어지던 으깨진 희망"을 되씹으며 정신불열증의 환자가 되어 갔겠는가? 그 고통의 진면목이 최문자 시인을 고귀하고 위대하게 만들어 주고, 또한 이 「위험한 식사」를 제일급의 명시로 만들어 주고 있는 것이다. 최문자 시인은 검소하게 살되 인색하지 않은 시인이며, 가난해도 즐겁게 여기고 부유하여도 언제나 예의범절을 소중하게 생각하는 시인이다. 이 「위험한 식사」는 언제, 어느 때나 자아의 정체성을 유지하면서, 즐겁고 기쁘게 일을 하고, 또한, 그만큼 즐겁고 기쁘게 살아가고 싶다는 희망을, 하나의 반어反語로서 지니고 있다고도 보아야 할 것이다.

명시·30

김현식
명품

'명품'거리를 걷는다 루이뷔통 구찌 샤넬 페라가모
불가리 펜디 발리 그리고 발음하기 어려운 여러 이름들
'명품'아가씨가 걸어온다 '명품'아줌마가 지나간다
명품들이 나와서 춤을 춘다 명품코너에 들어간다
여기저기 명품들이 나와 앉아서 레이싱걸처럼 유혹한다
모두들 눈을 크게 뜨고 가늘게 뜨고 명품을 쪼갠다
명품은 분해되어 볼품없는 내장을 드러낸다
주눅들게 하는 '브랜드' 그 화려한 이름을,
나도 언젠가 명품 한번 하고 꿈을 꾸었었지
그 화려한 허상을,
그렇지만 정말 명품을 갖고 싶어 명품을 만들고 싶어

향기 한 올
미소처럼 걸어두고

그냥 스쳐 지나가는 사람들
그 인연의 깊이는
어느 정도일까

그 인연의 실로 베를 짜서
작품을 만들고 싶다
영혼의 향기를 간직한
명품을 만들고 싶다.

— 『애지』, 2006년, 겨울호

사악한 불화不和의 여신 에리스는 여전히 인기가 없었고, 신들이 연회를 베풀 때면 그 여신은 초대를 받을 수가 없었다. 어느 날 바다의 요정 테티스와 펠레우스 왕의 결혼식이 있었고, 그날 역시도 불화의 여신인 에리스만이 초대를 받지 못했다. 따라서 부아가 머리끝까지 치밀어 오른 에리스는 '가장 아름다운 여신을 위하여'라고 쓴 '황금 사과'를 집어 던졌고, 그 황금사과를 둘러싸고 미의 여신인 아프로디테와 정조의 감시자인 헤라와, 그리고 전쟁의 여신인 팔라스 아테네가 한 치의 양보도 없는 싸움을 벌이게 되었다. 그 세 여신들은 올림프스의 최고의 신인 제우스를 찾아가 자기 자신들 중에서 가장 아름다운 여신을 선택해 달라고 말했지만, 제우스 신은 자기 자신은 그런 일은 결코 할 수가 없다고 거절을 했다. 그리고 제우스 신은 이다 산에 있는 파리스 왕자를 찾아가 보라고 권했는데, 왜냐하면 파리스가 아름다움에 대해서는 가장 잘 판단을 내릴 수가 있었기 때문이었다. 파리스는 트로이를 멸망시킬 운명을 타고 났기 때문에, 그의 아버지인 프리암왕이 양치기 일을 시키고 있었던 것이다. 헤라는 파리스를 유럽과 아시아의 제왕으로 만들어 줄 것을 약속했고, 팔라스 아테네는 트로이와 그리스의 싸움에서, 그의 조국인 트로이의 승리를 이끌어내 주겠다고 약속을 했으며, 그리고 마지막으로 아프로디테는 이 세상에서 가장 예쁜 미인을 그에게 주겠다고 약속을 했다. 따라서 파리스는 유럽과 아시아의 제왕이나 그의 조국인 트로이의 승리보다도 이 세상에서 가장 아름다운 미인인 헬렌을 선택했고, 그리고, 그것이, 곧바로, 그의 조국인 트로이의 멸망의 원인이 되어 주었던 것이다. 이 파리스의 판결에서 알 수가 있듯이, 이 세상에서 가장 아름다운 미인의 유혹을 뿌리칠 수 있는 남자는 거의 없을는지도 모른다. 파리스는 가장 이상적인 남자이고, 헬렌은 가장 이상적인 여자이다. 괴테의 『파우스트』를 읽다보면, 파리스가 나오면 모든 여성들이 환호성을 지르고, 이와는 정반대 방향에서, 헬렌이 나오면 모든 남성들이 환호성을 지른다. 아름다움은 우리 인간들의 오랜 노역의 산물이며, 그 아름다움으로 인하여 자기 자신과 '인간이라는 종'에 대한 무한한 긍지가 생겨나게 된다. 아름다움은 종이 진화된 이상적인 모습이며, 전지전능한 인신人神의 모습이다. 고급의상, 고급모자, 고급보석, 고급구두, 고급팔찌, 고급목걸이 등은 더욱더 아름다워지기 위한 보조장치들이며, 최고급의 학문과 이론들은 그 아름다운 인간들의 정신 세계의 덕목들이고, 그리고 마지막으로, 축구, 배구, 야구, 육상, 온갖 스포츠들은 그 아름다운 인간들의 육체적인 덕목들이다. 아름다움에 대한 욕망이 사상과 종교를 창출해냈고, 또한 아름다움에 대한 욕망이 모든 고급

문화를 연출해냈다.

　마음이 고와야 진정한 미인이라는 말도 있지만, 아름다운 외모와 함께, 그 외모를 뒷받쳐주는 명품들에 대한 선호는 너무나도 극성스럽고 그 끝이 보이지 않을 정도이다. 명품이란 아름답고 뛰어난 물건이나 또는 그런 작품을 말한다. 한 번 명품으로 그 품질의 우수성이 인정을 받게 되면, 그 진짜의 물건이나 작품과는 상관없이 이름(기호=브랜드) 자체가 그 품질의 보증수표가 된다. 상표권, 특허권, 저작권 등은 마치 하나님이 언어로써 이 세상을 창출해냈듯이, 그 언어의 소유권을 둘러싼 싸움이 된다. 영어의 브랜드brand는 상표와 상품의 이름, 그리고 상품의 품질을 지시하는 명사로도 쓰이지만, 1, ―에 낙인을 찍다; 2, ―에 소인을 찍다; 3, ―에게 강한 인상을 심어주다라는 동사로도 쓰인다. 새로운 사물이나 새로운 작품들은 기존의 언어로 설명할 수는 없고, 그것은 반드시 새로운 이름으로 불리워지지 않으면 안 된다. 새로운 명품의 창시자는 새로운 브랜드의 소유자이며, 그는 만인들의 우상이 되지 않으면 안 된다. 아니, 그 우상을 넘어서서, 영원한 종족의 창시자처럼 자기 자신의 언어의 기원 속에서 영원불멸의 삶―문화적 영웅의 삶―을 살아가지 않으면 안 된다.

　김현식 시인은 전라도 광주에서 태어났고, 전남대학교 의과대학을 졸업했다. 외과전문의로서, 아니, 대한민국 최고의 조기 대장암 전문의로서 그 명성을 얻은 바가 있지만, 이처럼 '영혼의 향기'를 소유하기 위하여, 2006년도에 『애지』로 등단을 하게 되었다. 그의 등단작품인 「명품」은 그의 명품에 대한 사유의 깊이를 보여주는 아름다운 시이면서도, 그 명품 자체보다도 한 사람의 시인(장인)으로서 살아가고자 하는 그의 의지가 더욱더 아름답게 각인되어 있다고 하지 않을 수가 없다. 나는 김현식 시인을 통해서 명품을 사유할 수가 있게 되었고, "루이뷔똥, 구찌, 샤넬, 페라가모, 불가리, 펜디, 발리" 등의 이름들을 알게 되었다. '뤼이뷔똥'은 세계적인 가방제조업체로서 이제는 액세서리, 고급의류 등으로 그 영역을 넓혀가고 있는 회사이고, '구찌'는 이탈리아 패션을 대표하는 최고급의 브랜드이다. '샤넬'은 프랑스의 세계적인 패션 디자이너인 샤넬의 브랜드이고, '페라가모'는 이탈리아의 최고급의 구두제품의 브랜드이고, 그리고 '불가리'는 그리스 출신인 소타리오 불가리가 세운 세계적인 보석회사의 브랜드이다. 그리고, '펜디', '발리' 등은 내가 전혀 알 수 없는 이름들이고, 또한 "발음하기 어려운 여러 이름들도" 마찬가지이다. 어쨌든 김현식 시인은 오늘도, 내일도, "루이뷔똥 구찌 샤넬 페라가모/ 불가리 펜디 발리 그리고 발음하기 어려운 여러 이름들/ '명품' 아가씨가 걸어온다 '명품'아줌마가 지나간다/ 명품들이 나와서 춤을 춘다 명품코너에 들어간다/ 여기저기 명품들이 나와 앉아서 레이싱걸처럼 유혹한다"라고, 명품의 거리를 거닐면서, 그 명품들의 유혹을 받게 될 것이다. 그 명품의 거리에는 "명품 아가씨가 걸어"나오고, "명품 아줌마가 지나"간다. 명품이 나와서 춤을 추고 명품코너에 들어가면 여기 저기 명품들이 나와 앉아서 레이싱걸처럼 유혹한다. 그러나 '여기도 명품, 저기도 명품, 이것도 명품, 저것도 명품'이라는 말처럼, 모든 명품들이 넘쳐나게 되면, 명품 자체의 희소성이 사라지고, 그 모든 것이 '짝퉁(가짜)'처럼 보이게 될 것이다. 예컨대,

> 모두들 눈을 크게 뜨고 가늘게 뜨고 명품을 쪼갠다
> 명품은 분해되어 볼품없는 내장을 드러낸다
> 주눅들게 하는 '브랜드' 그 화려한 이름을,
> 나도 언젠가 명품 한번 하고 꿈을 꾸었었지
> 그 화려한 허상을,

이라는 시구가 바로 그것을 증명해준다. 명품의 홍수 속에서 명품을 걸친 아가씨와 아줌마들을 뜯어보게 되고, 그들이 걸친 명품들을 하나 하나 분석해보면, "명품은 분해되어 볼품 없는 내장"을 드러내게 된다. 뿐만 아니라, 주눅들게 하던 온갖 짝퉁들이 넘쳐나게 된다. 김현식 시인은 그 가짜들의 홍수 속에서 "나도 언젠가 명품 한 번 하고 꿈을" 꾸던 시절을 되돌아 보고 있지만, 그러나 그것은 진정한 시인의 반성이 되지 않고 있는 것이다. 왜냐하면 "정말 명품을 갖고 싶어 명품을 만들고 싶어"라는 꿈 자체가 잘못된 것이 아니라, 그 명품들을 제치고 그 화려한 허상들(가짜들)이 판을 치는 현실이 문제가 되고 있기 때문이다.

  다시 말해서, 명품이란 아름답고 뛰어난 물건이나 또는 그런 작품을 말한다. 명품은 영원한 명품이며, 그 명품에는 그것을 만든 사람의 육체와 영혼의 아름다움이 각인되어 있는 것이다. 이때의 아름다움은 무모순의 원리로서 그 어떠한 결점도 없다는 것을 말한다. 우리 인간들의 궁극적인 목표는 아름다움이며, 그리고 그 아름다움에 대한 목표가 있기 때문에 이 어렵고 힘든 현실을 참고 살아가게 된다. 나도 "정말 명품을 갖고 싶어 명품을 만들고 싶어"라는

김현식 시인의 꿈은 전혀 나쁘거나 허황된 꿈이 아닌 것이다. 제1연이 명품들의 홍수 속에서, 온갖 짝퉁들이 넘쳐나는 것을 살펴보고, 그렇지만 나도 "진정한 명품을 갖고 그 명품을 만들어 보고 싶다"는 꿈을 피력하고 있는 시구들이라면, 제2연은 "향기 한 올/ 미소처럼 걸어두고/ 그냥 스쳐 지나가는 사람들/ 그 인연의 깊이는/ 어느 정도일까"라고, 그 명품을 걸친 사람들의 '인연의 깊이'를 따져보고 있는 시구라고 할 수가 있다. 김현식 시인은 명품을 걸친 사람들의 아름답고 당당한 모습을 "향기 한 올/ 미소처럼 걸어두고/ 그냥 스쳐 지나가는 사람들"이라고 표현하고, 그리고, 거기에다가 덧붙여서, "그 인연의 깊이는/ 어느 정도일까"라고 그 인연의 깊이에 대한 안타까운 마음을 표현해 놓는다. "그 인연의 깊이는/ 어느 정도일까"라는 시구는 "옷깃만 스쳐도 인연이다"라는 불가佛家의 긍정적인 의미와는 전혀 다르게, 그 어떠한 인연도 맺어질 수 없는 안타까움의 표현에 다름이 아닌 것이다. 따라서 김현식 시인은 제3연에서 "그 인연의 실로 베를 짜서/ 작품을 만들고 싶다/ 영혼의 향기를 간직한/ 명품을 만들고 싶다"라고 노래를 하게 된다. 그는 명품을 만든 사람과 명품을 걸친 사람과의 관계, 또, 그리고, 명품을 걸친 사람과 명품을 걸친 사람을 바라보는 사람의 관계 등을 싸늘한 타인들처럼 "그냥 스쳐가는 관계"가 아니라, "그 인연의 실로 베를 짜서" "영혼의 향기"를 간직한 인간 관계로 변모시켜 보게 된 것이다. 일개 트렁크 제작사의 견습공으로 출발을 해서 세계적인 뤼이뷔똥의 브랜드를 창출해냈던 뤼이뷔똥, 너무나도 때 이르게 아홉 살부터 구두를 만들기 시작해서 세계적인 페레가모의 브랜드를 창출해냈던 페레가모가 바로 그런 사람들인지도 모른다. 그들의 제품은 매우 실용적이면서도 더욱더 아름다운 명품이기도 한 것이다. 왜냐하면 그들은 모두가 다같이 "그 인연의 실로 베를 짜서"—모든 인간들의 심리와 그 소망을 고려해서—"영혼의 향기"를 간직한 명품들을 탄생시켰기 때문이다. 명품은 오랜 노역의 산물이지, 우연의 산물이 아닌 것이다. 명품은 명품을 만든 자의 피와 땀과 눈물의 결정체이며, 그의 영혼의 향기가 배어 있다고 하지 않을 수가 없다.

김현식 시인은 외과전문의사로서, 아니 대한민국 최고의 조기 대장암 전문의로서 그 명성을 얻은 바가 있지만, 그러나 자기 자신의 영혼에 향기를 불어넣어 주고자 이처럼 시를 쓰게 된 것인지도 모른다. 의사는 인간의 육체를 돌보는 사람이며, 시인은 인간의 영혼을 돌보는 사람이다. 그의 「명품」이라는 시가 제일급의 시인 것처럼, 그 「명품」에 대한 집념은 인간의 육체와 영혼을 돌보고, 그리고 그 인간 관계를 온갖 짝퉁들의 관계가 아니라, 진짜 '영혼의 향기'를 간직한 관계로 만들고 싶어하는 것이다. 인간의 육체, 인간의 영혼, 인간의 외모라는 그 삼위일체 속에서, 김현식 시인의 「명품」이 탄생하게 되고, 또한 그 명품 속에서만이 우리 인간들의 지상낙원이 탄생하게 된 것이다.

나는 김현식 시인이 더욱더, 온몸으로, 온몸으로, 그의 「명품」(시) 속으로 황홀하게 몰입해 들어가기를 바랄 뿐이다.

아름다움은 우리 인간들의 궁극적인 목표이며, 전지전능한 인신人神의 모습이다. 나는 그대들에게 더욱더 아름다워질 수 있는 방법을 가르쳐 주고자 한다. 첫 번째는 자기 자신의 아름다움에 대한 목표를 정하는 것이다. 나는 어떻게 하면 더욱더 아름다워질 수 있는가라는 대답이 그 목표가 되어줄 것이다. 두 번째는 자기 자신의 육체를 단련시키는 것이고, 세 번째는 자기 자신의 영혼을 가꾸는 것이다. 운동, 산책, 등산, 오락, 여가선용을 잘 활용하여 자기 자신의 육체를 더욱더 단련시키지 않으면 안 되고, 또한 전인미답의 신세계를 개척하듯이, 독창적인 사상과 이론을 정립함으로써 자기 자신과 우리 인간들의 영혼을 가꾸지 않으면 안 된다. 그리고 마지막으로 고급의상, 고급모자, 고급보석, 고급구두, 고급팔찌, 고급목걸이가 아니더라도, 그러한 보조장치들을 자기 자신의 몸과 영혼에 동화시킴으로써, 더욱더 아름다운 외모를 지닐 수 있도록 노력하지 않으면 안 된다.

영혼의 향기는 건강한 몸의 향기이고, 건강한 몸의 향기는 더욱더 정교하고 세련된 외양(의상)의 향기이다. 더욱더 정교하고 세련된 외양의 향기는 영혼의 향기이고, 그 영혼의 향기는 건강한 몸의 향기이다. 왕, 귀족, 장군, 학자, 시인, 예술가, 변호사, 의사, 국회의원, 그리고 그밖의 근검절약할 줄 아는 모든 성실한 인간들은 모두가 다같이 자기 자신만의 미학의 연출가이기도 하다. 모든 문화는 그들의 미학을 토대로 하여 생성되고, 우리 인간들의 삶을 더욱더 아름답고 풍요롭게 해준다.

나는 그대들에게 더욱더 아름다워지는 방법을 가르쳐 주고자 한다.

아름다움이란 아름다워지기 위한 오랜 노역의 산물이며, 오직 자기 자신만의 피와 땀과 눈물의 댓가일 뿐이다.

명시 · 31

송찬호
채송화

이 책은 소인국 이야기이다

이 책을 읽을 땐 쪼그려 앉아야 한다

책속 소인국으로 건너가는 배는 오로지 버려진 구두 한 짝

깨진 조각 거울이 그곳의 가장 커다란 호수

고양이는 고양이수염으로 포도씨만한 주석을 달고

비둘기는 비둘기똥으로 헌사를 남겼다

물뿌리개 하나로 뜨락과 울타리

모두 적실 수 있는 작은 영토

나의 책에 채송화가 피어 있다

— 『애지』, 2005년, 가을호

태양은 태양계의 중심을 이루고 있는 발광체이며, 지구로부터 1억 4천 945만km의 거리에 있는 항성이고, 지구는 우리 인간들이 살고 있는 천체이며, 태양계의 여러 행성 중의 하나이다. 시와 예술이 현실의 반영이라면 현실주의자들은 태양과 지구를 앞의 진술 이외에는 더 이상 설명할 방법이 없을는지도 모른다. 사실 그대로의 (자연과학적인) 태양과 지구는 사실 그대로의 태양과 지구에 지나지 않지만, '아버지인 태양'과 '어머니인 대지'라고 하게 되면 그 의미는 전혀 다르게 된다. 언제, 어느 때나 밝은 태양은 모든 만물들의 생성을 가능케 하는 아버지이며, 태양을 중심축으로 하여 자전과 공전을 되풀이 하는 지구는 모든 만물들이 살아가는 비옥한 터전이다. 현실주의자들은 태양을 태양으로, 지구를 지구라고 설명하고 더 이상의 의미를 부여하지 않고 있지만, 상징주의자들은 태양을 아버지로, 지구를 어머니라고 새로운 의미를 부여하게 된다. 현실주의자들은 '자연의 모방'이라는 구상 예술을 추구하고, 상징주의자들은 인간의 내면의식을 통한 추상 예술을 추구하게 된다. 현실주의자들은 세계의 해석보다는 세계의 변혁을 추구하지만, 상징주의자들은 다양한 종교와 신화를 통해서 세계의 변혁보다도 세계의 해석을 추구하게 된다.

아리스토텔레스는 예술은 자연의 모방이라고 말한 바가 있고, 오스카 와일드는 자연이 예술을 모방한다라고 말한 바가 있다. 아리스토텔레스는 현실주의자이고, 오스카 와일드는 상징주의자이다. 하지만 현실주의와 상징주의는 이론상으로는 분리가 가능하지만, 실제 생활에서는 전혀 분리가 불가능한 사상들이라고 하지 않을 수가 없다. 왜냐하면 실제 현실의 세계에서는 세계의 변혁을 꿈꾸지 않는 상징주의자들은 단 한 사람도 없으며, 또한 '아버지인 태양'과 '어머니인 대지'를 이해하지 못하고 있는 현실주의자들은 단 한 사람도 없기 때문이다. 현실주의와 상징주의는 서로서로 뒤섞여 있고 혼융되어 있으며, 그것의 완전한 분리는 전혀 가능하지가 않다.

송찬호 시인은 1959년 충북 보은에서 태어났고, 1987년 『우리 시대의 문학』으로 등단했다. 시집으로는 『흙은 사각형의 기억을 갖고 있다』, 『10년 동안의 빈 의자』, 『붉은 눈, 동백』 등이 있고, '김수영문학상'과 '동서문학상'을 수상했다. 송찬호 시인은 대한민국의 대표적인 상징주의자이기는 하지만 그러나 그가 딛고 서 있는 곳은 언제나 구체적인 현실 속의 땅이다. 그의 「채송화」는 상징주의의 걸작품이기는 하지만, 그의 「채송화」의 물적 토대는 구체적인 현실 속의 땅이기도 한 것이다. 만일, 그렇다면, 채송화는 무엇인가? 채송화는 남아메리카가 원산지이며, 20cm 내외의 관상용 꽃이다. 기본종의 꽃색은 붉은 색이지만, 그밖에 황색, 백색, 도색, 분홍색의 꽃도 있으며, 그리고 홑꽃과 겹꽃도 있다. 꽃의 개화에는 충분한 일조량과 고온이 필요하고, 꽃은 오전에 피었다가 오후 2시경에는 시든다. 채송화의 '꽃말'은 '가련함'과 '순진함'인데, 거기에는 다 그럴만한 까닭이 있다. 옛날 페르시아에는 지극히 탐욕스럽고 오로지 보석밖에는 모르는 여왕이 있었다. 그 여왕은 모든 백성들에게 날이면 날마다 보석을 가져올 것을 명령했고, 그 여왕의 전제군주적인 횡포 앞에서 모든 백성들이 신음을 하고 있었던 어느 날이었다. 어느 한 노인이 12개의 보석상자를 가져왔고, 그리고 그 노인과 그 페르시아 여왕은 보석 하나와 페르시아 백성 한 사람을 맞바꾸기 시작했다. 마지막으로 가장 아름답고 큰 보석 하나와 여왕만이 남게 되었지만, 그 보석에 환장한 여왕은 자기 자신과 그 보석을 맞바꾸어 버렸다. 여왕이 그 보석을 받아드는 순간, 그 보석상자들은 모두 터져버렸고, 바로 그때, 수많은 보석들이 흩어져서 자그만 채송화들로 꽃 피어나게 되었던 것이다.

송찬호 시인은 그의 「채송화」라는 시에서 "이 책은 소인국 이야기이다"라고 말하고, "이 책을 읽을 때는 쪼그리고 앉아야 한다"고 말한다. 그는 실제 어느 집의 꽃밭에서 채송화를 보고 있는 것이 아니라, 동화책 속에서 화가가 그린 채송화꽃밭을 보고 있는 것이다. 채송화는 키가 작기 때문에 소인국 이야기가 되고, 그리고 그 꽃구경을 할 때에는 반드시 쪼그리고 앉지 않으면 안 된다. 마치, 18세기의 조나단 스위프트의 『걸리버 여행기』를 읽는 듯한 그의 「채송화」는 그러나 조나단 스위프트의 날카로운 풍자와 해학의 세계와는 너무나도 거리가 멀기만 하다. 오직 『걸리버 여행기』의 '소인국 편', '대인국 편', '말나라 편' 중에서 '소인국 편'의 동화적인 분위기만을 차용한 채, 어느 버려진 폐가의 채송화꽃밭을 점층적인 방법으로 묘사해나가고 있는 것이다. 따라서 "책 속 소인국으로 건너가는 배는 오로지 버려진 구두 한 짝" 뿐이 되고, "깨진 거울 조각"은 그 배가 건너갈 수 있는 "가장 커다란 호수"가 된다. 그 채송화꽃밭에는 고양이가 잠시 머물다 갔는지, "고양이 수염"이 빠져 있고, 또, 그리고 비둘기가 앉았다 갔는지 비둘기똥이 남아 있다. 하지만 송찬호 시인은 고양이수염을 다만 고양이수염으로 보지 않고 고양이가 채송화꽃밭을 읽고 간 주석으로 읽으며, 또한, 비둘기똥을 다만 비둘기똥으로 보지 않고 비둘기가 채송화꽃밭을 찬양한 헌사로 읽고 있다. 만일, 그렇다면, 고양이는 수많은 보석들처럼 피어난 채송화꽃밭을 어떻게 읽고 간 것이며, 왜, 비둘기는 그 아름답고 예쁜 채송화꽃밭에다가 왜 그의 똥으로 헌사를 남겼던 것일까? '고양이의 주석'과 '비둘기의 헌사'를 해석하는 것은 송찬호 시인의 「채송화」를 읽는 여러 독자들의 자유일 것이다. 꿈보다 해몽이 더 좋다는 말이 있는데, 이 말은 '독자중심의 수용미학'에도 해당이 될 것이다. 모든 사람들이 저마다의 타고난 성격과 취향에 따라서 다양한 해석들이 생겨나고, 바로 그것이 모든 시와 예술들을 더욱더 아름답고 풍요롭게 하고 있는 것이다. 따라서 모든 시인과 독자들은 현실주의자이면서도 상징주의자들이기도 한 것이다. 채송화꽃밭에는 고양이수염과 비둘기똥이 있다. 그것은 구체적인 현실이지만, 그것을 해석하는 것은 상징주의자들이 그것에 부여하는 의미일 수밖에 없는 것이다. 고양이의 주석은 무엇이며, 비둘기똥의 헌사는 무엇일까? 송찬호 시인이 바라보고 있는 소인국의 세계는 채송화꽃밭이며, 그 채송화꽃밭은 "물뿌리개 하나로 뜨락과 울타리/ 모두 적실 수 있는 작은 영토"에 지나지 않는다. 그리고 그 채송화꽃밭은 이미 폐가가 된 채송화꽃밭이며, 기껏해야 버려진 구두 한 짝과 깨진 조각거울, 그리고 고양이수염과 비둘기똥이 뒤섞여 있는 채송화꽃밭에 지나지 않는다. 송찬호 시인은 그 폐허 속의 채송화꽃밭을 바라보면서, 그 폐허 속의 채송화꽃을 향하여 이렇게 속삭이고 있는 것인지도 모른다.

> 채송화야, 이 세상에서 가장 예쁘고 아름다운 채송화야! 너는 이처럼 더럽고 추한 폐허(현실) 속에서도 이처럼 아름답고 예쁘게 피어날 수가 있단 말이냐!

송찬호 시인의 '소인국 이야기'는 매우 아름답고 예쁜 이야기이기는 하지만, 다른 한편으로는 아주 서럽고 슬픈 이야기라고 하지 않을 수가 없다. 부자는 더욱더 부자가 되어가고 가난한 자는 더욱더 가난한 자가 되어간다. 부자는 더욱더 작은 소수의 무리가 되어가고, 가난한 자는 더욱더 많은 다수의 무리가 되어간다. 그 양극화의 구조 속에서 이제는 그 가난한 자들마저도 더 이상은 살만한 곳이 못된다고 떠나간 채송화꽃밭, 기껏해야 버려진 구두 한 짝과 깨진 거울 조각과 고양이수염과 비둘기똥만이 뒤섞여 뒹굴고 있는 채송화꽃밭, 과연 물뿌리개 하나로 그 모두를 적실 수 있는 이 채송화꽃밭은 어느 소인국의 나라를 지칭하고 있는 것일까? 이 21세기는 신자유주의의 질서 체제로 미국과 일본은 더욱더 군사동맹을 강화시켜 나가고 있고, 그토록 넓은 영토와 수많은 인적자원으로 세계화의 야망을 불태우고 있는 중국은 모든 역사들을 조작―가공하며 더욱더 한반도의 멱살을 움켜잡아오고 있고, 그리고, 마지막으로 신자유주의 체제의 변방으로 밀려나 있던 러시아는 수많은 에너지 자원들을 앞세워 한반도에 대한 지난 날의 영향력을 행사하려고 더욱더 호시탐탐 노려보고 있는 실정이기도 한 것이다. 송찬호의 '소인국의 이야기'(농촌의 이야기)는 '대한민국의 이야기'이며, 이 '대한민국의 이야기'는 '소인국의 이야기'(농촌의 이야기)이다. 채송화는 20cm 내외의 작은 꽃이며, 그리고 아름답고 예쁜 꽃이다. 그 채송화꽃의 꽃말이 '가련함'과 '순진함'이라는 것은 참으로 시사하는 바가 크다고 하지 않을 수가 없다.

　송찬호 시인의 「채송화」는 그가 대한민국의 대표적인 상징주의자이듯이, 모든 수사법들의 경연장이라고 할 수가 있다. 첫 번째는 점층법이며, 그 점층법을 통해서 소인국의 이야기를 더욱더 흥미진진하고 아름답게 전개시켜 나간다. "이 책은 소인국 이야기이다"라는 시구에 이어서, "이 책을 읽을 땐 쪼그려 앉아야 한다"고 그 다음의 이야기를 전개시켜 나가고, 그리고 그 두 번째 시구에 이어서, "책 속 소인국으로 건너가는 배는 오로지 버려진 구두 한 짝"이라고 그 다음 이야기를 전개시켜 나간다. 또, 그리고, 그 세 번째 시구에 이어서 그 다음의 이야기를 전개시켜 나가면, 그 다음, 그 다음의 이야기들이 이어져 나가게 되고, 그리고 마지막으로 "나의 책에 채송화가 피어 있다"라고 그 대단원의 결말을 내리게 된다. 두 번째는 상징적인 수사법인데, 상징이란 언어를 단순한 기호로 보지 않고 그 기호에 의미를 부여한 어떤 것을 말한다. 예컨대 '채송화=작은 꽃'은 일차적인 의미에 불과하지만 '채송화=난장이'는 이차적 의미가 되고, 또, 그리고 '난장이=소인국'은 삼차적 의미가 된다. 이때에 '채송화=작은 꽃'은 말(기호)과 사물(지시대상)이 일치하는 것을 뜻하지만, '채송화=난장이'와 '난장이=소인국'은 말과 사물이 일치하지 않고, 다만, 우리 인간들이 그 지시대상(채송화)에게 새로운 의미를 부여하게 된 어떤 것을 말하게 된다. '아버지인 태양', '어머니인 대지'와 마찬가지로 이 세상은 그 의미부여자들(상징주의자들)의 천국이 되고 있는 것이고, 우리 인간들은 모두가 대단히 세련되고도 정교한 상징주의 기법을 구사하고 있는 수사학자들이기도 한 것이다. 그 다음 세 번째는 은유법이고, 그 다음 네 번째는 환유법이며, 그리고 마지막으로 다섯 번째는 제유법이다. 은유법은 유사성의 법칙으로 되어 있으며, '책=소인국 이야기', '배=버려진 구두', '채송화꽃밭=소인국'이 바로 그것이다. 환유법은 인접성의 법칙으로 되어 있으며, 그 환유법에 따르면 채송화 곁에 버려진 구두가 있고, 버려진 구두 옆에 깨진 거울 조각이 있고, 깨진 거울 조각 옆에 고양이수염이 있고, 고양이수염 옆에 비둘기 똥이 있다. 제유법은 부분을 전체로 설명하거나 전체를 부분으로 설명하는 것을 말한다. 왕관을 왕으로 설명하고, 왕을 왕관으로 설명하는 것이 바로 그것이다. 송찬호 시인은 고양이수염으로 고양이를 설명하고, 비둘기똥으로 비둘기를 설명하는 제유법의 대가이다. 송찬호 시인이 상징주의자가 된 것은 이처럼 언어학에 민감하고 더욱더 정교하고 세련된 수사법을 구사할 줄을 알고 있기 때문이다.

『애지』 편집위원들은 이 「채송화」를 제3회 '애지문학상'의 수상작으로 선정했었지만, 송찬호 시인이 한사코 그 수상자가 되기를 거절한 바가 있었다. 나와 너무나도 가깝고 우리 '애지문학상'의 장래를 위해서라는 것이 그 수상거부의 변이었지만, 그러나 그것은 한편으로는 고맙기도 했고, 다른 한편으로는 무척이나 서운하기도 했었다. 왜냐하면 이 「채송화」는 너무나도 아름답고 뛰어난 시였기 때문이다. 아무튼 우리 '애지문화'는 대한민국의 역사상 최고급의 문화로 자라날 것이고, 우리 한국인들의 영광과 모든 인류의 영광을 위하여 오늘도 전진하고, 또 전진해나가고 있다.

송찬호 시인은 나와 가장 가깝게 지내고 있는 시인 중의 한 사람이기는 하지만, 그는 내 알고 있는 시인 중에서 가장 싸가지가 없는 사람이기도 하다. 모든 것이 제멋대로이고, 언제, 어느 때나 모든 약속을 제멋대로 파기할 수 있는 인간이 바로 그 송찬호 시인인 것이다. 그 싸가지 없음이 그의 시적 토대이고, 그 싸가지 없음에서 이 세상에서 가장 아름답고 뛰어난 「채송화」가 꽃 피어난다.

오오, 이 세상에서 가장 고귀하고 위대한 상징주의자들이여!

오오, 이 세상에서 가장 고귀하고 위대한 보들레르, 랭보, 송찬호 시인들이여!

| 명시 · 32

송수권
김치와 서정시

같은 접속어로만 가지고 말 하더라도
'하더라도'가 아니라 '하였는디'로
'그런데'가 아니라 '그리하였는디'로
전라도 말가락에만 있는 판소리 표준어
그 細柳靑靑 휘늘어진 말씨로만 빚은 서정시

이제 우리 서정은 비닐깡통 속에 들어 있고
윤나는 버터의 질 속에 유해색소와 함께
섞여 있다
감옥소의 뒷마당 내리는 눈 속에
쓰레기 하치장 바퀴벌레의 단단한 갑피질 속에
김치맛이 돌지 않은 솔벤油처럼
우리 서정시는 반들거린다

맵고 짜고 새콤한 그 맛!
통영갓을 썼던 그 시대에도
개털모자를 쓰고 북만주를 떠돌았던
독립군의 모자 속에서도
얼큰하고 맵고 짜고
헬멧이 유행이었던 일제치하
아니 해방 후 중절모 속에서도
4·19 이후 신동엽의 쭈그렁 등산모 속에서도
그 맛은 그 맛인 것!
요즘은 물 건너 아메리칸들도 좋아한다는 군

사할린 콜사코프 남쪽 항구
한평생 안개 속을 떠돌다 눈감은
李老馬씨의 무덤 속에서도
뻘겋게 김나는 김치

오늘은 세 마치 장단으로
오리발 궁둥이를 달싹이는
이승엽의 방망이 끝에 터지는 알싸한 그 맛!
우리 서정시 또는 김치

― 『애지』, 2005년, 여름호

나는 이미 문태준의 「가재미」를 분석하면서, "시는 사상과 감정을 표현하는 문학의 장르이며, 그것은 서정시와 서사시로 나타나게 된다. 서사시의 주인공이 통개인적이며 문화적 영웅으로서 그가 소속된 국가와 인류 전체를 구원하는 인물이라면, 서정시의 주인공은 사적인 개인으로서 자기 자신의 주관적인 감정을 드러내고, 또, 그리고, 그 감정을 통해서 만인들의 심금을 울리게 된다. 따라서 이때의 주관적인 감정은 보편적인 감정으로 승화되고, 그 감정의 토대가 되는 그의 삶은 우리 인간들의 근본적인 원형이 된다. 시는 맑고 깨끗한 영혼을 얻기 위한 방법적인 수단이기도 하고, 또한 시는 아름답고 행복한 삶을 연출해내기 위한 방법적인 수단이기도 하다"라고, 시에 대한 나의 생각을 역설한 바가 있었다. 시는 T.S 엘리어트가 역설한 바가 있듯이, 그 주체자의 모국어와 깊숙이 관련이 있고, 그 모국어와의 관계를 빼어놓고는 설명할 수가 없는 어떤 것이다. 왜냐하면 외국어로 사고하는 것은 가능하지만, 외국어로 느끼는 것은 전혀 불가능하기 때문이다. 소설이나 산문은 외국어로 번역해도 그 뜻이 잘 전달되지만, 민족어의 특수한 형식인 시는 전혀 그렇지가 못하기 때문이다. 따라서 시는 가장 민족적인 문학 장르이며, 언제, 어느 때나 최종심급은 그 주체자의 생활 현실(물질적 토대)일 뿐인 것이다.

송수권 시인은 1940년 전남 고흥에서 태어났고, 서라벌 예술대학 문예창작학과를 졸업했다. 1975년『문학사상』으로 등단한 이후,『꿈꾸는 섬』,『수저통에 비치는 저녁 노을』,『파천무』,『아내의 맨발』등의 시집을 출간했고, '소월시문학상', '정지용문학상', '영랑시문학상', '김달진문학상' 등을 수상했다. 송수권 시인은 '남도의 말'과 그 '판소리 가락'으로 대한민국 서정시의 진수를 선보여 왔지만, 그러나 그의 서정시는 토속적인 세계로 움츠러들지 않고, 그 토속적인 세계를 넘어서서, 대한민국 서정시의 진수를 선보여왔다고 해도 과언이 아니다. 토속적인 세계는 어떠한 시대의 변화도 거부하고 움츠러든 세계를 말하지만, 서정시의 세계는 자기가 살고 있는 토속적인 현실에 밑줄을 치면서도, 그 토속의 세계를 보편의 세계로 승화시켜 나가고 있는 세계이다. 고백과 독백의 언어인 서정시의 언어가 만인들의 심금을 울리는 보편적인 언어로 승화되고 있는 까닭이 바로 여기에 있는 것이다. 송수권 시인은 "같은 접속어로만 가지고 말 하더라도/ '하더라도'가 아니라 '하였는디'로/ '그런데'가 아니라 '그리하였는디'로/ 전라도 말가락에만 있는 판소리 표준어/ 그 세유청정細柳靑靑 휘늘어진 말씨로만 빚은 서정시"를 그 이상적인 모형으로 제시해 놓고 있는데, 왜냐하면 그가 살고 있는 언어의 현실은 '남도의 말'과

'판소리 가락'에 의해서만이 지배되고 있기 때문이다. 송수권 시인은 "전라도 말가락에만 있는 판소리 표준어"와 "그 세유청청細柳靑靑 휘늘어진 말씨로만 빚은 서정시"를 최고의 서정시로 치고 있지만, 그러나 그것은 맹목적인 토속주의도 아니고, 더 더군다나 그토록 편협한 지역주의도 아니다. 오늘날, "'하더라도'가 아니라 '하였는디'로/ '그런데'가 아니라 '그리하였는디'로"라는 전라도의 사투리가 판소리의 표준어가 되어가고 있듯이, "그 세유청청 휘늘어진 말씨로만 빚은 서정시"가 우리 한국인들의 마음을 사로잡을 수만 있다면 그것이 곧바로 대한민국 서정시의 진수가 될 수도 있을 것이다. 언어 영역의 확대는 그 주체자의 영역의 확대이고, 그 주체자의 영역의 확대는 세계 영역의 확대이다. 표준어와 사투리의 구분은 지극히 인위적인 것이며, 그것은 시대의 환경에 따라서 그 위치는 언제든지 뒤바뀔 수가 있는 것이다.

하지만 송수권 시인은 "이제 우리 서정은 비닐깡통 속에 들어 있고/ 윤나는 버터의 질 속에 유해색소와 함께/ 섞여 있다"라고 탄식을 하게 된다. 또한 그는 오늘날의 서정시는 "감옥소의 뒷마당 내리는 눈 속에/ 쓰레기 하치장 바퀴벌레의 단단한 갑피질 속에/ 김치 맛이 돌지 않은 솔벤油처럼" 반들거린다고 탄식을 하게 된다. 현대사회는 자본과 상품이 실시간대로 국경을 넘나들고, 세계화의 흐름 속에 그 모든 전통들을 망가뜨려가고 있는 것처럼도 보인다. 돈의 가치가 최고의 가치가 되고, 모든 사건과 사고들은 오직 그 돈의 움직임에 따라서 발생하게 된다. 눈 앞의 이익을 위해서라면 제 아무리 썩지 않는 비닐깡통도 문제가 될 리가 없고, 눈 앞의 이익을 위해서라면 타인들의 건강을 해치는 '유해색소'의 사용도 문제가 될 리가 없다. 또한 남극과 북극의 빙산이 녹아내리고 그 온실 효과에 의해서 온갖 기상이변이 속출해도 더 이상—더욱더 많은 에너지를 소비하면서도—의 문제가 될 리가 없고, "감옥소의 뒷마당 내리는 눈 속에/ 쓰레기 하치장 바퀴벌레의 단단한 갑피질 속에/ 김치맛이 돌지 않은 솔벤油처럼/ 우리 서정시"가 반들거려도 문제가 될 리가 없다. 어느 독일 사람은 아우슈비츠 이후에도 과연 서정시가 가능한가라고 고통스럽게 물은 바가 있지만, 나는 현대 자본주의 사회에서야말로 서정시가 그 종말을 맞이하고 있다고 하지 않을 수가 없다. 모든 역사와 전통이 파괴되고, 더 이상의 삶이 가능하지 않을 정도로 생태환경이 파괴되어가고 있는 오늘날, 아름답고 행복한 삶을 위해서 존재하는 서정시는 그 물질적인 토대를 잃어버린 것이나 다름이 없는 것이다. 송수권 시인의 「김치와 서정시」는 비닐깡통과 솔벤油 속에서 반들거리는 서정시의 종말을 예감하면서도, 그러나 그의 서정시의 화려한 부활을 기원하고 있는 시라고 하지 않을 수가 없다. 시는 인간의 피와 땀과 생명이고, 만일, 그 시가 사라진다면, 우리 인간들의 삶 자체도 끝장을 보게 될 것이다. 자기 자신의 사유와 감정을 표현할 줄 모르는 인간을 생각해보고, 또한 노래도 잃고 꿈도 잃어버린 인간을 생각해보아라! 그는 눈뜬 봉사이며, 말 못하는 벙어리이며, 나사가 빠지고 녹이 슬어버린 기계 인간에 지나지 않게 될 것이다.

  송수권 시인은 서정시의 화려한 부활과 그 물적 토대의 온전한 회복을 꿈꾸면서, 서정시와 김치를 대등한 관계로 파악한다. 왜냐하면 김치는 "맵고 짜고 새콤한 그 맛"도 있지만, "통영갓을 썼던 그 시대에도/ 개털모자를 쓰고 북만주를 떠돌았던/ 독립군의 모자 속 에서도/ 얼큰하고 맵고 짜고/ 헬멧이 유행이었던 일제치하/ 아니 해 방 후 중절모 속에서도/ 4·19 이후 신동엽의 쭈그렁 등산모 속에서 도" 언제나 "그 맛은 그 맛인 것"이기 때문이다. 제아무리 시대가 수 없이 바뀌어도, 이를테면, 통영갓을 썼던 그 시대에서부터 4·19 이 후 신동엽의 쭈그렁 등산모에 이르기까지, 그 모자의 양식이 수없이 바뀌어도, 김치맛은 언제, 어느 때나 "맵고 짜고 새콤한 그 맛"이지 않으면 안 된다. 송수권 시인이 바로 이 지점에서 느닷없이 통영갓, 개털모자, 독립군의 모자, 헬멧, 중절모, 쭈그렁 등산모 등을 그 시 대의 순서에 따라서 나열한 것은 그 모자가 단순한 모자가 아니라, 우리 인간들의 두뇌를 의미하고 있기 때문일 것이다. 모자의 변모는 두뇌(사유)의 변모이며, 두뇌의 변모는 그 인간 사회의 변모를 뜻하 게 된다. 그러나 김치와 서정시는 그 인간의 사유와 시대의 변모를 넘어서서 존재한다. 언제, 어느 때나 그 맛을 그대로 지니고 있지 않 으면 안 되고, 오히려, 거꾸로 "요즘은 물 건너 아메리칸들도 좋아한 다는군"이라는 시구에서처럼, 더욱더 많은 사람들이 그 맛에 사로 잡히지 않으면 안 된다.

 '아버지인 태양', '어머니인 대지'가 '원형상징의 언어'이듯이, 원형 상징이란 수많은 인종, 시대, 문화적 환경의 변모와 그 차이에도 불 구하고 영원히 변모할 수 없는 어떤 것을 말한다. 김치도 원형상징의 언어가 되어야 하고, 서정시도 원형상징의 언어가 되어야 한다. 김치 란 무엇인가? 김치란 대한민국 특유의 채소 가공식품이며, 2001년도에, 드디어 국제식품규격위원회로부터 '국제식품 규격'으로 승인을 받은 바가 있다. 김치란 무, 배추, 오이 등을 소금에 절여서 고추, 마늘, 생강, 파, 젓갈 등의 양념을 넣고 저온에서 발효시킨 식품으로, 우리 한국인들의 식탁에서는 빼어놓을 수 없는 반찬임을 뜻한다. 지방에서는 김치를 지漬라고 불렀고, 제사 때는 침채沈菜로, 그리고 궁중에서는 젓국지, 짠지, 싱건지 등으로 불렀다고 한다. 김치의 기원은 머나먼 상고시대上古時代까지 거슬러 올라가며, 김치는 각종 무기질과 비타민의 공급원이 되어주고 있다. 젓산균 의해서 장腸을 청소해주고, 동물성 젓갈류들은 쌀에서 부족한 단백질을 공급해준다. 마늘에서 비롯된 항암 효과와 함께, 변비, 장염, 결장염, 동맥경화, 빈혈, 식욕증진은 물론, 이제는 '사스', 즉, '조류독감'에도 탁월한 효과가 있다고 한다. 내가 인터넷『백과사전』에서 김치의 종류를 찾아본 결과, 김치의 종류는 놀라웁게도 300여 가지가 넘고 있었고, 나는 그 수많은 김치의 종류가 있다는 사실만으로도 내가 정말로 한국인인가를 의심하지 않을 수가 없었다.

  배추를 이용해서 만들 수 있는 김치류 : 배추 김치, 통배추 김치, 보쌈 김치, 양배추 김치, 속대 김치, 강지, 백김치, 씨도리 김치, 얼가리 김치, 봄동 겉저리 김치, 배추 겉저리 김치, 동아 석박지 김치, 배추 석박지 김치, 배추 동치미, 연배추 물김치, 배추 물김치, 평안도 통배추국 물김치, 풋배추 물김치, 소금 배추 물 김치, 배추꼬지 장아찌배추잎 짱아찌, 배추 짠지, 배추쌈 오이 소박이, 배추 시래기지 등.

무를 이용해 만들 수 있는 김치류 : 총각 김치, 알타리 김치, 빨간 무김치, 숙김치, 서거리 김치, 채 김치, 비늘 김치, 무청김치, 나박 김치, 애무 김치, 단무지, 열무감자 김치, 비지미, 무 묶음김치, 무 백김치, 무 명태 김치, 무 국화 김치, 무 배 김치, 무 장아찌, 무 말랭이, 파 김치, 무 짠지, 무 석박지, 무 겉저리 김치, 알 깍두기, 굴 깍두기, 아마기 깍두기, 명태 깍두기, 쑥갓 깍두기, 우엉 깍두기, 쑥 깍두기, 대구 깍두기, 대구알 깍두기, 즉석용 후인 깍두기, 열무 오이 깍두기, 오이 깍두기, 풋고추 깍두기, 풋고추잎 깍두기, 삶은 무 깍두기, 창란젓 깍두기, 동치미, 서울 동치미, 나복 동치미, 실과 동치미, 무청 동치미, 총각무 동치미, 알타리 동치미, 궁중식 동치미, 알타리 국물 동치미, 열무 물 동치미, 열무 오이물 동치미, 무채 짱아찌, 무청 짱아찌, 무 말랭이 젓 짱아찌, 무 짠지, 무 배추 고추잎 짠지, 열무 짠지, 빨간무 소배기, 무청 소배기, 무 생채 등.

오이를 이용해 만들 수 있는 김치류 : 오이 깍두기, 인삼오이 물김치, 오이 물김치, 소박이 김치, 호배추 소박이 김치, 오이 소박이, 통대구 소박이, 배추쌈 오이 소박이, 고추 소박이, 오이 송송이 등.

기타 야채들을 이용해 만들 수 있는 김치류 : 호박 김치, 깻잎 김치, 미나리 김치, 냉이 김치, 시금치 김치, 콩나물 김치, 고들빼기 김치, 박 김치, 죽순 김치, 쑥갓 김치, 고구마줄기 김치, 고춧잎 김치, 가지 김치, 달래 김치, 메밀순 김치, 도라지 김치, 두릅 김치, 부추 김치, 고추 김치, 풋마늘 김치, 실파 김치, 쪽파 김치, 오징어 파김치,

전라도 파김치, 황해도 파김치, 상치 겉저리 김치, 실파 겉저리 김치, 깻잎 양파 김치, 겉저리 김치, 부추 겉저리 김치, 석류 김치, 갓지, 율장 김치, 시금치 물김치, 가지 물김치, 돌나무 물김치, 콩나물 콩물 김치, 더덕 물김치, 삭물김치, 마늘 장아찌, 마늘쫑 장아찌, 달래 장아찌, 고춧잎 장아찌, 풋고추 장아찌, 파 짠지, 파강회 짠지, 부추 짠지, 삭힌 고추 짠지, 갓 소박이, 더덕 소박이, 도라지 생채, 노각 생채, 파 생채, 더덕 생채 등.

해물을 이용해 만들 수 있는 김치류 : 파래김치, 미역김치, 청각김치, 청각 물김치 등.

육류를 이용해 만들 수 있는 김치류 : 가자미 식혜, 마른고기 식혜, 굴 김치, 꽁치 김치, 새치 김치, 대구 김치, 북어 김치, 오징어 김치, 전복 김치, 닭 김치, 꿩 김치, 제육 김치, 오징어 생채, 제육 생채, 통돼지 소박이, 굴 깍두기, 아마기 깍두기, 명태 깍두기, 대구 깍두기, 대궐 깍두기, 창란젓 깍두기 등.

우리 한구인들은 과연 어떻게 해서 '김치의 브랜드'를 세계적인 브랜드로 가꾸고, 그 '김치문화'를 세계적인 음식문화로 가꾸어 나갈 수가 있을 것인가? 수많은 생명공학자들과 요리연구가와, 그리고, 정부와 기업들과 시민단체들이 다같이 머리를 맞대고, 이 '김치문화'의 초석을 연구해보고 또 연구해보지 않으면 안 된다. 왜냐하면 대한민국의 김치는 요즈음 미국인들과 일본인들도 좋아하고, "사할린 콜사코프 남쪽 항구/ 한평생 안개 속을 떠돌다 눈감은/ 李老馬씨의 무덤 속에서도/ 뻘겋게 김나는 김치"이기 때문이다. 한 번 시인이고자 한 사람은 영원히 시인임을 포기할 수가 없듯이, 진짜로 김치맛을 제대로 아는 사람은 '李老馬씨'처럼 그 무덤 속에서도 그 맛을 결코 잊을 수가 없을 것이다.

송수권 시인은 그 '김치'와 '서정시'의 맛을 다음과 같이 아름답고 멋지게 표현해 놓고 있다.

> 오늘은 세 마치 장단으로
> 오리발 궁둥이를 달싹이는
> 이승엽의 방망이 끝에 터지는 알싸한 그 맛!
> 우리 서정시 또는 김치

오늘도 전라도의 '세 마치 장단'으로 그 특유의 오리발 궁둥이를 달싹이며 '아시아의 홈런왕'이 되어가고 있는 이승엽, 그 이승엽의 힘의 원천이 이 '김치'와 '서정시'에 있다는 것이다. 송수권 시인은 '남도의 말'과 그 '판소리 가락'으로 대한민국 서정시의 수준을 한 단계 더 높이 끌어올렸고, 또한 우리 한국어의 아름다움과 우리 한국어의 영광을 위하여 오늘도 최선의 노력을 다하고 있다고 하지 않을 수가 없다. "같은 접속어로만 가지고 말 하더라도/ '하더라도'가 아니라 '하였는디'로/ '그런데'가 아니라 '그리하였는디'로/ 전라도 말가락에만 있는 판소리 표준어/ 그 細柳靑靑 휘늘어진 말씨로만 빚은 서정시"라는 아름답고 멋들어진 제일급의 시구와 "오늘은 세 마치 장단으로/ 오리발 궁둥이를 달싹이는/ 이승엽의 방망이 끝에 터지는 알싸한 그 맛/ 우리 서정시 또는 김치"라는 아름답고 멋들어진 제일급의 시구가 바로 그것이다. 송수권 시인의 「김치와 서정시」를 읽다보면 서정시가 종말을 맞이한 이 시대에도 그의 '김치'와 '서정시'는 언제나 "맵고 짜고 새콤한 그 맛"을 잃지 않고 있는 것처럼도 보인다. 만일, 아우슈비츠 이후와 자본주의 사회 이후에도 우리 인간들이 살아만 남는다면, 인간성의 회복과 함께, 그 생태환경의 파괴도 곧 복원시킬 수가 있을는지도 모른다. 왜냐하면 시는 우리 인간들의 노래이자 꿈 자체이기 때문이다. 대한민국 서정시의 진수는 송수권 시인의 시이며, 송수권 시인의 시는 대한민국 서정시의 진수라고 해도 틀림이 없다.

돌다리를 두드려 보고도 건너지 않는 사람과는 일체 사귈 필요가 없다. 그는 잔머리의 대가이며, 그의 소심함은 인간이라는 종의 쇠약화에만 기여하게 될 것이다. 의로운 사건이나 일 앞에서는 언제, 어느 때나 사나이 대장부답고 대범해질 필요가 있는 것이다. 논쟁을 포기할 때 그는 위대한 사상가의 길도 포기하는 것이며, 적 앞에서 용기를 갖지 못할 때, 그는 그의 위대한 삶의 양식도 포기하게 되는 것이다. 모든 문화의 성과는 가장 잔인하고 처절한 전쟁의 성과일 수밖에 없다. 백일장, 노래자랑, 장기자랑, 김치축제, 소싸움대회, 스포츠, 맛자랑, 연극경연, 미술전람회, 음악회, 학술대회, 잡지발행, 대학입시, 국회의원 선거, 대통령선거, 무역수출 등, 이 모든 축제의 형식도 가상의 적과 실제의 적들과의 싸움(경쟁)을 전제로 한다는 점에서는 전쟁의 형식이라고 할 수가 있는 것이다.

　우리 한국인들은 어떤 문화, 어떤 축제의 형식도 세계적인 대사건으로 연출해내지 못했다. 이 모든 것은 우리 한국인들이 가장 찬란하고 화려한 인식의 제전(앎의 투쟁)에서 철두철미하게 패배를 했기 때문이다. 나에게 모든 것을 맡겨만 준다면 이 '김치축제'를 세계적인 축제로 연출해낼 수도 있을 것이고, 또, 그리고, 나에게 모든 것을 맡겨만 준다면, 이 서정시의 축제를 세계적인 인식의 대제전으로 연출해낼 수도 있을 것이다.

　나는 낙천주의 사상의 창시자인만큼 우리 한국인들과 모든 인류의 영광을 위하여 나 자신을 희생시킬 준비가 되어 있는 것이다.

　나는 천성이 호전적이고 전투적이며, 그 어떠한 싸움도 마다하지를 않는다.

명시 · 33

정영숙
뉴욕 1

센츄럴 파크에서 만난 흑인 소년
캔버스 안에서 밤하늘 별떨기처럼
빛나는 그의 눈은
진흙 속에서 피어난 한 송이 연꽃이다

화가의 연필 끝에서
미동도 않고 꼿꼿이 앉아 있는 그는
방금 전 메트로폴리탄에서 만난
한 생을, 몇 세기의 어둠을 건너 온
'Night'*처럼 말이 없다

입을 떼고 싶어도 입을 뗄 수 없는
상실의 아픈 돌덩이
조각가는 흠집과 상처투성이의 돌을 다듬어

어둠을 빛으로 바꾸어 놓았다

그 빛은 어둠과 적막을
혼자 견뎌낸 자의 것
누구도 감히 침범하지도
강탈하지 못하는 신성의 것이다

흑요석처럼 빛나는
그의 눈동자와 마주치는 순간
내 가슴에 환한 등불이 켜지고
한 송이 연꽃이 피어난다

모처럼 얻은 보물을 잃을 수 없어
센츄럴 파크의 녹음 뒤에 숨어 한참 동안 숨죽인다

*Night : 고개를 숙인 채 두 손으로 무릎을 감싸고 있는 브론즈로 된 이 작품은 1902년 불란서 조각가 Aristide Maillol가 제작함. 메트로폴리탄 뮤지엄 1층 홀에 전시되어 있음.

— 『하늘 새』, 황금알, 2007년

정영숙 시인은 1947년 경북 대구에서 태어났고, 1993년『숲은 그대를 부르리』를 통해서 등단을 했다. 정영숙 시인은 그러나 참으로 특이한 경력의 소유자이다. 그는『숲은 그대를 부르리』를 비롯하여『지상의 한 잎 사랑』,『물 속의 사원』,『옹딘느의 집』,『하늘 새』를 출간한 시인이지만, 공식적인 등단 절차를 거치지 않은 시인이고, 2001년 과천 현대미술관에서 유화그룹전과 2002년 인사동 갤러리에서 유화그룹전, 그리고『애지』에 지난 3년동안 '시가 있는 그림풍경'을 연재했던 화가이지만, 또한 공식적인 등단 절차를 거치지 않은 화가이다. 시인으로서나 화가로서나 공식적인 등단 절차를 거치지 않은 것은 그 무엇보다도 형식적인 절차를 중요시하는 대한민국 사회에서는 대단히 큰 손실과 결함일 수도 있겠지만, 그러나 그것은 다른 한편으로는 그러한 형식적인 절차 따위는 전혀 안중에도 없다는 듯이 자유로운 개인으로서의 자기 자신만의 길을 걸어갈 수 있는 최선의 방법이기도 했던 것이다. 전자는 돈과 명예와 권력을 쫓아가는 길이 되고, 후자는 돈과 명예와 권력 따위는 아예 무시하고 자기 자신의 꿈만을 쫓아가는 길이 된다. 이 후자의 유형 중에는 '용'이 되지 못한 '이무기들'이 참으로 많이 있고, 그들이 우리 문단과 화단의 질서를 어지럽혀 온 것은 어제 오늘의 일이 아니었을 것이다. 하지만 정영숙 시인은 그러한 형식적인 절차 따위는 언제, 어느 때라도 곧바로 무시할 수 있는 예술가―예술을 위한 예술가―이며, 따라서 그는 대한민국에서는 매우 보기 드문 또 하나의 탐미주의자라고 할 수가 있는 것이다. 그는 어린 시절 의사였던 아버지를 여의었고, 홀어머니 밑에서 어린 동생들과 함께 그토록 어렵고 힘든 생활을 하지 않으면 안 되었던 모양이다. 정영숙 시인은 김천 여자중학교와 김천 여자고등학교를 전체 수석으로 졸업했지만, 가정 형편상, 그토록 소망이었던 명문대학교의 영문과를 지망할 수가 없었던 모양이다. 왜냐하면 서울교육대학을 졸업하고 하루바삐 어머니의 수고를 덜어 드려야만 했던 맏딸이었기 때문이다.

프로이트는 '무의식의 주체란 무의식의 소망 충동으로 이루어진 우리들의 존재 핵심'이라고 했으며, 라깡 또한 '진실의 주체란 자아가 아닌 무의식이며, 무의식은 언어로 표상된다'고 했다. 나의 언어는 무의식을 통해 결여된 대상을 보여주며 진실을 말해준다고 하겠다. 내 시의 대부분은 부재와 사랑의 결핍에서 오는 불안, 현실에서 이루지 못한 소망들이 담긴 무의식의 꿈들로 쓰여졌으며, 시라는 기호를 통해 나타난 무의식적인 자아는 진정한 나의 모습을 들여다 볼 수 있는 거울이라 할 수 있겠다.

― 정영숙, 「모든 사물로부터 자유로워질 때」(『하늘 새』)에서

정영숙 시인은 제일급의 시인이며 화가이고, 또한 그는 제일급의 산문가이기도 하다. 그는 수많은 역경逆境을 극복하고 모든 사물로부터 자유로워진 시인이며, 그 자유로운 생활 태도에 의해서 그의 탐미주의를 극단적으로 밀고 나갔던 시인이라고 할 수가 있다. 정영숙 시인의「뉴욕 1」은 그의 역경주의力耕主義를 넘어서서 그의 자유주의가 빚어낸 감동의 드라마라고 할 수가 있다. 그는 "센츄럴 파크에서 만난 흑인 소년/ 캔버스 안에서 밤하늘 별떨기처럼/ 빛나는 그의 눈은/ 진흙 속에서 피어난 한 송이 연꽃이다"라고 노래하고, 또한 그는 "화가의 연필 끝에서/ 미동도 않고 꼿꼿이 앉아 있는 그는/ 방금 전 메트로폴리탄에서 만난/ 한 생을, 몇 세기의 어둠을 건너온/ 'Night'처럼 말이 없다"라고 노래한다. 왜 센츄럴 파크에서 만난 흑인 소년은 진흙 속에서 피어난 한 송이 연꽃과도 같으며, 또한, 왜 그 흑인 소년은 몇 세기의 어둠을 건너온 'Night'처럼 말이 없었던 것일까? 우선 그 흑인 소년은 실제의 인물이 아니라, 두 작품 속의 흑인 소년으로 나타난다. 첫 번째는 시인이 주註를 달아서 설명을 하고 있듯이, 1902년 불란서의 조각가가 청동으로 제작한 소년이고, 다른 하나는 그 조각상을 보고 수많은 화가들이 그리고 있는 캔버스 속의 소년이다. 전자의 소년은 과거 속의 인물이고, 후자의 소년은 현재 속의 인물이다. 또, 그리고 전자의 소년은 'Night'이고, 후자의 소년은 "진흙 속에서 피어난 한 송이 연꽃"과도 같은 소년이다.

주지하다시피, 'Night', 그 흑인 소년의 동상에는 전인류의 치욕인 미국의 야만적인 노예제도가 각인되어 있고, 다른 한편으로는 마틴 루터 킹 목사의 '자유를 향한 대행진'이 예비되어 있었던 것인지도 모른다. 왜냐하면 콜롬버스와 다 가머에 의한 새로운 지리적 발견은 서구의 제국주의자들에 의해서 식민지의 시대로 정착되었고, 그리고 그것에 따른 광산개발, 부두와 항만공사, 운송과 도로작업, 사탕수수와 담배와 목화재배 등에는 수많은 노동력이 필요하게 되었기 때문이다. 따라서 그 부족한 노동력을 충당하기 위하여 창안된 것이 노예무역이었고, 오늘날의 미국의 흑인들은 그 'Night'의 후예들이라고 해도 지나친 말이 아니다. 1713년 스페인, 포르투갈, 네덜란드, 프랑스를 제치고 마침내 영국은 노예무역의 독점권을 획득하였고, 그 노예무역의 독점권은 삼각무역三角貿易 체제로 운영되었다고 한다. 노예상인들이 식민지 본국인 영국에서 수많은 럼주(酒)와 총포와 화약을 가져오면, 아프리카의 추장들은 그 물건들을 받고, 그 대신 흑인 노예들로 교환—1750년 이후에는 노예의 사냥과 약탈로 대체하게 되었지만—해주게 되었던 것이다. 따라서 노예 상인들은 아메리카로 건너가 그 흑인 노예들을 팔아 버린 뒤, 그 돈으로 또다시 식민지의 물산들을 구입하여 본국으로 되돌아오게 되었던 것이다. 이 흑인 노예들은 일명, '흑색 다이아몬드'라고 불리웠고, 그 노예무역으로 악명을 떨친 도시들은 영국의 브리스톨과 리버풀이며, 지난 16세기부터 19세기까지, 약 300년 동안 유럽의 노예상인들에 의해서 아메리카의 신대륙으로 팔려온 노예들은 1,500만 명이나 되었다고 한다. 18세기 영국의 퀘이커 교도들에 의해서 일어나기 시작한 '노예해방운동'은 1848년 프랑스의 2월 혁명을 거쳐서, 1863년 미국의 링컨 대통령에 의해서, 그 파란만장한 과업을 완수하게 되었던 것이다. 아마도 1902년, 프랑스의 조각가가 만든 'Night'는 그러나 그 노예해방의 기쁨보다는 차라리 침묵함으로써 더욱더 서러운 울음을 울고 있었던 것인지도 모른다. 과연, 날이면 날마다 그토록 어렵고 힘든 노동과 수많은 채찍과 기아선상에서 죽어간 흑인노예들의 숫자는 얼마나 되었던 것이며, 또한 그 반항과 탈출과 온갖 질병과의 싸움에서 비명횡사해간 흑인노예들의 숫자는 얼마나 되었던 것일까? 그 흑인 소년에게 있어서 노예해방은 더없이 기쁜 소식이면서도 더욱더 슬픈 소식이기도 했던 것이다. 따라서 프랑스의 조각가는 "입을 떼고 싶어도 입을 뗄 수 없는/ 상실의 아픈 돌덩이"를 다듬고, 또한, "흠집과 상처투성이의 돌을 다듬어" 그 'Night'라는 소년상을 만들어 놓게 되었던 것이다. 이때의 "입을 떼고 싶어도 입을 뗄 수 없는/ 상실의 아픈 돌덩이"는 지난 날의 역사적 상처를 간직한 흑인을 말하고, 또한, "흠집과 상처투성이의 돌을 다듬어" 만들어 놓은 'Night'는 그 역사적 아픔을 딛고 새롭게 태어난 흑인을 말한다.

만일, 그렇다면 왜 그 새로운 흑인 소년의 이름이 'Night'였을까? 영어의 'night'는 1, 밤, 야간, 저녁; 2, 야음; 3, 어둠, 무지, 몽매, 맹목, 암흑; 4, 노령, 죽음, 무덤 등으로 해석되고, 그것은 긍정적인 의미보다는 부정적인 의미를 나타내기도 한다. 그러나 그 흑인 소년의 이름이 'Night'인 것은 깊고 깊은 어둠 뒤에 새로운 아침이 밝아온다는 뜻과 함께, '만인평등'에 반하여 우리 인간들의 무지와 몽매와 맹목과, 그리고, 또한, 그만큼의 암흑의 역사를 일깨워주기 위한 것이었는지도 모른다. 뉴욕은 전인류의 치욕인 노예제도 위에 세워진 도시이면서도, 오늘날 세계문명의 중심지이기도 한 것이다. 뉴욕이 자랑하고 있는 센츄럴 파크와 그리고 세계적인 메트로폴리탄 뮤지

엄에서, 전인류의 치욕이었던 과거를 반성하고, 그 반성의 토대 위에서 '자유를 향한 대행진'을 해나가고 있는 미국은 분명히 이 지구상에서 가장 위대하고 훌륭한 나라라고 하지 않을 수가 없다. 그 흑인소년 'Night'는 미래의 희망이며, 수많은 화가들의 캔버스 안에서 너무나도 환하게 피어난 한 송이 연꽃이라고 해도 지나친 말이 아니다. 그 희망의 빛은 "어둠과 적막을/ 혼자 견뎌낸 자의 것"이기도 하고, 그 어느 누구도 감히 침범하거나 강탈할 수 없는 '신성'한 것이기도 하다.

> 흑요석처럼 빛나는
> 그의 눈동자와 마주치는 순간
> 내 가슴에 환한 등불이 켜지고
> 한 송이 연꽃이 피어난다

 황인종, 백인종, 흑인종 중에서 가장 추악하고 험상궂으며 야만적인 모습을 띠고 태어난 흑인들, 그토록 오랫동안 자연의 풍부함만을 믿으며 문명의 혜택을 거의 입어보지 못한 흑인들, 따라서 사랑하는 부모와 조국을 잃어버리고 머나먼 이역 나라로 팔려갈 수밖에 없었던 흑인들—. 오늘날 그 흑인 노예들이 해방된 것은 인도주의와 민주주의의 영향이 매우 컸던 것도 사실이겠지만, 그러나 달리 생각해본다면, 그 야만적인 노예제도에 의해서 수없이 죽어간 흑인 노예들의 힘이 더 컸을 수도 있는 것이다. 모든 흑인들이 더 이상 인간에 의한 인간의 착취와 그 억압을 견딜 수가 없었던 것이고, 그리고,

그 혁명적인 폭발력은 인도주의와 민주주의 이전에, 모든 인류들에게 감지되고 있었던 것인지도 모른다. 1863년, 링컨 대통령이 '노예해방'을 선언한 이후부터 1963년까지, 백인들과 동등한 시민권과 공민권을 얻기 위한 '흑인해방운동'이 바로 그것을 증명해준다. 따라서 오늘날은 센츄럴 파크에서 만난 흑인 소년이나, 또 그 'Night'를 모델로 그린 흑인 소년이나 모두가 다같이 그 진흙 속에서 피어난 연꽃이라고 하지 않을 수가 없다. 진흙은 더럽고 추한 곳을 지시하고 있지만, 그 진흙 속에서 피어난 연꽃은 더욱더 아름답고 예쁜 꽃이라고 하지 않을 수가 없다. 불가佛家에서는 극락의 세계를 연꽃이 자라는 연못이라고 생각하고, 따라서 수많은 사찰의 경내에다가 연못을 만들기 시작했다고 한다. 연꽃의 꽃말은 '정결, 신성, 아름다움'이며, 불가佛家에서는 연꽃을 더욱더 신성시하여 부처님의 좌대를 연꽃모양(연화좌)으로 수놓았다고도 한다. 득도한 인간은 연꽃 속에서 탄생하고 그 연꽃 위에서 영원불멸의 삶을 살아가게 된다. 그러니까 그 역경주의力耕主義 속에서, 그 역경주의를 넘어서서, 자유를 쟁취한 흑인 소년은 부처가 되고 있는 것인지도 모른다.

정영숙 시인이 "센츄럴 파크에서 만난 흑인 소년"이나 "몇 세기의 어둠을 건너 온/ 'Night'"를 말할 때는 분명히 미학적 거리를 유지하던 관찰자의 입장이었으나, 그러나 "흑요석처럼 빛나는/ 그의 눈동자와 마주치는 순간/ 내 가슴에 환한 등불이 켜지고/ 한 송이 연꽃이 피어난다"라는 시구에 이르러서는 어느덧 그 미학적 거리를 무시하고, 그 흑인 소년과 하나가 되는 황홀한 감정이입의 세계를 연출해내게 된다. "모처럼 얻은 보물을 잃을 수 없어/ 센츄럴 파크의 녹음 뒤에 숨어 한참 동안 숨죽인다"라는 마지막 시구가 바로 그것을 증명해준다. 어느새 그는 흑인 소년이 되고, 흑인 소년은 그가 되고 있는 것이다. 그리고 그들은 어느덧, 다같이, 연화좌에 앉아서, 이 세상과 모든 사람들을 굽어 보고 있는 것인지도 모른다.

정영숙 시인의 「뉴욕 1」은 그의 "부재와 사랑의 결핍에서 오는 불안, 현실에서 이루지 못한 소망들이 담긴 무의식의 꿈들"로 씌어진 시이며, '흑인 소년', '밤하늘의 별떨기', '한 송이 연꽃', '상실의 아픈 돌덩이', '어둠의 빛', '흑요석', '환한 등불', '보물' 등의 이미지를 거느리고 그 역경주의를 넘어서서, 그의 자유주의가 빚어낸 감동의 드라마라고 하지 않을 수가 없다.

아아, 오늘도 마치, 부처처럼, 그 아름답고 예쁜 '연화좌'에 앉아서 이 세상과 모든 사람들을 굽어보고 있는 정영숙 시인과 흑인 소년이여!

| 명
| 시
| ·
| 34

손현숙
팬티와 빤쓰

외출을 할 때는 뱀이 허물을 벗듯
우선 빤쓰부터 벗어야 한다
고무줄이 약간 늘어나 불편하지만, 편안하지만,
그래서 빤쓰지만 땡땡이 물무늬 빤쓰

집구석용 푸르댕댕 빤쓰는 벗어버리고
레이스팬티로 갈아입어야 한다
앙증맞고 맛있는 꽃무늬팬티 두 다리에 살살 끼우면
약간 마음이 간지럽고 살이 나풀댄다
나는 다시 우아하고 예쁜 레이스공주

밖에서 느닷없이 교통사고라도 당한다면
세상에, 땡땡이 빤쓰인 채로 공개되면 어쩌나
비싼 쎄콤장치로 만약의 위험에 대비하듯

유명 라펠라 팬티로 단단한 무장을 한다

오늘 바람이라도 살랑, 불라치면
혹시라도 치마가 팔랑, 뒤집힌다면
나, 죽어도 꽃무늬레이스로 들키고 싶다

— 『애지』, 2007년, 여름호

셰익스피어의 걸작품, 「리어왕」을 읽다보면, "오 필요를 따지지 말아라! 제 아무리 비천한 거지라도 가장 하찮은 것에서는 약간의 여분을 가지고 있단다. 자연이 필요 이상의 것을 인간에게 허용 안 한다면, 사람의 생활은 짐승과도 다를 것이 없다. 너는 귀부인이지, 만일 옷을 따뜻하게만 입도록 되어 있다면, 별로 따뜻하지도 않은데 네가 입고 있는 그런 사치스러운 옷은 무슨 필요가 있단 말이냐?"라는 아주 아름답고 멋진 대사가 나온다. 이 말은 두 딸과 그 사위들에게 모든 권력과 영토를 양도한 리어왕이 그의 두 딸들이 모든 시종들을 없애버리려고 하자, 그것을 정면으로 반박하면서 그의 두 딸들에게 들려주고 있는 말인데, 바로 이 말에는 우리 인간들이 사치의 인간들이라는 뜻이 숨어 있는 것이다. 만일 그렇다면 무엇이 사치이고 무엇이 사치가 아니란 말인가? 사치는 자기 자신의 신분을 망각하고 지나치게 몸단장을 하거나, 또는 대저택에 살면서 너무나도 과도하게 낭비를 일삼는 것을 말한다. 사치의 반대말은 절약이며, 그러나 지나치게 절약만을 일삼는다면, 그는 인색한 자가 되어서, 모든 사람들의 지탄의 대상이 될 것이다. 따라서 모든 사람들이 절약만을 일삼는다면 각종 소비재의 산업이 위축되고 수많은 사람들이 실직자가 될 것이고, 더 이상의 문화생활도 가능하지가 않게 될 것이다. 모든 문화의 토대는 풍요로운 부이며, 그 풍요로운 부가 없다면 우리 인간들은 순간에 살고 순간에 죽는 짐승과도 다를 것이 없을 것이다. 왜냐하면 모든 짐승들은 사치를 모르고, 언제, 어느 때나 오로지 먹고 배설하고 잠 자는 것밖에는 모르고 있기 때문이다. 하지만 오늘날 자본주의 사회에서는 소비자의 자유와 그 과시적인 소비가 미덕이 되고 있는 것처럼, 사치가 가장 훌륭한 미덕이 되고, 이 아름답고 풍요로운 생활을 떠받쳐주는 원동력이 되어주고 있다고 해도 과언이 아니다. 대저택과 값비싼 장식품들, 고급의상과 고급승용차, 값비싼 보석과 골동품들, 그리고 각종 스포츠와 여가 생활에 드는 물품들은 바로 그 사치의 토대 위에서만이 존재하는 물품들이며, 따라서 우리 인간들은 사치를 하는 인간들이라고 해도 과언이 아니다. 사치는 우리 인간들을 더욱더 아름답게 해주고, 사치는 우리 인간들의 삶과 사회에 생기를 더해준다. 사치는 우리 인간들의 학문 연구의 욕망을 북돋아주고, 사치는 우리 인간들이 날이면 날마다 축제와도 같은 생활을 향유할 수도 있게 해준다.

  그러나 지나친 사치는 이 지구상의 천연자원을 고갈시키고, 자연환경과 생태환경을 파괴시키게 된다. 또한 지나친 사치는 '빈익빈/부익부'라는 양극화의 구조를 더욱더 가속화시키고, 인간과 인간의 관계를 불신의 관계로 몰아 넣는다. 개인주의와 황금만능주의가 만발하게 되고, 또한, 근검절약하는 성실한 인간의 근로의욕을 떨어뜨려 놓는다. 따라서 근검절약이 미덕이 되고, 근검절약하는 인간이 가장 훌륭한 인간으로서 칭찬을 받게 된다. 우리 인간들은 절약할 줄 아는 인간이며, 그 절약을 통해서, 그 부를 축적하고 어떠한 재난과 어려움에도 불구하고 풍요로운 내일을 기약하게 된다. 만일, 그렇다면 무엇이 사치이고, 무엇이 절약이란 말인가? 어떤 때는 사치가 미덕이 되고, 어떤 때는 절약이 미덕이 된다. 사치를 하지 않는다면 이 세상의 삶은 생기를 잃게 되고, 그 사치만을 강조하게 되면 이 세상의 삶은 더없이 타락하게 될 것이다. 이와 마찬가지로, 아니, 그 반대방향에서 우리가 절약을 하지 않는다면 이 세상의 삶의 미래가 없게 되고, 그 절약만을 강조하게 되면 이 세상의 삶은 생기를 잃게 될 것이다. 우리 인간들은 야누스와도 같은 존재들이며, 그 사치와 절약이라는 경계 속에서, 이처럼, 아슬아슬하게 공중곡예를 하면서 살아가고 있는 것인지도 모른다.

　손현숙 시인은 1959년 서울에서 출생했고, 1999년 『현대시학』으로 등단했다. 또한 그는 2002년도에 첫 시집, 『너를 훔친다』를 출간했으며, 토지문학제에서 '평사리문학상'을 수상한 바가 있다. 손현숙 시인은 시인이면서도 사진작가이기도 하고, 사진작가이면서도 시인이기도 하다. 손현숙 시인은 눈처럼 흰 피부와 앵두처럼 붉은 입술, 그리고 흑단黑檀처럼 검은 머리를 지닌 백설공주는 아니지만, 약간의 검은 피부와 앵두처럼 붉은 입술과 그리고 흑단처럼 검은 머리를 지닌 시인이기도 하다. 나는 언제, 어느 때나 그의 생기발랄한 얼굴을 좋아하고, 또, 그리고, 그의 천사와도 같은 따뜻한 마음씨와 친절함을 좋아한다. 내가 셰익스피어의 「리어왕」의 한 대목을 떠올려보고, 사치와 절약에 대해서 잠시 생각해본 것은 그의 「팬티와 빤쓰」라는 시를 너무나도 재미 있고 유쾌하게 읽었기 때문이다. 시의 제목이 '팬티와 빤쓰'라니 얼마나 유머러스하고 기상천외한 발상이란 말인가? 팬티는 서양식의 말이고, 빤쓰는 한국식의 말이다. 그 두 말들은 다같이 우리 인간들의 속옷바지를 일컫는 말이기는 하지만, 그러나 팬티에는 고귀하고 우아한 품격이 배어 있고, 빤쓰에는 어쩐지 괜스레 촌스럽고 천한 품격이 배어 있는 것 같다. 그는, 아무튼, 팬티와 빤쓰 사이에서, 또는 사치와 절약 사이에서 오늘도 아슬아슬하게 균형을 잡아가며 줄타기를 하고 있는 것 같다. 왜냐하면 "외출을 할 때는 뱀이 허물을 벗듯/ 우선 빤쓰부터 벗어야" 하기 때문이며, 그리고 그와 동시에, "앙증맞고 맛있는 꽃무늬팬티", 즉, "유명 라펠라 팬티"로 갈아 입어야 하기 때문이다. "땡땡이 물무늬 빤쓰"란 무엇인가? 땡땡이는

1, 둥근 대틀에 종이를 바르고 양쪽에 구슬을 단 애들의 장난감(자루를 쥐고 돌리면 땡땡 소리가 남);
2, 공사판 등에서 인부들이 감독자의 눈을 피해서 게으름을 피우는 일;

따위 등의 뜻이 있지만, 여기에서는 그 두 개의 낱말풀이가 잘 들어맞지를 않는다. 다만 '땡땡이 물무늬 빤쓰'는 어느 속된 가정집에서 도끼자루가 썩는 줄도 모르고 세상 근심 걱정없이 살아가는 중

년 여성의 삶을 태도를 지시하고 있다고도 보아야 할 것이다. 그 중년 여성은 일정한 직업도 없고, 더 더군다나 요란하게 몸단장을 하기는커녕, 아름다운 미모 따위에는 전혀 관심조차도 없어 보인다. 그녀는 이 세상의 장삼이사張三李四와도 같은 속물이며, 남편이 벌어다가 주는 돈으로 밥을 먹으면서 하루하루를 살아 나간다. 그녀는 사치를 모르는 인간이며, 오직 절약하고 또 절약하는 인간형에 지나지 않는다.

그러나 그녀가 외출을 할 때는 전혀 뜻밖의 새로운 인간형으로 돌변하게 된다. 그녀의 태고유형이 백설공주의 유형으로 변모를 하게 되고, "앙증맞고 맛있는 꽃무늬 팬티"를 통해서, 우화등선羽化登仙의 날개를 달게 된다. 태고유형이란 집단무의식 속의 여러 이상들을 가리키고, 그것은 그 주체자에 따라서 '왕, 왕비, 신, 천사, 악마, 왕자, 공주, 현모양처, 아버지, 어머니' 등으로 다양하게 나타날 수가 있다. 손현숙 시인의 태고유형은 그 '유명 라펠라 팬티'에 의해서, 현모양처의 유형에서 백설공주의 유형으로 변모를 하게 된 것이고, 그는 어느새 상류사회의 귀하신 몸이 된 것이다. 따라서 그는 옷을 입지 않고 맛있게 먹는다. 그 맛있는 꽃무늬팬티의 약효에 의해서 두 겨드랑이 사이에는 날개가 돋아나고, 그 우아하고 예쁜 레이스 공주는 이 세상을 향해서 날아가게 된다. 즉, 나뭇꾼의 아내의 탈을 벗어던지고 아름답고 예쁜 선녀(백설공주)의 탈을 쓰게 된 것이다. 그는 사치의 인간이지, 절약의 인간이 아니다. 그는 뤼이뷔똥의 가방과 페레가모의 구두와 샤넬의 의상과 불가리 제품의 보석으로 몸단장을 했는지도 모르는데, 왜냐하면 아무도 눈여겨 볼 수 없는 속옷까지도 '유명 라펠라 팬티'로 갈아 입었기 때문이다. 따라서 이 세상은 더욱더 아름답고 풍요로운 세상이며, 그는 모든 사람들의 연인으로서, 이 세상에서 가장 아름답고 행복한 백설공주가 되어간다.

아름다움에 대한 욕망은 한계도 없고, 그 끝도 없다. 언청이도, 난장이도, 절름발이도, 꼽추영감도 그가 그의 자존심을 가지고 있는 한, 자기 자신을 가장 아름다운 인간—가장 선량한 인간—으로 생각하게 되고, 그 모든 것들이 자기 자신을 위한 의전절차로만 생각하게 되는 것이다. 왜냐하면 내가 있고, 세계가 있기 때문이다. 나의 사치는 고귀하고 우아한 것이지만, 타인들의 사치는 이 세상의 자원을 한없이 낭비하고 모든 근로의욕을 갉아먹는 해악에 지나지 않는다. 아름다움은 그의 이상이며 목표가 되고, 그 아름다움을 위해서는 그 어떤 사치도 소비자의 미덕이 된다. '당신의 걸작품—당신의 누드', 그 몸을 위해서라면 한국은행의 금고를 다 탕진해도 아까울 것이 없다. 손현숙 시인은 맛있는 팬티를 먹고, 그 삶을 나풀대면서 이 세상을 향해서 날아가게 된다. 그가 '유명 라펠라 팬티'를 입고 이 세상을 향해서 날아가는 것은 "느닷없이 교통사고를 당할"까봐 인데, 왜냐하면 그 아름다운 미모에 반하여 '푸르댕댕, 땡땡이 빤쓰'가 공개되는 것처럼 더없이 부끄럽고 치욕스러운 일은 없을 것이기 때문이다. 아름다운 각선미와 그 미모를 자랑하기 위해서라도 미니스커트를 입고, 또, 그리고, 만일의 교통사고에 대비하기 위해서라도 '유명 라펠라 팬티'를 입어야 한다는 것은 그야말로 가장 화려한 사치의 극단적인 예라고 하지 않을 수가 없다. 그 사치의 인간은 보드리야르의 말대로 '필요한 것 이상으로 쓸데없이 소비하고 낭비하는 인간'이며, 그 과시적인 사치를 통해서 자기 자신의 우월성을 확인해 나가는 인간에 지나지 않는다. 그는 소비사회와 문화를 이끌어 나가는 역꾼이면서도, 산업공해와 생태환경의 파괴, 그리고 계급갈등을 증폭시켜나가는 악마이기도 한 것이다. 어쨌든 '유명 라펠라 팬티'로 다시 우아하고 예쁜 레이스 공주가 되는 것은 맛있는 음식을 먹는 것과도 같으며, 두 날개를 다는 것과도 같으며, 그리고 마지막으로 "비싼 쎄콤장치로 만약의 위험에 대비하듯" 상해보험에 가입하는 것과도 같은 것이다. 팬티는 그에게 맛있는 음식을 먹게 하고, 두 겨드랑이 사이에서 그 날개가 돋아나게 하고, 그리고 죽음까지도 아름답고 우아한 백설공주로 만들어 준다.『신데렐라』에서 호박이 마차가 되고, 생쥐는 말이 되고, 큰 쥐는 마부가 되었듯이, 팬티는 마치, 손현숙 시인의 요술지팡이와도 같은 것이다.

　손현숙 시인은 날이면 날마다 그 '유명 라펠라 팬티'를 입고, '바람아, 바람아, 불어오고 또 불어오려므나!'라고 그렇게, 간절하게 기도하는 있는 것인지도 모른다.

　　　오늘 바람이라도 살랑, 불라치면
　　　혹시라도 치마가 팔랑, 뒤집힌다면
　　　나, 죽어도 꽃무늬레이스로 들키고 싶다

　손현숙 시인은 사치의 인간이면서도 절약하는 인간이기도 하고, 절약하는 인간이면서도 사치하는 인간이기도 하다. 사치의 인간은 팬티를 애용하고, 절약의 인간은 빤쓰를 애용한다. 그가 팬티를 입을 때는 모든 사람들의 연인이 되고, 그가 빤쓰를 입을 때는 현모양처가 된다. 집밖에서는 값비싸고 화려한 옷을 입고, 집안에서는 값싸고 실용적인 옷을 입는다. 집밖에서는 백설공주의 탈을 쓰고, 집안에서는 엉덩이가 펑퍼짐한 중년 여성의 탈을 쓴다. 그 사치와 절약, 또는 팬티와 빤쓰 사이에서 오늘도 아슬아슬하게 공중곡예를 펼쳐 보이면서, 그는 또한 이렇게 외치고 싶은 것인지도 모른다.

오, 사랑하는 모든 사내들이여! 원, 같은 사내라도 이렇게 다를까! 이 앙증맞고 맛있는 꽃무늬팬티를 보세요! 이 백설공주의 진심은 당신들에게 바쳐진 것이에요! 우리 집 바보는 내 몸을 새치기 하고 있는 것이나 마찬가지이지요!*

"나, 죽어도 꽃무늬레이스로 들키고 싶다"는 욕망은 더 많이, 더 빨리, 더 자주, 모든 사내들의 사랑을 받고 싶다는 백설공주의 욕망에 지나지 않는다. 그 욕망에는 한계도 없고, 소비사회는 더욱더 수많은 사치의 아이들을 생산해내게 된다. 나는 손현숙 시인이 실제로 '팬티'와 '빤쓰' 사이에서 이처럼 아슬아슬하게 공중곡예를 펼쳐나가고 있다고는 생각하지 않고 있지만, 그러나 그는 자본주의 사회의 최첨단에 올라서서 한 중년 여성의 욕망의 진수를 펼쳐보이고 있다고 하지 않을 수가 없다. 그가 그 욕망을 드러내고 있는 것은 그의 감각과 그의 심리학을 통해서이다. 그는 "앙증맞고 맛있는 꽃무늬팬티 두 다리에 살살 끼우면/ 약간 마음이 간지럽고 살이 나풀댄다/ 나는 다시 우아하고 예쁜 레이스공주"와 "오늘 바람이라도 살랑, 불라치면/ 혹시라도 치마가 팔랑, 뒤집힌다면/ 나, 죽어도 꽃무늬레이스로 들키고 싶다"에서처럼 그 감각의 깊이를 보여주고, 다른 한편, "외출을 할 때는 뱀이 허물을 벗듯/ 우선 빤쓰부터 벗어야 한다/ 고무줄이 약간 늘어나 불편하지만, 편안하지만/ 그래서 빤쓰지만 땡땡이 물무늬 빤쓰"와 "밖에서 느닷없이 교통사고라도 당한다면/ 세상에, 땡땡이 빤쓰인 채로 공개되면 어쩌나/ 비싼 쎄콤장치로 만약의 위험에 대비하듯/ 유명 라펠라 팬티로 단단한 무장을 한다"에서처럼 그 인간 심리학의 깊이를 보여준다.

  손현숙 시인의 「팬티와 빤쓰」는 기상천외한 발상으로 너무나도 풍요로운 웃음을 선사하면서도, 제일급의 시적 수준을 보여주는 아름다운 명시라고 하지 않을 수가 없다.

---

*이 부분은 「리어왕」의 망나니 공주인 고너릴이 그녀의 정부情夫인 글로스터에게 그토록 요염하게 속삭이고 있는 대목을 내가 내 나름대로 변용시켜 본 것이다.

| 명
| 시
| ·
| 35

윤영애
어쨌든,

  입이 귀에 걸려 하얗게 웃었지 여러 날을, 녹아 눌어붙은 아스팔트 같은 찐득찐득한 더위가 낮과 밤으로 계속되었다 이상 고온 현상이 벌어지고 제 정신들 아니다 급기야 여리디 여린 상추값이 겁도 없이 삼겹살을 눌렀다는 뉴스 보도가 나오자, 사람들이 저마다 한 마디씩 하더라, 삼겹살에 상추를 싸먹어야 된다고, 또 어떤 이는 배추 잎은 뒀다 뭐하냐고 그랬다지! 어쨌든, 한 입에 들어가면 검은 속 쩍 벌리고 있는 주머니를, 너나 나나 알지 않는가?

  10일간의 열띤 선거전이 끝났다 모두가 작정하고 진흙탕에 뛰어들었다 햇빛에 말린다고 얼룩진 흔적 지워질까, 쥐와 고양이의 싸움이었다지 황금박쥐도 어둠의 틈새를 비행했다는군 어쨌든, 고양이 똥을 먹으려는 쥐들이 모여들어 아수라장이었다지?

  황금 방울을 목에 걸고 오전에 취임식을 한 고양이가, 오후에 불법 선거

운동으로 경찰의 소환을 받은 초유의 기막힌 일이 벌어졌다 싸움에 지친 사람들 아이들을 볼모로 잡고 털어서 먼지 안 나오는 놈 있으면 나와 보라고 호통치며 그냥, 그냥 넘어가자고 충성에 충성을 바친다 그리고는 한 소식 툭 던진다 "상추에 삼겹살을 싸먹든, 삼겹살에 배추 잎을 싸먹든, 입 속에 들어가면 다 그게 그거라고" 어쨌든, 요즈음 같은 이상 고온에는 삼겹살에 상추를 싸먹는 것도 유행이라나?

"깻잎은 뒀다 뭐하냐"는 동자승의 한 말씀도 들릴 법하다

― 『나비, 봄을 짜다』, 애지문학회편, 종려나무, 2007년

오늘날 대부분의 정치인들은 선악의 탈을 함께 쓰고 있다. 이 '선악의 탈을 함께 쓰고 있다'라는 말에는 '선이 악의 기원이 되고 악이 선의 기원이 된다'라는 나의 철학이 담겨 있다고도 할 수가 있다. '국민들의 첫째가는 공복'이나 '국민들의 첫째가는 선량'이라는 그들의 탈은 민주주의 제도 속에서의 '선의 탈'이며, 시장, 군수, 시의원, 도의원, 국회의원, 대통령 등의 탈은 통치자로서의 '악'의 탈이다. '국민들의 첫째가는 공복'이나 '국민들의 첫째가는 선량'이라는 말은 솔직하게 말해서 '우리 정치인들은 국민이나 시민들을 하나님처럼 받들어 모시겠다'는 '노예의식'(시민의식)의 소산이지만, 그러나 그들이 그 한 표의 구걸을 마치고 그 권좌에 오르기만 하면 국가의 지도자가 되어서 그 엄청난 권력을 행사하게 된다. 정치란 절대 권력자가 그 영토 및 국가를 통치하는 행위를 말하고, 또한 정치란 권력의 획득과 그 유지에 필요한 힘을 행사하는 것을 말한다. 우리 인간들은 무리를 짓는 사회적 동물이며, 그 사회적 동물의 특성상, 그 무리를 인도할 수 있는 권력자를 필요로 하게 되어 있다. 권력이란 강제로 복종시키는 힘이며, 좀 더 세련되게 표현한다면 지배자가 피지배자에게 복종을 강요하는 사회적인 힘을 말한다. 따라서 정치인의 궁극적인 목적은 그것이 커다란 권력(대권)이든, 작은 권력(기초단체의 장)이든, 그 권력을 획득하는 데 있으며, 그리고 그 권력을 더 넓은 영토의 확장과 그 국민들의 영광을 위하여 과연 어떻게 행사할 수 있는가라는 문제가 모든 유권자들의 초미의 관심사가 될 수밖에 없는 것이다.

만일, 그렇다면 정치인들은 강자의 이익을 위해서 봉사해야 하는가, 또, 그것이 아니라면, 약자의 이익을 위해서 봉사를 해야 하는가? 이 질문은 트라시마코프와 소크라테스가 제일급의 대사상가들로서 자기 자신들의 명예를 걸고 싸웠던 화두話頭들이었다고 하지 않을 수가 없다. 소피스트로서의 트라시마코프의 '정의'는 언제, 어디서나 '강자의 이익'을 뜻하는데, 왜냐하면 지배계급은 오로지 자기 자신의 이익만을 위해서 봉사하고 있기 때문이다. 그러나 영원한 이상국가의 신봉자로서 소크라테스의 '정의'는 언제, 어디서나 '약자의 이익'을 뜻하는데, 왜냐하면 진정한 통치자란 자기 이익을 위해서가 아니고 피지배자의 이익을 위해서 봉사하고 있기 때문이다. 트라시마코프는 악마의 탈을 쓰고 있고, 소크라테스는 천사의 탈을 쓰고 있다. 전자는 성악설性惡說의 주창자이고 후자는 성선설性善說의 주창자이다. 하지만 그들은 다같이 자기 이념의 노예들에 지나지 않고 있는데, 왜냐하면 선과 악은 그렇게, 일도양단식으로 갈라질 수 있는 것이 아니기 때문이다. 대통령이 되어서 그 절대권력을 행사하고 싶은 욕망은 극단적인 이기주의(악)의 소산이지만, 그러나 대통령이 되어서 그 절대권력을 민족의 앞날과 그 영광을 위해서 행사하겠다는 것은 극단적인 이타주의(선)의 소산일 수도 있는 것이다. 요컨대 정치인들에게는 '천사의 탈'과 '악마의 탈'이 다같이 필요하다고 할 수가 있는 것이다. 문화선진국에서는 이미 오래 전부터 그 선과 악의 균형 속에서, 그 선악을 넘어서서, 선진 정치를 실현하고 있지만, 그러나 오늘날의 우리 한국인들은 아직도 선악의 이분법에 사로잡혀서, 그토록 어리석고 우매한 정치 문화만을 연출해내고 있는 것이다. 대한민국의 정치는 선과 악, 적과 동지 등의 이분법적인 도식에 빠져 있는 정치이며, 온갖 부정부패만을 꽃 피워내고 있는 이전투구식의 정치이다. 국가의 운영에 대한 미래의 청사진도 없고 정치인으로서의 준법의식도 없으며, 오직 있는 것이라고는 자기 자신의 이익을 위해서 대권이나 잡고 보자는 식의 무목표만이 있을 뿐인 것이다. 나는 이 지점에서 탐욕스러운 입만이 크게 찢어졌지, 영원한 철부지이자 소화불량증 환자들인 우리 정치인들을 질타하지 않을 수가 없다.

 대한민국의 정치란 무목표, 무의지, 무책임의 삼무정책三無政策의 소산에 지나지 않으며, 우리 한국인들의 미래의 희망과 그 삶의 질을 떨어뜨리는 하위문화의 한 현상에 지나지 않는다. 모든 선거의 전략은 '네거티브'의 전략이지, '포지티브 전략'이 아니다. 예컨대 대한민국이 연평균 경제성장률 7%, 국민소득 4만 달러, 세계 7위권의 경제대국의 목표를 제시한 한나라당의 이명박 후보의 예를 들어보기로 하자. 그의 대선전략은 자유민주주의라는 국가의 이념과 그리고 그것에 따른 정책을 그 목표로 제시한 아주 훌륭한 모범적인 사례라고 할 수가 있다. 그러나 한나라당의 박근혜 후보는 구체적인 이념이나 정책의 제시없이 이명박 후보에 대한 도덕적인 검증론으로 그 반사이익을 얻고자 하고 있다. 이명박 후보의 대선전략이 전형적인 포지티브 전략이라면 박근혜 후보의 대선전략은 어떠한 이념이나 정책의 제시없이 전형적인 네거티브 전략이라고 할 수가 있다. 그러나 이명박 후보와 박근혜 후보는 '초록은 동색이다'라는 말이 있듯이, 모두가 다같이 선전 선동적인 정치가이지, 대한민국의 국가를 운영할 수 있는 구체적인 실천방법이 없다고 해도 지나친 말이 아니다. 어떻게 해서 연평균 7%의 경제성장률을 이룩하고, 또한 어떻게 해서 국민소득 4만 달러의 달성과 세계 7위권의 경제대국을 달성할 수가 있단 말인가? 국민소득 1만 달러에서 10여 년을 헤매고 있고, 그 어느 때보다도 높은 실업률과 고령화라는 사회적 암초에 걸려 있는 대한민국 사회에서 이명박 후보의 목표는 거의 불가능에 가까운 기적에 지나지 않는다고 하지 않을 수가 없는 것이다. 이명박 후보의 목표를 달성하기는 위해서는 첫 번째로 기초생활질서를 비롯한 준법정신이 바로 서야 하고, 두 번째로는 모든 부정부패를 척결해야만 하고, 그리고 마지막으로 세 번째로는 교육시장을 하루바삐 개방하여 세계적인 대석학들을 길러내지 않으면 안 된다. 그러나 이명박 후보와 박근혜 후보는 모두가 다같이 부정부패라는 다 허물어진 발판을 딛고 서있는 것은 물론, 사면복권을 남발하는 준법의 정신을 옹호하고 있으며, 또, 그리고, 우리 한국인들의 백만 두뇌를 양성할 수 있는 천재생산의 교수법(교육제도)을 전혀 이해하지 못하고 있다. 부정부패를 뿌리뽑지 못하고, 또 천재생산의 교수법

(교육제도)을 연출해낼 수 없는 대권후보들이 대한민국의 정치를 담당하고 있는 한, 우리 대한민국의 미래의 희망은 이미 끝장이 나버린 것에 지나지 않는다. 이명박 후보의 선거전략도 더욱더 넓게 바라보면, 그 이념과 정책의 공허함에 의해서, 아주 추하고 더욱더 더러운 네거티브 전략일 수밖에 없는 것이다.

윤영애 시인의 「어쨌든,」에서, '어쨌든'이라는 말은 제목으로 한 번, 제1연에서 한 번, 그리고 제3연에서 한 번, 따라서 모두 세 번이 나오고 있는데, 그 언어의 사용이 너무나도 탁월하고, 그 언어의 울림도 제일급의 시에서처럼 너무나도 크고 우아하다고 하지 않을 수가 없다. '어쨌든'은 '어찌하였든지, 어찌되었든지'의 뜻이 담겨 있으며, 따라서 그 일의 성격을 불문하고 그 결과만을 중요시하는 부사어가 된다. 가령, 예를 들자면, '어쨌든 그는 선거전에서 승리했다'와 '어쨌든 그는 유엔사무총장이 되었다'라는 예문이 바로 그것을 증명해줄 수도 있을 것이다. 하지만 윤영애 시인의 '어쨌든'은 그 긍정적 성격을 잃어버리고 자기 체념적인 한숨의 의미를 띠고 있다고 하지 않을 수가 없다. "어쨌든, 한 입에 들어가면 검은 속 쩍 벌리고 있는 주머니를, 너나 나나 알지 않는가?"라는 시구에도 자기 체념적인 한숨이 담겨 있고, 또한 "어쨌든, 요즈음 같은 이상 고온에는 삼겹살에 상추를 싸먹는 것도 유행이라나?"라는 시구에도 자기 체념적인 한숨이 담겨 있다. 그 '어쨌든'은 반드시 일어나서는 안 되는 일이 일어난 것을 지시하고 있는 것이지만, 그러나 그 반드시 일어나서는 안 되는 일을 연출해낸 정치인들과 그 참모들, 그리고 그 선량들을 선출해낸 시민들의 도덕적 타락 현상에 대한 절망감의 발로이며, 우리 한국사회는 도저히 더 이상의 가망이 없다는 식의 반어일 수밖에 없는 것이다.

　윤영애 시인은 서울에서 출생했으며, 2005년 『문예연구』로 등단한 바가 있다. 윤영애 시인은 그 일천한 시력詩歷에도 불구하고 풍자와 해학의 기법을 매우 잘 활용하는 반어법의 대가(?)라고 할 수가 있다. 풍자란 사회의 죄악상이나 불미스러운 점을 비꼬아 찌르는 것을 말하고, 해학이란 어른을 아이로, 정치인을 판단력의 어릿광대로, 그리고 요조숙녀를 천하의 탕녀로 희화화시키면서도 모든 사람들에게 웃음을 선사하는 것을 말한다. 풍자의 기법은 날카롭고 예리하며 그만큼 직선적이지만, 해학의 기법은 그 날카롭고 예리한 칼날을 부드럽고 온유한 표정으로 감싸면서도 또한 그만큼 곡선적이라고 할 수가 있다. 윤영애 시인의 「어쨌든,」은 풍자와 해학의 기법이 혼용되어 있고, 그리고 그 풍자와 해학을 가능하게 하는 것은 그의 반어법이라고 할 수가 있다. '어쨌든'은 대부분이 긍정적으로 사용되는 부사이지만, 그러나 이 「어쨌든,」에서 사용된 세 번의 경우는 그 긍정적 의미를 잃어버린 자기 체념의 형식인 반어에 지나지 않는다. "10일간의 열띤 선거전이 끝났다 모두가 작정하고 진흙탕에 뛰어들었다 햇빛에 말린다고 얼룩진 흔적 지워질까, 쥐와 고양이의 싸움이었다지 황금박쥐도 어둠의 틈새를 비행했다는군 어쨌든, 고양이 똥을 먹으려는 쥐들이 모여들어 아수라장이었다지?"라는 시구와 "황금 방울을 목에 걸고 오전에 취임식을 한 고양이가, 오후에 불법 선거 운동으로 경찰의 소환을 받은 초유의 기막힌 일이 벌어졌다 싸움에 지친 사람들 아이들을 볼모로 잡고 털어서 먼지 안 나오는 놈 있으면 나와 보라고 호통치며 그냥, 그냥 넘어가자고 충성에 충성을 바친다"라는 시구는 풍자적인 기법이며, 그 풍자적인 기법에는 대한민국 선거풍토의 어두운 암영이 모조리 파헤쳐져 있는 것이다. 따라서 윤영애 시인은 대한민국 선거풍토의 죄악상과 불미스러운 점을 풍자적으로 폭로해보이면서도 '유력한 후보는 고양이로', '그렇지 못한 후보는 쥐로', '이렇다 할 지식도 없이 오직 돈만을 앞세운 제3의 후보는 황금박쥐로', 또, 그리고 '이 땅의 선거꾼들은 고양이 똥을 먹으려는 쥐들로' 분장시키고, 그 선거판의 아수라장을 하나의 우화처럼 희화화시켜 놓고 있는 것이다.

윤영애 시인의 「어쨌든,」이라는 시는 그것이 비록, 자기 체념의 형식이기는 하지만, 매우 날카롭고 예리하면서도, 또한 그만큼 해학적인 웃음을 유발시킨다. 얼마나 우스운가 하면 "입이 귀에 걸려 하얗게 웃었지"라는 시구처럼 우습고, 또한 얼마나 우스운가 하면 이상 고온 탓인지, "삼겹살에 상추를" 싸먹고 서로가 서로에게 이전투구식의 싸움을 벌이고 있는 팔푼이들의 행태처럼 우습다. 이상 고온 현상은 에너지 과소비와 생태환경의 파괴 탓이지만, 오늘날의 세계 제1위의 에너지 과소비 국가인 미국이 '교토의정서'에 서명하지 않고 있는 것처럼, 그러나 그것에 대한 대책은 전무하다고 하지 않을 수가 없다. 에너지를 과소비하며 생태환경을 파괴시킨 행위도 미친 짓이고, 그 이상고온 현상 속에서 살아가는 것도 미친 짓이다. "여러 날을, 녹아 눌어붙은 아스팔트 같은 찐득찐득한 더위가 낮과 밤으로 계속되었다 이상 고온 현상이 벌어지고 제 정신들 아니다"라는 시구도 그것을 말해주고, "급기야 여리디 여린 상추 값이 겁도 없이 삼겹살을 눌렀다는 뉴스 보도가 나오자, 사람들이 저마다 한 마디씩 하더라, 삼겹살에 상추를 싸먹어야 된다고, 또 어떤 이는 배추 잎은 뒀다 뭐하냐고 그랬다지! 어쨌든, 한 입에 들어가면 검은 속 쩍 벌리고 있는 주머니를, 너나 나나 알지 않는가?"라는 시구도 그것을 말해준다. 쥐와 고양이의 싸움도 미친 짓이고, 어둠의 틈새를 비행했다는 황금박쥐의 행위도 미친 짓이고, 그 고양이의 똥을 먹으려는 쥐들의 행태도 미친 짓이다. "황금 방울을 목에 걸고 오전에 취임식을 한 고양이가, 오후에 불법 선거 운동으로 경찰의 소환을 받은 초유의 기막힌 일이 벌어졌다"라는 고양이의 승리도 미친 짓이고, "털어서 먼지 안 나오는 놈 있으면 나와 보라고 호통치며 그냥, 그냥 넘어가자고 충성에 충성을" 바치는 참모들의 행태도 미친 짓이고, "상추에 삼겹살을 싸먹든, 삼겹살에 배추 잎을 싸먹든, 입 속에 들어가면 다 그게 그거라고" 외치고 있는 자들의 행태도 미친 짓이다. 오직 "어쨌든, 요즈음 같은 이상고온에는 삼겹살에 상추를 싸먹는 것도 유행이라나?", "깻잎은 뒀다 뭐하냐"는 동자승의 한 말씀도 들릴 법하다"라고 절규하고 있는 시인만이 제 정신을 겨우 간직하고 있는 것처럼 보인다. 풍자와 해학이란 그 주체자의 도덕적 순결성이 담보되지 않으면 결코 그 정신과 기법을 더 이상 밀고 나가지 못하게 된다. 왜냐하면 그 비판의 대상보다도 도덕적으로 더 타락한 인간이 감히 그들을 비판할 수는 없기 때문이다.

시를 쓴다는 것은 내가 역설한 것처럼 극단적인 가치전복(신성모독)을 시도하게 된다는 것을 뜻한다. 그는 그 비판정신을 통해서 신들을 부정하고, 이 세상의 그 모든 것을 비판하게 된다. 윤영애 시인의 풍자와 해학의 기법도 그 극단적인 가치전복의 소산이다. 시는 언어의 예술로서 극단적인 아름다움을 드러내지만, 그러나 그 아름다움은 도덕적 선의 표현에 지나지 않게 된다. 바로 이 지점에서 미학과 윤리학이 만나게 되고, 모든 미학은 윤리학의 토대 위에서만이 그 존재의 정당성을 인정받게 된다. 하지만 그 미학과 윤리학은 고정불변의 토대 위에 존재하고 있는 것이 아니며, 끊임없이 변모하고 새롭게 형성되고 있는 과정 중에 있는 것이다. 어제의 아름다움은 더 이상 오늘의 아름다움이 아니고, 오늘의 아름다움은 더 이상 내일의 아름다움이 아니다. 또한 어제의 도덕적 선은 더 이상 오늘의 도덕적 선이 아니고, 오늘의 도덕적 선은 더 이상 내일의 도덕적 선이 아니다. 따라서 시인은 극단적인 가치전복을 추구하게 되고, 바로 그것이 새로운 아름다움과 도덕적 선으로 자리를 잡게 되는 것이다. 윤영애 시인의 풍자와 해학의 기법이 전혀 새로운 것은 아니지만, '어쨌든'이라는 대단히 절묘한 부사어를 통해서 온갖 부정부패가 판을 치고 서로가 서로에게 적대적인 선거풍토를 가장 날카롭고 예리하게 극화시킨 힘은 대단히 충격적이고 또한 그만큼 새로운 감동을 선사하고 있다고 하지 않을 수가 없다. 과연 정치란 무엇인가, 선거란 무엇인가라는 질문을 끊임없이 던지면서, 우리 한국인들의 영광과 전체 인류의 행복을 위한 대정치적인 과제들을 그는 끊임없이 모색해보고 있는 것이다. 윤영애 시인은 그 일천한 시력詩歷에도 불구하고, 어느 누구보다도 더욱더 깊이가 있는 역사 철학적인 지식으로 무장을 하고, 제일급의 시인의 길을 걸어가고 있다고 하지 않을 수가 없다.

명
시
·
36

김선태

수묵 산수

저물 무렵,
가창 오리떼 수십만 마리가
겨울 영암호 수면을 박차고
새까만 점들로 날아올라선
한바탕 군무를 즐기는가
싶더니

가만,
저희들끼리 일심동체가 되어
거대한 몸 붓이 되어
저무는 하늘을 화폭 삼아
뭔가를 그리고 있는 것 아닌가
정중동의 느린 필치로 한 점
수묵 산수를 치는 것 아닌가.

제대로 구도를 잡으려는지
그렸다 지우기를 오래 반복하다
一群의 細筆로 음영까지를 더하자
듬직하고 잘 생긴 산 하나
이윽고 완성되는가
했더니

아서라, 畫龍點睛!
기다렸다는 듯 보름달이
능선 위로 떠올라
환하게 낙관을 찍는 것 아닌가.

보아라,
가창오리 떼의 군무가 이룩한
자연산 걸작
고즈넉한 남도의 수묵 산수 한 점은
그렇게 태어나는 것이다.

― 『애지』, 2007년, 여름호

수묵화란 무엇이며, 산수화란 무엇인가? 수묵화는 채색을 하지 않고 먹만으로 그리는 동양화를 뜻하고, 산수화란 자연의 경치를 그린 동양화를 뜻한다. 수묵화는 문인화文人畵의 대종大宗을 이루며, 그 기법에 따라서 '농묵濃墨'과 '담묵淡墨', 그리고, '발묵潑墨'과 '파묵破墨' 등으로 나뉜다고 한다. 농묵기법은 먹을 진하게 갈아서 그리는 기법을 말하고, 담묵기법은 보다 흐리고 습하게 운필하는 기법을 말한다. 발묵기법은 주로 종이 위에 먹이 번져 퍼지는 효과를 이용하는 기법을 말하고, 파묵기법은 농묵과 담묵과 발묵기법에 의한 윤곽선을 깨뜨리거나 그 한계를 분명히 하는 기법을 말한다. 수묵화는 특히 현란한 채색을 피하고 먹의 정신성情神性을 드러내는 양식이며, 예로부터 수많은 문인들과 선비들이 즐겨 그려왔다고 할 수가 있는 것이다. 수묵화는 당나라 때부터 발생했으며, 남종문인화와 더불어 발달하였다고 한다. 문인화의 시조인 왕유는 '화도지중수묵최위상畵道之中水墨最爲上'이라고 역설한 바가 있으며, 아무튼 수묵화는 그 '시서화일치사상詩書畫一致思想'과 결합되면서, 수많은 동양화가들을 배출해왔다고 하지 않을 수가 없다. 산수화의 역사는 수묵화의 역사와 거의 비슷하고, 따라서 당대에 이르러서 그 화법이 정착되었다고 한다. 조선 후기의 산수화는 세 갈래로 나뉠 수가 있는데, 첫 번째는 전통적인 화풍이며, 두 번째는 남종계의 산수화풍, 그리고 마지막으로는 정선鄭敾의 유파에 의해서 구축된 '진경산수화眞景山水畫'라고 할 수가 있다. 하지만 남종계의 산수화풍과 진경산수화풍이 대세를 이루게 되었고, 따라서 '진경산수화'의 시대에 이르러서, 중국의 영향권을 벗어나 독창적인 산수화의 시대를 열게 되었던 것이다. 진경산수화는 천하의 명승명소名勝名所와 별서유거別墅幽居를 주로 그린 것을 말하고, 그리고 조선 후기에는 한적한 시골 마을의 일상적인 풍경을 그린 것 등을 말한다. 요컨대 진경산수화가 '사경산수화寫景山水畫'로까지 그 영역을 넓혀갔던 것이고, 정선, 강희언, 김유성, 최북, 김홍도 등이 그 뛰어난 업적을 남겼다고 한다(이상 『백과사전』 참조).

　가창오리는 기러기목의 오리과의 새이며, 중국과 러시아와 몽골의 광활한 대륙에서 번식을 마친 후, 가을걷이가 끝난 들녘에 찾아오는 겨울 철새이다.

　　몸 길이는 약 40cm이고, 날개 길이는 약 21cm이다. 수컷은 얼굴 앞쪽 절반이 노란색이고 중앙의 검은 띠를 경계로 하여 뒤쪽 절반은 녹색으로 윤이 난다. 부리는 검고, 홍채는 갈색이며, 다리는 회색이 도는 노란색이다. 암컷은 전체적으로 어두운 갈색이며 배를 제외한 몸 전체에 붉은 갈색의 얼룩무늬가 나 있다. 뺨과 멱, 눈 뒤쪽은 노란색이고, 검은 무늬가 있으며, 배는 흰색이다. 부리가 시작되는 부위에 흰 점이 뚜렷하다(『백과사전』).

　가창오리는 가을걷이가 끝난 들녘에 날아오는 겨울 철새이며, 한반도에서 따뜻한 겨울을 나고, 이듬해 봄에는 그 주主서식지인 시베리아 등지로 날아가는 겨울 철새이다. 4월과 7월 사이에, 한 배에 여섯 개 내지 아홉 개의 알을 낳고 있지만, 세계적인 희귀조로서 멸종위기에 처한 새이기도 하다. 우리 대한민국에 그토록 수많은 겨울 철새들이 찾아오고 있는 것은 동북아에서는 대한민국이 가장 따뜻하고, 또한 월동하기가 가장 좋기 때문이다. 가창오리떼는 천수만, 금강하구, 영암호 등지로 해마다 날아오며, 그 수십만 마리 떼의 군무群舞는 가장 아름답고 화려하다 못해, 차라리 무아지경의 황홀함까지도 안겨주게 된다.
　김선태 시인은 1960년 전남 강진에서 태어났고, 1996년 『현대문학』으로 등단한 바가 있다. 시집으로는 『간이역』과 『동백숲에 길을 묻다』 등이 있으며, 현재 『시와사람』의 편집주간과 목포대 국문과 교수로 재직중이다. 김선태 시인은 고귀하고 우아한 선비정신과 왕유 이래로의 '시서화일치사상'을 제대로 이해하고 있는 시인이며, 그 제일급의 필치로 대한민국 서정시의 진수를 펼쳐나가고 있는 시인이라고 할 수가 있다. 그의 「수묵 산수」는 언어로 표현한 '진경산수화'이며, 전라남도 영암호와 가창오리떼의 군무와 화룡점정의 보름달이 이룩해낸 아름다운 세계를 언어의 '수묵산수화'로 표현해낸 제일급의 걸작이라고 하지 않을 수가 없다. 때는 '저물무렵'이고, "가창오리떼 수십만 마리가/ 겨울 영암호 수면을 박차고/ 새까만 점들로 날아올라선/ 한바탕 군무를 즐기는" 어느 겨울날이었다. 저물 무렵, 가창오리떼 수십만 마리가 영암호의 수면을 박차고 날아 올라가 새까만 점들로 한바탕 군무를 즐긴다는 것은 즐겁고 복된 하루를 마감하게 되었다는 것을 뜻하고, 그리고 그 춤에 의해서 또한 분명한 목적이 있다는 것을 뜻한다. 춤이란 기쁨의 산물이며, 그 주체자의 행복과 그 문화지수를 나타낸다. 따라서 가창오리떼는 너무나도 기쁘고 또 기뻐서 춤을 추는 자들이며, 그 존재의 충일감은 존재의 무근거 상태로서 최고급의 행복의 문화지수(황홀한 몰입의 상태)로 나타나게 된다. 이때의 군무는 "가만/ 저희들끼리 일심동체가 되어/ 거대한 몸 붓이 되어"라는 시구에서처럼 상호화합과 단결을 약속하는 공동체의 의지에 맞닿아 있는 것이며, 또한 그 공동체의 의지는 "저무는 하늘을 화폭 삼아/ 뭔가를 그리고 있는 것 아닌가/ 정중동의 느린 필치로 한 점/ 수묵 산수를 치는 것 아닌가"라는 시구에서처럼, 자연산 걸작품, 즉, 수묵 산수를 치기 위한 것으로 나타나게 된다. 가창오리떼의 군무는 '한마음—한몸'이 되기 위한 예비동작이었던 셈이며, 이제 그 가창오리떼들은 그 군무를 멈추고 저무는 하늘을 화폭삼아 '수묵 산수'를 치게 되었던 것이다. 정중동靜中動은 조용한 가운데 어떠한 움직임이 있는 것을 말하고, 동중정動中靜은 어떠한 움직임이 있는 가운데 조용한 정적인 움직임이 있는 것을 말한다. 가창오리떼의 군무는 동중정, 즉, '한마음—한몸'이 되기 위한 예비동작이었던 셈이고, 그리고 그 '한마음—한몸'이 되어서 '거대한 몸 붓'으로 '수묵 산수'를 치는 것은 정중동, 즉, 조용한 가운데 수묵 산수를 치기 위한 실천행위이었던 셈이다. 수십만 마리의 가창오리떼는 일순간 몸과 마음을 가다듬고 "제대로 구도를" 잡기 위해 고심을 하고, 또한 그 가창오리떼는 "그렸다 지우기를 오래 반복하다/ 一群의 細筆로 음영까지를 더하자"라는 시구에서처럼, 뼈를 깎는 듯한 절차탁마의 시간을 투자하기도 한다. 반복은 모든 문예 창작의 어머니이며, 그 반복 행위에는 크나큰 돈과 시간을 투자하지 않으면 안 된다. 자본주의 사회의 화폐경제로 따지자면, 그 돈과 시간을 투자하는 행위에는 또한 그만큼의 고통과 그 주체자의 피와 땀과 눈물과, 그리고 심지어는 자기 자신의 생명까지도 바치지 않으면 안 된다. "제대로 구도를 잡으려는지/ 그렸다가 지우기를 오래 반복하다/ 一群의 細筆로 음영까지를 더하자"라는 시구가 바로 그것이며, 그리고 그 절차탁마의 시간에 의해서 "듬직하고 잘 생긴 산 하나"가 "이윽고 완성"되고 있는 것이다.

"아서라, 畫龍點睛!" 이때의 '아서라'는 '그만 두어라'는 부정적인 명령어가 되지를 않고, 그 반대방향에서, '여보게들, 이제는 그만들 수고하고 푹 쉬어라'는 뜻의 보름달의 상호화답적인 권유어법이 되고 있는 것이다. '화畫'는 '그림 화'이며, '용龍'은 '용 룡'이고, '점點'은 '점찍을 점'이며, '정睛'은 '눈동자 정'이다. 옛날 옛적에 '양梁나라'의 장승요가 금릉金陵(南京)에 있는 안락사安樂寺에서 두 마리의 용을 그렸다고 한다. 그런데 그는 그 두 마리의 용에다가 눈동자를 그려 넣지 않았던 것이고, 그리고 그 이유는 눈동자를 그려넣으면 그 용들이 날아가 버릴 것이기 때문이었다고 한다. 모든 사람들이 장승

요의 말을 믿지 않자, 그는 그 용 한 마리에다가 눈동자를 그려넣지 않을 수가 없었던 모양이다. 그러자, 갑자기 하늘에서 천둥이 울리고 번개가 치기 시작했던 것이고, 그리고, 그 용이 단숨에 이 세상을 박차고 하늘나라로 승천하게 되었던 것이다. 화룡점정에는 '용을 그린 다음 마지막으로 눈동자를 그린다'는 뜻이 담겨 있으며, 또한, 어떤 일의 가장 중요한 부분을 완성하게 되었다는 것을 뜻하기도 한다. 요컨대 수십만 마리의 가창오리떼가 가장 화려한 군무를 마치고 '한마음—한몸'이 되어서 「수묵 산수」를 치면, "아서라, 畫龍點睛!/ 기다렸다는 듯 보름달이/ 능선 위로 떠올라/ 환하게 낙관을 찍는 것 아닌가"라고, 이 세상에서 가장 밝은 둥그런 보름달이 온몸으로 환하게 낙관을 찍게 되는 것이다.

 시인은 언어의 사제이며, 이 세상에서 가장 훌륭한 '예술가 중의 예술가'이다. 김선태 시인은 저물 무렵, 영암호에서 가창오리떼의 군무를 보고, 그 가장 아름답고 화려한 군무를 바라보면서 한 폭의 수묵산수화를 탄생시키게 되었던 것이다. 그는 그 동중정과 정중동의 필치에다가 '一群의 細筆'로 음영을 더하고, 산과 호수, 수십만 마리의 가창오리떼와 둥그런 보름달로 「수묵 산수」를 완성시키고, 마치, 그 낙관을 찍는 것은 둥그런 보름달이 아니라, 자기 자신이라는 듯이 다음과 같이 노래해놓는다.

   보아라,
   가창오리 떼의 군무가 이룩한
   자연산 걸작

고즈넉한 남도의 수묵 산수 한 점은
그렇게 태어나는 것이다.

　예로부터 '낙관'이란 글씨나 그림에다가 필자가 자기 자신의 이름이나 호를 쓰고 도장을 찍는 행위를 말한다. 낙관은 자기 자신의 작품에 대한 독창성과 개성의 표지이면서도, 그 작품의 품질을 보장해주는 보증수표와도 같은 것이다. 현대사회에서는 이 그림이 중요하지 않고 '낙관'이 더욱더 중요한데, 왜냐하면 그 그림을 인도해주고, 저자에게 돈과 명예와 부를 가져다가 주고 있기 때문이다.
　김선태 시인은 '시서화일치사상'을 제대로 이해하고 있는 시인이며, 그의 「수묵 산수」는 제일급의 '진경산수화'라고 해도 과언이 아니다. 어떠한 수묵화보다도 더 아름답고 더 뛰어난 '언어의 수묵산수화'가 바로 여기에 있다고, 나는, 오늘도, 내일도, 이 천세불변의 목소리로, 나의 '명시감상'에다가 적어놓고 있는 것이다.

명시 · 37

고두현
돈

그것은 바닷물 같아
먹으면 먹을수록
더 목마르다고
이백 년 전, 쇼펜하우어가 말했다.

한 세기가 지났다.

이십세기의 마지막 가을
앙드레 코스톨라니가
93세로 세상을 뜨며 말했다

돈, 뜨겁게 사랑하고
차갑게 다루어라.

그리고 오늘
광화문 네거리에서
삼팔육 친구를 만났다.

한 잔 가볍게
목을 축인 그가
아주 쿨하게 웃으며
이렇게 말했다

주머니가 가벼우니
좆도 마음이 무겁군!

―『물미해안에서 보내는 편지』, 랜덤하우스 중앙, 2005년

돈은 화폐의 순수한 우리말이며, 그것은 이제 물물을 교환하기 위한 수단이 아니라, 재산 그 자체가 되어버렸다고 하지 않을 수가 없다. 돈은 우리 인간들의 물물교환을 원활하게 하기 위해서 생긴 것이며, 시대와 지역에 따라서 초기에는 조가비, 곡물, 모피, 가축, 칼 등이 사용되었다고 한다. 이러한 화폐를 '물품화폐'라고 부르지만, 그러나 진정한 화폐는 금과 은과 동으로 만든 '주조화폐鑄造貨幣'에서 비롯되었다고 한다. 물품화폐, 또는 주조화폐는 그 자체가 소재가치를 지니고 있었기 때문에 다른 상품과 교환되기 위해서는 화폐 자체가 소재가치를 지니고 있지 않으면 안 되었던 것이다. 따라서 그 물품화폐와 주조화폐의 불편함을 극복하고 출현한 것이 지폐와 신용화폐인데, 이 지폐와 신용화폐는 다만 명목가치를 지니고 있을 뿐, 그 소재가치는 전혀 지닐 수가 없게 되었던 것이다. 오늘날의 돈은 단지 종이조각에 불과하지만, 그러나 그것이 지시하고 있는 명목가치에 의하여, 부의 상징 자체가 되었다고 하지 않을 수가 없다.

'돈'이라는 기호가 그 대상(재화)을 압도하고, 돈 자체가 부의 상징이 된 것이다. 이 21세기는 돈이 돈을 낳고 돈 자체가 진리가 되고 있는 시대이며, 돈만 있으면 그 모든 것을 다 살 수가 있게 된다. 돈은 명예이고 권력이며, 이 돈 앞에서는 그 어떠한 악마도, 제왕도 벌벌 떨지 않을 수가 없게 된다.

우리 인간들은 돈을 소유하고 있을 때, 자기 자신이 자유롭고 선하고 행복하다고 생각한다. 그러나 우리 인간들은 돈이 없을 때, 자기 자신이 비천하고 부자유스럽고 불행하다고 생각한다. 왜냐하면 돈이 인간과 신을 짓밟아버리고 돈 자체에 의해서 모든 진리가 생성되고 있기 때문이다. 명문의 기원으로서의 부는 먹고 살 걱정을 없애주기도 하고, 아름다운 옷과 훌륭한 선생 밑에서 교육을 받을 수 있는 기회를 가져다 주기도 한다. 그리고 무엇보다도 명문의 기원으로서의 부는 눈 앞의 사소한 이익을 위해서 비굴한 굴종과 아첨을 하지 않아도 되게 해주고, 아름다운 문화와 예술을 향유하거나 감상할 수 있도록 해주기도 한다. 돈은 시간과 여유와 좋은 영양과 멋진 건강을 가져다 주기도 하고, 다른 한편, 제3세계인들의 특징인 감정의 열렬한 폭발과 험상궂은 인상, 그리고 어렵고 힘든 육체적인 노동을 하지 않아도 되게 해준다. 멋진 아내와 애인과 세계일주 여행, 무한히 맑고 푸른 바다와 호수에서의 수상스키와 보우트 놀이, 알프스의 설원과 로키산맥에서의 사냥과 스키놀이, 사르트르 대성당에서의 주말 예배와 푸른 초원에서의 승마와 골프, 이집트에서 남 아프리카 공화국까지 아프리카 대륙의 횡단여행과 멕시코공화국에서부터 안데스 산맥을 따라 고대 잉카 유적지의 답사 여행 등—, 돈의 위력은 무소불위이고, 그것의 영향력에 따라서 하늘의 새도 떨어뜨릴 수 있는 권력의 힘이 증대되어 간다고 할 수가 있다. 돈은 가난한 학자의 길을 활짝 열어줄 수도 있고, 건강을 잃고 병마와 싸우고 있는 노인들에게마저도 커다란 위로가 되어줄 수도 있다. 돈은 대 정치가의 꿈에도 나타나고, 돈이 돈을 낳고 돈 쌓이는 속도가 너무 느리다고 투덜대는 대 재벌들의 꿈에도 나타난다. 하루살이 술집 작부의 밑빠진 꿈에도 나타나고, 모든 꿈을 상실하고 악몽마저도 찾아오지 않는 수많은 채무자들의 상실된 꿈에도 나타난다. 제 아무리 청렴결백하고 황금 알기를 돌처럼 알고 있는 현자일지라도 가난 자체가 항상 좋을 리가 없고, 제 아무리 건강한 사람일지라도 생계 자체를 위한 어렵고 힘든 육체 노동이 좋을 리가 없다.

— 반경환, 「거짓에의 의지」,(『행복의 깊이 2』, 도서출판 지혜)에서

고두현 시인은 1963년 경남 남해에서 태어났고, 경남대학교 국문과를 졸업했다. 1993년 《중앙일보》 신춘문예로 등단했고, 시집으로는 『늦게 온 소포』와 『물미해안에서 보내는 편지』가 있다. 그가 시골의 자그만 섬마을 출신으로서 지방의 국립대학교를 나왔다는 사실을 생각해본다면 그가 어떻게 살아왔는가를 곧바로 짐작할 수도 있을 것이다. 기껏해야 자그만 땅 마지기의 소작농 출신의 자식이거나 자그만 어선 한 척을 소유한 어부의 자식이거나, 또, 그것도 아니라면 하급관리의 자식이거나 영세상인의 자식일 수밖에 없었을 것이다. 우선 그는 돈에 대한 회한이 많고 그 돈 때문에 단 한 번도 자유로운 마음을 가질 수도 없었을 것이다. 신춘문예로 겨우 등단을

하고, 그 즉시, 상경을 하여 살인적인 집값과 물가를 자랑하는 서울에서 살아간다는 것은, 또한, 곧바로 고통 그 자체였을는지도 모른다. '돈은 바닷물과도 같고 마시면 마실수록 더 목마르다고, 이백 년 전의 쇼펜하우어가 말했다'고 한다. 그러나 쇼펜하우어의 욕망론은 자기 자신의 말도 아니고, 전혀 새삼스러운 것도 아니다. 불교와 기독교의 사상이 근본적으로 욕망을 배척하고 무소유의 기쁨에서 이 세상의 행복을 찾고 있는 것이 사실이라고 한다면, 오히려, 거꾸로 그 욕망을 배척할 수밖에 없었던 현실의 문제들이 내재해 있었다고 해도 틀림이 없는 것이다. 욕망은 욕망의 대상과 그 주체자를 파괴하고, 궁극적으로는 이 세상의 모든 신뢰의 관계를 파괴시키는 만악의 근원에 지나지 않는다. 하지만 어느 누구도 그 욕망을 자제하지 않으며, 자기 자신의 욕망만을 '선'이라고 부르고, 자기 자신 이외의 타인들의 욕망은 '악'이라고 부르는 너무나도 뻔뻔스럽고 파렴치한 추태만을 연출해내게 된다. 그는 비교적 부유하고 먹고 살만 한데도 돈 쌓이는 속도가 너무 느리다고 투덜대고, 그는 대한민국 최고의 재벌인이면서도 온갖 탈세와 편법 증여를 일삼는다. 그는 하룻밤의 도박으로 수억 원을 날릴 수 있는 재력가이면서도 자선사업에는 단 한 푼도 쓰지 않는 구두쇠이고, 그는 오직 돈에 대한 신앙만으로 살아가며, 그 뻔뻔스러운 고리대금업을 '최고의 사업'이라는 신념을 버리지 않는다. 그의 돈에 대한 욕망은 끝이 없고, 그는 언제, 어느 때나 미다스왕의 후예로서 만지는 것마다 그 모든 것이 황금이 되게 해달라고 빌고, 또 빌고 있는 것인지도 모른다. 그도 배가 고프고, 또다른 그도 배가 고프다. 부자도 배가 고프고, 가난한 자도 배가 고프고―, 모두들 이렇게 배가 고픈 자들이 모여서 현대사회의 자본의 문화를 형성해나가게 된다.

　고두현 시인은 돈은 "바닷물 같아/ 먹으면 먹을수록/ 더 목마르다고/ 이백 년 전, 쇼펜하우어가 말했다"라고, 첫 연을 시작하고, 바로 그 다음, "한 세기가 지났다"라고 말한다. 첫 번째 연의 '이백 년 전'은 21세기에서 바라본 19세기―쇼펜하우어가 살았던―이며, "한 세기가 지났다"라는 말은 새천년, 즉 21세기에서 바라본 20세기에 해당되는 말이다. 따라서 "한 세기가 지났다"라는 말은 대역사의 전환점을 맞이하게 되었다는 뜻일 수도 있지만, 그러나 돈에 대한 새로운 인식의 전환은커녕, 그 어떠한 것도 변하지 않았다는 염세주의적인 허무와 자기 체념적인 말일 수도 있는 것이다. 오직 새천년의 첨단에서 바라보면, 쇼펜하우어의 연장선상에서, "돈, 뜨겁게 사랑하고/ 차갑게 다루어라"라는 '투자의 대가', 앙드레 코스톨라니의 말만이 들려오고 있을 뿐인 것이다. 투자의 대가, 앙드레 코스톨라니는 헝가리 태생의 프랑스인으로서 뛰어난 판단력과 소신으로 그야말로 '떼돈'을 번 인물이며, 10여 권이 넘는 투자관련서를 출간했던 유명한 컬럼니스트이기도 했다.

　　이십세기의 마지막 가을
　　앙드레 코스톨라니가
　　93세로 세상을 뜨며 말했다

　　돈, 뜨겁게 사랑하고

차갑게 다루어라.

　세계적인 투자의 대가로서 "돈, 뜨겁게 사랑하고/ 차갑게 다루어라"는 앙드레 코스톨라니의 말은 어느 누구보다도 돈에 대한 뜨거운 열정을 지니고 있지 않으면 안 된다는 말이면서도, 다른 한편, 돈을 투자할 때는 모든 세계의 주식시장의 특징과 전망을 제대로 읽어내고, 그 싸늘하고 냉정한 판단력으로 좀 더 과감하고 대범하게 투자를 하라는 말이기도 했던 것이다. 앙드레 코스톨라니는 "돈, 뜨겁게 사랑하고/ 차갑게 다루어라"라고 그 어느 누구보다도 큰 소리로 외치면서도 배가 고팠던 것이고, 이 세상의 마지막 날까지도 그 돈에 대한 욕망을 버릴 줄을 몰랐던 것이다. 고두현 시인은 「돈」이라는 시를 쓰면서도 자기 자신의 돈에 대한 원한 맺힌 저주감정이나 그 욕망들을 사실 그대로 털어놓지 않는다. 그는 돈에 대해서 이야기하면서도 자기 자신의 감정을 숨기고, 그 미학적—객관적 거리를 통해서 타인들의 사유로 자기 자신의 욕망을 슬그머니 대체해놓는다. "그리고 오늘/ 광화문 네거리에서/ 삼팔육 친구를 만났다// 한 잔 가볍게/ 목을 축인 그가/ 아주 쿨하게 웃으며/ 이렇게 말했다// 주머니가 가벼우니/ 좆도 마음이 무겁군!"이라는 시구가 바로 그것을 증명해준다. 고두현 시인과 삼팔육 세대인 그의 친구는 다같이 돈을 사랑하고 있는 사람들이며, 그 돈에 대한 욕망 때문에 너무나도 허전하고 배가 고픈 사람들이기도 한 것이다. 삼팔육 세대란 나이는 30대이며, 1980년대에 대학을 다녔고, 그리고 마지막으로 1960년대에 출생한 자들을 일컫는 용어이지만, 바로 이 「돈」이라는 시에 의하면,

그들은 모두가 다같이 "주머니가 가벼우니/ 좆도 마음이 무겁군"이라는 세대에 지나지 않는다. 바로, 이 지점에서 고두현 시인은 그의 미학적—객관적 거리를 접어두고, 그의 돈에 대한 욕망을 슬그머니 드러내 놓고 있는 것이다. 쇼펜하우어도 돈에 대한 욕망 때문에 배가 고팠던 것이고, 이십세기의 투자의 대가 앙드레 코스톨라니도 돈에 대한 욕망 때문에 배가 고팠던 것이고, 또한, 고두현 시인과 그의 친구 역시도 돈에 대한 욕망 때문에 배가 고픈 사람들인 것이다.

만일, 그렇다면, 우리 자본가들은 그 돈을 벌기 위해서 어떠한 일을 하고 있는 것이란 말인가? 첫 번째는 제조업을 통해서 상품을 생산하고 그것을 파는 것이며, 두 번째는 돈을 투자하거나 빌려주는 일을 하는 것이다. 전자의 거래는 산업부문에서의 '재화 및 용역거래'이며, 후자의 거래는 '자본의 거래'이다. 상품을 사고 파는 행위에 의해서 돈이 오고 가는 것은 경상계정항목으로 계상되고, 자본거래에 의해서 돈이 오고 가는 것은 자본계정항목으로 계상된다. 이 재화 및 용역거래와 자본의 거래는 모두들 경제적 동기에 의해서 비롯되는 것이지만, 그러나 그 결과는 모든 나라들의 국제수지로 나타나게 된다. 요컨대 국제수지가 적자인가, 아니면 흑자인가에 따라서 그 명암의 희비가 엇갈리게 되는 것이다. 국제수지가 흑자를 기록하게 되면 순수한 채권국과 문화선진국이 될 수가 있고, 국제수지가 적자를 기록하게 되면 순수한 채무국과 문화후진국이 될 수가 있다. 문화선진국이 될 수가 있느냐, 아니냐의 싸움은 모든 나라들의 사활이 걸린 싸움이며, 요컨대 모든 나라들이 자국의 이익 앞에서 한 치도 양보하지 않고 있는 까닭이 바로 여기에 있는 것이다.

오늘날 대부분의 문화선진국들은 산업경제에 의한 제조업을 기피하고, 제3차 산업, 즉, 금융과 서비스 산업에 매달리게 된다. 금융산업은 자본주의의 꽃인데, 왜냐하면 돈이 돈을 낳고, 돈 자체가 진리가 되고 있기 때문이다. 단기차익을 노리고 끊임없이 국제금융시장의 질서를 교란시키는 헤지펀드들이 춤을 추고 있는 것도 보통이고, 영업의 이익에 의한 배당금과 주식가치의 상승을 노리며 우량기업에 투자하는 장기 자본이 춤을 추고 있는 것도 보통이다. 개, 개인들이 직접투자라는 번거로움과 그 위험부담을 피해서 투자신탁회사나 자산운용사를 통해서 투자하는 간접자본이 활개를 치는 것도 보통이고, 적대적 인수합병을 통해서 더욱더 크나큰 이익을 노리고 있는 기업사냥꾼들의 자본이 활개를 치는 것도 보통이다. 또한 기존의 경영권의 방어를 위해서 절치부심하는 자본가와 적대적 인수합병을 위해서 더욱더 혈안이 되어가고 있는 기업사냥꾼들 사이에서, 오로지 '백기사 역할'을 자임하면서 더욱더 크나큰 주식매매차익을 노리고 있는 자본이 춤을 추고 있는 것도 보통이고, 국제적인 금리와 환율의 흐름에 따라서 외국환을 사고 파는 환투기꾼들의 자본이 춤을 추고 있는 것도 보통이다. 이 모든 국제금융자본의 궁극적인 법칙은 최고 이윤의 법칙이며, 돈이 돈을 낳고 돈 자체가 진리가 되어가고 있다는 사실을 그 무엇보다도 가장 분명하게 보여주고 있다고 할 수가 있는 것이다.

 돈은 자본주의 사회의 부의 상징이며, 진리 그 자체이다. 돈은 악을 선이라고 부르고, 거짓을 진실이라고 부른다. 돈은 대범한 사기꾼을 위대한 휴머니스트라고 부르고, 모든 검은 것을 흰 것이라고 부른다. 자본가는 이 세상에서 가장 아름답고 완전한 인간이며, 우리 인간들의 궁극적인 이상형이다. 이제는 어느 누구도 전지전능한 신과 어진 현자에게 경의를 표하지 않고, 이 세상에서 가장 사악하고 교활한 자본가(악마)에게 경의를 표하게 된다. 왜냐하면 '돈이 없으면 좆도 자본가를 숭배하지 않으면 안 되기' 때문이다. 고두현 시인의 「돈」이라는 시는 돈에 대한 그의 생각이나 주관적 감정을 배제한 채, 이 세상에서 가장 아름답고 뛰어난 역사 철학적인 성찰을 보여주고 있는 시라고 할 수가 있다.

그렇다. 돈 앞에서는 만인이 평등하지만, 그러나 돈이 없으면 만인의 평등은커녕, 오직 인간 차별만이 있을 뿐인 것이다. 문화선진국과 문화후진국의 차이도 그 돈의 유무에 따라서 생겨나며, 문화선진국은 모든 특전과 특권을 향유하게 되지만, 문화후진국은 모든 특전과 특권은커녕, 오직 가난과 배고픔만이 있을 뿐인 것이다. 돈이 없으면 맑은 공기와 깨끗한 물, 보다 넓고 깨끗하며 쾌적한 주거환경과 그리고 그 존재론적 근거를 잃어버리고 이 세상을 떠돌이―나그네처럼 표류하게 된다.

'돈이 없으니 좆도 마음이 무겁군'.

오오, 깊고 깊은 단잠을 깨시오, 우리 한국인들이여!

| 명시 · 38

천양희

알피니스트

세계에서 제일 높은 산을
열네 번 등정한 매스너가
이 시대 최고의
알피니스트라면
십년 면벽 끝내고
더 깊은 산중으로 들어가버린
이름 모를 스님은 무엇이라 할까

평지에서도
힘들어 못살겠다고 악을 쓰는
나에게는
아무래도 그 스님이
지상에서 제일 높은 정신의 암벽을
등정한 알피니스트란 생각이 든다.

정신은 오를수록
높이가 더 높을 것이니까

― 『마음의 수수밭』, 창비, 1994년

전통불교(교학불교敎學佛敎)는 경전을 중요시 하고, 선불교는 경전을 중요시 하지 않는다. 전통불교는 그 경전을 통해서 부처를 성화시키고, 선불교는 그 경전을 배척하고 자기 자신을 부처로 끌어 올리기에 여념이 없다. 전통불교에서의 부처는 절대적인 존재이며 숭배의 대상이지만, 선불교에서의 부처는 불완전한 존재이며 극복의 대상에 지나지 않는다. 전통불교는 문자를 중요시 하고 선불교는 말을 중요시 한다. 문자는 말의 장식이며 말의 외양에 지나지 않지만 그 문자가 말에 침투하여 말을 타락시켰다는 것이 선불교의 주장이라면, 말은 어디까지나 불완전하고 문자에 의해서만이 그 불완전성을 극복할 수가 있다는 것이 전통불교의 주장이라고 할 수가 있다. 문자의 기원이 말이고, 말은 그 주체자의 현존과 대상을 지시하고 있다는 점에서 순수하고 때 묻지 않은 말일 수도 있지만, 그러나 그 말은 문자로 기록되지 않으면 그 말의 진리를 남길 수가 없는 것이다. 문자는 경직되고 이념화되고, 말은 어디까지나 임의적이고 순간적이다. 경전을 중요시 하는 전통불교, 경전을 배척하는 선불교, 부처를 숭배하는 전통불교, 그 부처를 배척하는 선불교, 문자를 중요시 하는 전통불교, 말을 중요시 하는 선불교ㅡ. 이 싸움은 형식(전통불교)과 내용(선불교)의 싸움이며, 영원히 그 싸움이 끝나지 않을 가장 중요한 싸움이라고 하지 않을 수가 없다. 왜냐하면 그 싸움을 통해서 전통불교와 선불교가 상호 모순점을 극복하고 더욱더 훌륭한 불교의 역사를 써갈 수가 있을 것이기 때문이다. 부처는 숭배의 대상인 동시에 살해에 대상에 지나지 않는다. 부처가 절대적인 숭배의 대상이기만 한다면 우리 인간들의 삶이 없게 되고, 또한 부처가 무조건 살해의 대상에 지나지 않는다면 우리 인간들의 숭배의 대상이 없게 된다.

 달마 대사는 왜 서쪽으로부터 왔는가? 달마 대사는 왜 숭산의 한 굴 속에서 면벽을 하고 9년 동안이나 지내야만 되었던 것일까? 달마대사는 전통불교에 반하여, "문자를 세우지 않으며 바로 사람의 마음을 가리켜 알게 하는 데 있다. 그것은 마음과 마음으로 전하는 것이며 언어가 아닌 별도의 방법으로 전하는 것(불립문자不立文字 직지인심直指人心 이심전심以心傳心 교외별전敎外別傳)"이라는 선불교를 중국에 전하러 왔지만, 그러나 중국의 불교는 아직 그 '부처님의 마음'을 받아 들일 준비가 되어 있지 않았던 것이다. 따라서 달마대사는 크게 실망을 했지만, 그러나 그 실망을 넘어서서 양자강 건너 숭산에서 면벽을 하고, 그 시기가 무르익기를 기다릴 수밖에 없었던 것이다. 달마 대사의 모든 사태를 꿰뚫어 보는 혜안과 그 쓰디쓴 기다림과 인내(견인주의)는 그의 법력의 크기를 말해주고 있는 것이다. 아버지를 만나면 아버지를 죽이지 않으면 안 되고, 부처를 만나면 부처를 죽이지 않으면 안 된다. 달마 대사는 자기 자신을 부처의 경지로 끌어 올리고 그 부처의 경지에서 영원불멸의 삶을 얻었던 것이다. 도道는 마땅히 지켜야 할 도리이며, 종교적으로는 이 세상의 근본 이치를 가리킨다. 도는 앎이며, 깨우침이고, 궁극적으로는 그것의 실천을 의미한다. 아버지와 부처를 살해하고 자기 자신을 아버지와 부처로 끌어 올리고, 그 모든 중생들을 극락의 세계로 인도한다는 것이 달마 대사의 종교적인 신념이었던 것인지도 모른다.

천양희 시인은 1942년 부산에서 출생했고, 1965년 『현대문학』으로 등단했다. 시집으로는 『신이 우리에게 묻는다면』, 『사람 그리운 도시』, 『하루치의 희망』, 『마음의 수수밭』, 『오래된 골목』, 『너무 많은 입』 등이 있으며, '소월시문학상'과 '현대문학상'을 수상했다. 천양희 시인의 「알피니스트」는 세 개의 시선과 그것에 걸맞는 대상을 갖고 있는 것처럼 보인다. 첫 번째는 "세계에서 제일 높은 산을/ 열네 번 등정한 매스너가/ 이 시대 최고의/ 알피니스트"라는 시구에서처럼, 눈에 보이는 현상(산)을 바라보는 시선이며, 두 번째는 "십년 면벽 끝내고/ 더 깊은 산중으로 들어가버린/ 이름 모를 스님은 무엇이라 할까"라는 시구에서처럼, 눈에 보이지 않는 비가시적인 정신의 세계를 바라보는 시선이고, 그리고 마지막으로 세 번째는 "평지에서도/ 힘들어 못살겠다고 악을 쓰는/ 나에게는/ 아무래도 그 스님이/ 지상에서 제일 높은 정신의 암벽을/ 등정한 알피니스트란 생각이 든다"라는 시구에서처럼, 자기 자신을 반성하며 어떠한 깨달음을 얻어가는 자의 시선이라고 할 수가 있다. 첫 번째의 시선은 눈에 보이는 현상의 시선이고, 두 번째의 시선은 눈에 보이지 않는 정신 세계의 시선이며, 세 번째의 시선은 자기 반성의 시선이다. 만일, 그렇다면, 우리 인간들은 왜, 높은 산과 높은 곳을 지향하고 있는 것일까? 또한 왜 우리 인간들은 육체를 멸시하고 정신의 세계를 지향하며, 자기 자신이 살고 있는 땅을 더럽고 추한 곳으로 폄하하게 되었던 것일까? 왜냐하면 신은 하늘에 존재하는 신이며, 전지전능하고 영생 불사의 존재이기 때문이다. 따라서 산은 하늘 가까운 성산이며 신들의 거주처가 되고, 우리 인간들은 자기 자신의 한계와 이 더럽고 추한 땅을 벗어나기 위하여, 그 어떠한 위험을 무릅쓰고서라도 고산영봉을 올라가고자 한다. "세계에서 제일 높은 산", 아마도 히말라야 산맥의 최고봉 14좌를 등정한 매스너의 집념과 의지도 바로 그 초월성에 맞닿아 있다고 하지 않을 수가 없는 것이다. 산을 오른다는 것은 과거의 신을 죽이고, 자기 자신을 새로운 신의 존재로 끌어 올린다는 것을 뜻한다. 산의 우주의 중심이며, 신들의 거주처이다. 따라서 그 산을 오른다는 것은 고귀하고 거룩한 행위이며, 모든 인간들의 마음을 사로잡는 행위에 속하게 된다. 매스너는 자기 자신의 생명과 그 모든 것을 다 걸고 히말라야의 고산영봉을 등정했던 사나이이며, 우리 인간들의 영원한 알피니스트라고 할 수가 있는 것이다.

하지만 천양희 시인은 이 매스너를 대수롭지 않게 여기며, 매스너보다도 더 고귀하고 위대한 인물, 즉, "이름 모를 스님"을 최고의 성자로 성화시켜 놓는다. 왜냐하면 그 '이름 모를 스님'은 십년의 면벽을 끝내고서도 "더 깊은 산중"으로 들어가버렸기 때문이다. 왜, 그 스님은 십년 면벽을 했던 것이며, 왜, 또한, 그 스님은 십년 면벽을 끝내고서도 더 깊은 산중으로 들어가버린 것일까? 면벽이란 벽을 향하여 좌선하는 것을 말하며, 그 면벽의 화두는 그 수행자의 목적에 따라서 저마다 다를 수밖에 없는 것이다. 달마 대사는 '부처님의 마음'을 전하기 위하여 숭산의 한 굴 속에서 9년 동안이나 면벽을 하고 그 뜻을 이룩했지만, '이름 모를 스님'은 10년 동안이나 면벽을 하고서도 그 뜻을 이룩할 수가 없었던 것이다. 달마 대사에 비하면 그 이름 모를 스님은 머리가 둔하거나 법력의 크기가 신통하지 않을 수도 있지만, 그러나 십년 동안이나 면벽을 하고서도 더 깊은 산중으로 들어가 또다시 면벽에 들어간다는 것은 보통의 인간으로서는 감히 꿈꿀 수도 없는 일이다. 면벽이란 먹고 마시는 것, 자유로운 행동과 쾌락을 쫓는 것과는 전혀 관계가 없는 일이며, 그것은 오직 모든 욕망과 싸우고, 그리고 궁극적으로는 자기 자신과의 싸움이 되는 그런 수행 방법일 수밖에 없는 것이다. 그는 자기 자신의 육체를 멸시하고 모든 중생들을 극락의 세계로 인도해보고 싶었던 것인지도 모른다. 이 지구는 아귀지옥일 뿐이며 영원히 행복한 삶이 가능하지가 않다. 따라서 그 스님은 인간 존재의 한계를 초월하여 부처가 되고 싶었던 것인지도 모른다. 부처는 신적인 존재이고 매스너는 기껏해야 죽음의 인간에 지나지 않는다. 이름 모를 스님과 매스너의 차이는 신적인 존재와 죽음의 인간의 차이이며, 이때의 알피니스트라는 영광은 눈에 보이지 않는 정신의 세계를 정복한 그 이름 모를 스님이 차지할 수밖에 없는 것이다.

    평지에서도

힘들어 못살겠다고 악을 쓰는
나에게는
아무래도 그 스님이
지상에서 제일 높은 정신의 암벽을
등정한 알피니스트란 생각이 든다.

정신은 오를수록
높이가 더 높을 것이니까

  천양희 시인의 「알피니스트」는 눈에 보이는 현상의 세계와 눈에 보이지 않는 정신의 세계를 통하여 초월의 세계, 즉, 참다운 '득도의 세계'를 보여주고 있다고 해도 과언이 아니다. 이미 앞에서 시사한 바가 있듯이, 도는 마땅히 지켜야 할 도리이며, 종교적으로는 이 세상의 근본 이치를 말한다. 득도를 했다는 것은 인간 존재의 한계를 넘어서서 예수나 부처가 되었다는 것을 뜻하고, 그 전지전능함으로 인하여 모든 중생들을 그 아귀지옥으로부터 구원해낼 수가 있다는 것을 뜻한다. 매스너는 눈에 보이는 형이하학적인 길을 선택했고, 이름 모를 스님은 눈에 보이지 않는 형이상학적인 길을 선택했다. 매스너와 이름 모를 스님과의 싸움, 형이하학과 형이상학의 싸움, 그 싸움에서 최종적인 승리를 거둔 것은 그 스님인 것 같지만, 그러나 그것은 어디까지나 피상적인 시읽기에 지나지 않는다. 왜냐하면 그 눈에 보이는 현상의 세계와 눈에 보이지 않는 정신의 세계를 뛰어 넘어서서 바라보면, 자기 반성적인 시인의 시선만이 최종적인 승리의 월계관을 거머쥐고 있기 때문이다. 천양희 시인의 「알피니스트」의 참다운 힘은 매스너에게 있는 것도 아니고, 십년 면벽을 끝내고 더 깊은 산중으로 들어가버린 이름 모를 스님에게 있는 것도 아니다. 천양희 시인의 「알피니스트」의 참다운 힘은 "평지에서도/ 힘들어 못살겠다고 악을 쓰는" 그 "나"로부터 솟아나온다고 해도 과언이 아니다. 힘은 고귀함이며 위대함이고, 힘은 권력이며 권위이다. 모든 힘은 그 어떤 외부에서 저절로 주어지지 않고, 자기 자신의 내부에서 솟아나온다. 반성이란 자기 자신을 가장 처절하고 잔혹하게 다루는 것이며, 천재 생산의 제일급의 힘인 것이다. 과연, 세계에서 제일 높은 산을 열네 번 등정한 매스너와 십년 면벽을 끝내고 더 깊은 산중으로 들어간 이름 모를 스님의 행위들을 비교 평가하여 그 판결을 내릴 수 있는 자는 어느 누구이란 말인가? 매스너인가? 이름 모를 스님인가? 아니다. 그 어느 누구도 아니고, "아무래도 그 스님이/ 지상에서 제일 높은 정신의 암벽을/ 등정한 알피니스트란 생각이 든다// 정신은 오를수록/ 높이가 더 높을 것이니까"라고, 그 최종적인 판결을 내릴 수 있는 자는 "평지에서도/ 힘들어 못살겠다고 악을 쓰는/ 나"일 뿐인 것이다. 판관은 고귀하고 위대한 존재이며, 이 세상에서 최고의 권력자이다. 힌두교의 시바, 불교의 부처, 기독교의 하나님, 그리스 신화 속의 제우스 신 등이 바로 그것을 말해준다. "평지에서도/ 힘들어 못살겠다고 악을 쓰는/ 나"는 다만, 매스너와 이름 모를 스님을 우러러 보는 존재가 아닌데, 왜냐하면 그는 그 반성을 통하여 자기 자신을 더욱더 높이 높이 끌어 올리고 있기 때문이다.

천양희 시인의 "평지에서도/ 힘들어 못살겠다고 악을 쓰는/ 나"의 세계는 섣부르게 고산영봉을 오르거나 면벽에 드는 자의 세계가 아니라, 자기 자신의 삶을 살아가고 있는 낙천주의자의 세계이다. 다시 말해서, "평지에서도/ 힘들어 못살겠다고 악을" 쓴다는 것은 현실을 부정하는 말이 아니라 현실을 긍정하는 말이며, 그 악을 쓰고 있는 만큼 현실을 사랑하고 있는 말이기도 한 것이다. 진정으로 현실을 부정하는 자는 매스너와 이름 모를 스님처럼 외부 초월―이 세상이 아닌 다른 곳으로 가고자 한다는 점에서―을 꿈꾸거나 염세주의자(자살자)의 삶을 살게 되지만, 그러나 진정으로 현실을 사랑하는 사람은 현실과의 싸움을 통하여―악을 쓰면서―그 현실을 지상낙원으로 변모시키려고 애를 쓰게 된다. 그의 초월은 내부 초월이며, 수평적인 초월이다. 따라서 "평지에서도/ 힘들어 못살겠다고 악을 쓰는/ 나"라는 시구는 반어가 되어야만 하고, 그리고 그 '나'는 비천하고 더러운 인물을 벗어나서 고귀하고 위대한 인물로 이해하지 않으면 안 된다. 왜냐하면 "평지에서도/ 힘들어 못살겠다고 악을 쓰는/ 나"라는 시구가 없다면 매스너도, 이름 모를 스님도 그 존재 가치를 상실하게 될 것이기 때문이다. 최고의 알피니스트는 '나'이며, 그는 이 세상의 삶을 옹호하는 낙천주의자이다. 다시 말해서, "평지에서도/ 힘들어 못살겠다고 악을 쓰는" '내'가 매스너와 이름 모를 스님을 창조해놓고, 그리고, 그들을 뛰어 넘어서서 천하 제일의 「알피니스트」라는 시를 창조해놓고 있는 것이다.

　세계에서 제일 높은 산을 열네 번이나 등정한 매스너를 바라보는 시선도 반성을 불러 일으키고, 십년 동안이나 면벽을 하고서도 또

다시 산중으로 들어가는 이름 모를 스님을 바라보는 시선도 반성을 불러 일으킨다. "평지에서도/ 힘들어 못살겠다고 악을 쓰는/ 나"는 그 반성이 낳은 시구이기는 하지만, 그러나 그 결과, "아무래도 그 스님이/ 지상에서 제일 높은 정신의 암벽을/ 등정한 알피니스트란 생각이 든다// 정신은 오를수록/ 높이가 더 높을 것이니까"라는 그 반성의 힘에 의하여 최고의 권력자만이 내릴 수 있는 판결문을 쓰게 되는 것이다.

 참다운 반성은 그 자체로서 아름다운 시가 되고, 그 주체자를 인신人神의 경지로 높이 높이 끌어 올리게 된다.

| 명
| 시
| ·
| 39

최명률
송광사 해우소

근심, 우울
죄
  다
    풍
      덩

오오, 못난
덩어리들

주접 소리
발효되어
솔밭에서
지저귀는

까만 어둠
승천하여
천상에서
빛이 나는

— 『나비, 봄을 짜다』, 종려나무, 2007년

자본주의 사회에서는 시간도 재화가 되고, 공간도 재화가 된다. 여가와 놀이의 시간도 돈을 주고 사지 않으면 안 되고, 단 하룻밤만을 쉬고 가는 숙소도 돈을 주고 사지 않으면 안 된다. 자본주의 사회는 이처럼 흔하고 흔해빠진 것들도 재화로 만들어 버렸지만, 그 반면에, 다른 한편으로는 이처럼 흔한 것을 흔하지 않게 만들어 버리고, 그 흔하지 않을 것을 통해서 새로운 재화를 만들어내고 있다고 하지 않을 수가 없다. 흔한 것이 흔하지 않게 되면 그 고귀성과 희소성 때문에 그 값어치가 상승하게 되고, 따라서 그 값비싼 재화들은 부자들만의 특권이 되게 되어 있다. 그 옛날에는 맑은 물과 깨끗한 공기와 시골의 전원주택이 별 다른 재화가 될 수가 없었지만, 오늘날에는 맑은 물과 깨끗한 공기와 교외의 전원주택이 귀중한 재화가 되었고, 대부분의 일반 시민들은 그 재화로부터 멀어지게 되었다. 오늘날의 기계문명과 대도시로의 군집형태는 무차별적으로 자연환경을 파괴시켰던 것이고, 대부분의 부자들이 맑고 깨끗한 교외의 별장지대에서 사는 것에 반하여, 대부분의 시민들은 더럽고 추한 대도시의 삶으로부터 벗어날 수가 없게 된 것이다. 유엔 산하 '기후변화위원회'는 지구의 온난화로 인한 '전 지구적 재앙'을 막기 위해서는 2015년을 정점으로 '온실가스'를 대폭 줄이지 않으면 안 된다고 경고를 한 바가 있고, 또한 '교토의정서'에 따라서, 2013년 이후에는 우리 대한민국도 의무감축 대상국이 될 수밖에 없게 되어 있다. 2006년 3월 24일, '문화유산 및 자연환경 국민신탁법'이 국회를 통과했고, 일년 여의 유예기간을 거쳐서 2007년 3월 25일부터 실질적인 시행단계로 들어갔다고 한다. 유엔 산하 '기후변화위원회'의 경고가 아니더라도, 이 '문화유산'과 '자연환경'에 대한 '국민신탁법'이 우리가 살고 있는 대한민국의 국토가 얼마나 오염되어 있는가를 역으로 반증해주고도 있는 것이다. 자본주의 사회는 탐욕스러운 입만이 크게 찢어졌지, 영원한 소화불량증의 환자들이며, 그들의 소화불량증에 의하여 더 이상의 맑은 물과 깨끗한 공기와 푸르고 푸른 숲은 찾아볼 수도 없게 되어가고 있는 것인지도 모른다.

 시는 삶 자체이며, 자연 자체이다. '도법자연'이라는 노자의 사상이 그것을 말해준다. 시는 우리에게 먹는 법과 배설하는 법을 가르쳐 주고, 시는 우리에게 사는 법과 죽는 법을 가르쳐 준다. 먹는 법과 배설하는 법, 그리고 사는 법과 죽는 법을 가르쳐 주는 시는, 그러니까 삶의 이치와 자연으로부터 멀어진 우리 인간들에게, 그 본래의 삶과 자연으로 되돌아가게 해주고 있는것인지도 모른다. 시는 이 세상의 떠돌이—나그네들에게 있어서 잃어버린 고향에 대한 향수이자, 그 고향을 찾아가려는 의지 자체라고 할 수가 있다. 따라서 인간의 사상과 감정의 표현에 불과한 시가 우리 인간들의 삶 자체가 되고, 자연 자체가 된다. 아리스토텔레스의 말대로, 시에는 카타르시스의 기능이 있다. 이 카타르시스의 기능은 '감정의 정화'를 뜻하는 윤리적 기능과 '감정의 배설'을 뜻하는 의학적 기능으로 풀이 될 수가 있다. 근심과 우울을 씻어내고 근심과 우울을 치료한다는 것은 시의 진정제 효과에 해당되고, 그 진정제 효과를 떠나서 우리 인간들의 삶의 의지를 북돋아주는 것은 시의 강장제 효과에 해당된다. 그리고 그 꿈이 달성되었을 때는 하늘을 찌를듯한 환희에의 기쁨('흥분제 효과')으로 나타나고, 그 하늘을 찌를듯한 환희에의 기쁨은 그 즉시, 영생불사의 효과로 이어지게 된다. 시는 진정제 효과와 강장제 효과, 그리고 흥분제 효과와 영생불사의 효과가 있다는 것이 나의 주장이며, 이 네 가지 효과에 대해서는 나의 『행복의 깊이』 제2권, 제1장, 「영원불멸의 삶에 대하여」를 참조하여 주기를 바란다.

나는 지금, 이 순간에도, 여러분들에게 과연 건강한 정신과 건강한 육체를 지니고 있는가라고 묻고 싶은 마음을 어쩌지 못하면서 살아간다. 왜냐하면 건강한 정신 속에 건강한 육체가 깃들어 있고, 건강한 육체 속에 건강한 정신이 깃들어 있기 때문이다. 그러나 우리 인간들은 대부분이 건강한 정신과 건강한 육체를 상실한 환자들이고, 그 증세는 소화불량증으로 나타난다고 나는 생각한다. 소화불량증은 단순히 상한 음식을 먹거나 지나치게 과식하는 것을 뜻하지 않고, 우리 인간들의 욕망이 지나치게 크다는 것을 뜻한다. 따라서 그 욕망의 이상증세는 '정신의 소화불량증'과 '육체의 소화불량증', 그리고 우리 인간들의 삶의 터전인 '자연의 소화불량증'으로 나타난다고, 나는 생각하고 있다. 정신의 소화불량증은 그 커다란 욕망에 반하여 근심과 우울로 나타나고, 육체의 소화불량증은 소화기관의 장애로 인한 설사로 나타나며, 그리고 자연의 소화불량증은 엘리뇨와 라니냐처럼 이상기후현상으로 나타난다. 근심과 우울은 지나친 욕망을 소화시키지 못한 정신의 설사이며, 엘리뇨와 라니냐는 우리 인간들의 욕망을 소화시키지 못한 자연의 설사라고 하지 않을 수가 없다. 근심과 우울은 모든 일이 제대로 풀리지 않아 슬프고 괴로운 것을 말하고, 엘리뇨와 라니냐는 더 이상의 맑은 물과 깨끗한 공기와 푸르고 푸른 숲을 생산해낼 수가 없는 이상기후현상을 뜻한다. 이 자본주의 사회에서는 나도 소화불량증 환자이고, 당신도 소화불량증 환자이고, 그리고 그대들도 소화불량증의 환자들에 지나지 않는다.

만일, 그렇다면 우리 인간들은 어떻게 해서 이 정신과 육체와 자연의 소화불량증을 치유할 수가 있단 말인가? 고통을 발견하고 그 고통을 치료하는 것이 모든 시와 종교의 궁극적인 목표라면, 그것은 우리 인간들의 욕망을 적절하게 통제하고 절제하는 수밖에 없을 것이다. 나는 욕망을 적절하게 통제하고 절제하라고 말하지, 욕망을 제거하라고 말하지는 않는다. 욕망을 근절시킨다면 우리 인간들의 삶의 의지가 없어지고, 욕망을 무한대로 방치해둔다면 우리 인간들의 삶의 터전인 자연이 파괴될 수밖에 없다. 어느 때는 욕망이 약이 되고, 어느 때는 욕망이 독이 된다. 욕망은 이 어렵고 힘든 세상 속에서도 보다 나은 내일을 향해가는 원동력이 되어주기도 하지만, 그러나 그 욕망은 상호경쟁적인 이전투구 속에서 모든 삶이 끝장이나게 되는 '만악의 근원(독약)'으로 작용하기도 한다. 욕망을 통해서 이 세상의 삶을 살아가면서도 그 욕망을 절제한다는 것, 자연을 통해서 모든 천연재화들을 얻고 있으면서도 그 자연을 파괴시키지 않는다는 것—, 바로, 이것이 오늘날 우리 인간들이 풀어나가야 할 지상최대의 난제들이라고 하지 않을 수가 없는 것이다.

  최명률 시인은 전라남도 해남에서 태어났고, 조선대학교 국어교육학과를 졸업했으며, 2006년도에, 『애지』를 통해서 이제 막, 등단한 신진 시인이다. 그는 전통적인 서정시의 기법과 현대적인 산문시의 기법에 다같이 능통한 시인이기는 하지만, 그러나 이 「송광사 해우소」는 전통적인 서정시에 그 파격의 옷을 입히고, 그 풍자와 해학적인 웃음과 함께, 도덕적인 숭고함마저도 물씬 풍겨나게 하고 있다고 하지 않을 수가 없다. 전통적인 서정시에 파격의 옷을 입혔다는 것은

    근심, 우울
    죄
      다
        풍
          덩

이라는 시구에서처럼, 이 '해우소'에서의 과정을 그 시각적인 효과를 고려하여 '극사실주의적'인 기법으로 표현했다는 것을 말하고, 그 파격적인 형식이 전통적인 서정시에 지나지 않는다는 것은 "오오, 못

난/ 덩어리들// 주접 소리/ 발효되어/ 솔밭에서/ 지저귀는// 까만 어둠/ 승천하여/ 천상에서/ 빛이 나는"이라는 시의 형식이 전통적인 서정시의 형식을 그대로 따르고 있다는 것을 말한다. 최명률 시인은 이 「송광사 해우소」에서, 그곳에서 '큰일'을 보는 것은 '근심, 우울/ 죄/ 다/ 풍/ 덩' 떨어뜨리는 것이라고 말하고, 또한 그 똥덩어리들을 "오오, 못난 덩어리들"이라고 말한다. 왜, 하필이면, 똥을 누는 일이 근심과 우울을 죄다 떨어뜨리는 일이 되었던 것이고, 또한, 왜, 하필이면, 그 생리적인 자연의 배설물이 "오오, 못난/ 덩어리들"이 되었던 것일까? 해우소는 풀해(解), 근심우(憂), 곳소(所)로 되어 있고, 따라서 해우소는 글자 그대로 근심을 푸는 곳이 된다. 그러나 그 해우소의 기원은 해의소解衣所였다고 하는데, 왜냐하면 제 아무리 법력이 큰 스님도 그곳에서는 옷을 벗지 않으면 안 되게 되어 있었기 때문이다. 그 '해의소'가 '해우소'로 새롭게 명명(변형)된 것은 고통을 극복하는 것이 지상최대의 과제였던 만큼, 우리 인간들의 형이상학적인 열망이 반영되었기 때문이었다고 해도 틀림이 없을 것이다.

 우리는 항문을 통해서 소화되고 난 노폐물들을 배설하게 된다. 우리가 음식물을 통해서 자양분을 얻고 난 나머지의 노폐물들은 대장을 가득 채우게 되고, 이 노폐물들이 쌓이게 되면 일정한 수준의 힘으로 항문괄약근에 압력을 가하게 된다. 이 노폐물들이 잘 배설되면 모든 긴장이 해소되는 쾌감을 맛보게 되지만, 그러나 그렇지가 못하게 되면 매우 심각한 변비증으로 고생을 하게 된다. 이 배변의 효과는 긴장의 해소라는 육체적인 쾌락을 가져다가 주게 되고, 따라서 모든 근심과 우울을 죄다 떨어뜨리는 일은 그 육체적인 쾌락에다가 정신적인 쾌락마저도 가중시키는 일이 되고 있는 것이다. 이제 해우소는 단순한 해우소가 아니다. 그 해우소는 모든 근심과 걱정을 털어버리고 새로운 옷을 갈아입는 성소이며, 그곳을 나오는 사람은 진흙 속의 연꽃처럼, 새로운 인간, 즉, 새로운 부처로서 탄생을 하게 되는 것이다. "오오, 못난 덩어리들"은 단순히 못난 덩어리들이 아니라, 만악의 근원이었던 욕망의 덩어리들이었던 셈인 것이다. 하지만 이 욕망의 덩어리들은 특정의 개체가 필요한 만큼의 영양분을 소화시키고 난 다음의 노폐물이지, 전혀 쓸모가 없는 어떤 것이 아니다. 나에게 쓸모가 있는 것은 좋은 것이고, 나에게 쓸모가 없는 것은 나쁜 것이다. "오오, 못난 덩어리들"이라는 시구에는 자기 자신의 입맛에 따라서 가치판단을 하는 우리 인간들의 도덕적인 잣대가 들어 있는 것이지만, 그러나 그 쓸모 없는 배설물들은 새로운 생명의 에너지가 되고 있다고 해도 과언이 아니다. "주접 소리/ 발효되어/ 솔밭에서/ 지저귀는"이라는 시구가 그것이고, "까만 어둠/ 승천하여/ 천상에서/ 빛이 나는"이라는 시구가 그것이다. '주접 소리'는 '음식물에 대하여 더럽게 욕심을 부리는 태도'와 '자질구레한 일에 속된 욕망을 드러내는 태도'를 뜻하지만, 그러나 여기서의 이 '주접 소리'는 욕망의 화신인 똥덩어리가 내는 소리가 된다. 따라서 이 욕망의 똥덩어리가 발효되어 어느새 솔밭에서는 수많은 새들이 지저귀게 된다. 그리고 그 해우소에서 큰일을 보는 것은 "까만 어둠"이 "승천하여", 하늘에서 더없이 빛나는 별이 되는 일인 것이다. 왜냐하면 그 주체자는 모든 근심과 우울을 털어버리고, 인간 자체를 초월하는 신적인 인간이 될 수가 있기 때문이다.

최명률 시인은 이 「송광사 해우소」라는 시를 통해서, 정신과 육체, 그리고 자연의 소화불량증에 시달리고 있는 현대 자본주의 사회의 질병들을 치료하고, 이 시의 신전을 통하여 우리 인간들의 지상낙원을 건설하고 싶었던 것인지도 모른다. 그의 파격적인 첫 연의 시구는 서정성의 회복에 대한 그의 의지의 표현이며, 그 '못난 똥덩어리들'에 대한 풍자와 해학은 탐욕스러운 입만이 크게 찢어진 우리 인간들에 대한 질타의 채찍이었던 셈이다. 이제 우리는 우리의 욕망과 소화기관 사이에서 균형을 취하지 않으면 영원한 소화불량증의 환자들로서 이 세계와, 모든 생명들과, 심지어는 자기 자신들마저도 영원히 회복될 수 없는 파멸의 늪에서 빠져나올 수가 없게 되는지도 모른다. 노폐물을 제대로 배설해내지 못하면 그는 소화불량증의 환자가 되고, 근심과 우울을 제대로 배설해내지 못하면 그는 정신병자(정신의 소화불량증 환자)가 되고, 그리고 마지막으로, 맑은 물과 깨끗한 공기와 푸르고 푸른 숲을 생산해내지 못하면 그는 자연의 소화불량증 환자가 될 수밖에 없다. 이제 똥을 눈다는 것도 근심과 우울을 털어버리는 일이 되었고, 또한 그 근심과 우울을 털어버리는 일 역시도 그 근심과 우울을 발효시켜서 수많은 새와 짐승과 푸르고 푸른 숲을 가꾸는 일이 되었다. 옷을 벗는다는 것은 과거의 낡은 인간의 탈을 벗어버린다는 것을 뜻하고, 그 옷을 다시 입는다는 것은 부처와 예수처럼 새로운 인간으로 태어난다는 것을 뜻한다. 이 자연의 윤회사상은 "까만 어둠/ 승천하여/ 천상에서/ 빛이 나는" 기적을 연출해내며, 이 세상의 삶을 더없이 거룩하고 숭고하게 만들어 준다. 어제의 시간은 오늘의 시간이 아니고, 오늘의 시간은 내일의 시간이 아니다. 우리 인간들이 날이면 날마다 새롭게 태어나야 할 까닭이 바로 여기에 있는 것이다.

　최명률 시인의 「송광사 해우소」를 읽는다는 것은 이 세상의 근심과 우울을 모두 털어버린다는 것을 뜻한다. 우리는 모두가 다같이 튼튼한 소화기관과 위장을 자랑해야만 하고, 아무쪼록 그 못난 똥덩어리들을 더욱더 잘 발효시키지 않으면 안된다.

　오오, 새로운 성자의 탄생지인 송광사의 해우소여!

| 명시 · 40

양해열
露宿共和國

왜, 그는 두터워지고 나는 중복되는 걸까 두툼하게 담 쌓을수록 옅어지는 경계, 지을 수 없는 집들, 요원한 내 욕심의 손끝은

19路에 내몰린다. 신도시에 아홉 개 驛이 있고 역세권 땅값은 비싸다. 花點주위 네모반듯한 땅에서의 흑백 각축전

불계, 불계패다 이단, 삼단 젖히다 빵때림 당하고

그랬다. 그와 앉아 판 벌이는 날이면, 그는 사거리 중심에 서서 말을 호령하는 行馬의 達人, 광개토대왕의 말갈기로 중원을 휘저었다. 나는 칸살에 들어앉아 오두막집 짓거나 시 쓰거나, 바둑판이 원고지냐, 핀잔 들으며

켜켜이 암울한 어느 날에는 빈칸에 들지 못하고 좌우상하 대각선으로 마구 달렸다. 경계 긋고 서로 그 안의 집들 세어보는 일인데 하, 이 판에서

집 한 채란 사거리 한 개라

 여기선 길거리에 나앉는 게 집 한 채 얻는 일이라니, 그도 내 빈 몸도 놀라울 뿐이다.

  ─ 『나비, 봄을 짜다』, 종려나무, 2007년

바둑은 한자로는 '기棋', 또는 '기碁'라고 표기하며, 흑과 백의 돌을 가지고 바둑판에서 승부를 겨루는 실내 스포츠라고 할 수가 있다. 바둑판에는 가로와 세로로 19줄의 선이 그어져 있고, 그 교차점인 361개의 점들을 하나 하나의 집이라고 부르며, 그 승부를 벌여나가는 실내 스포츠라고 할 수가 있다. 바둑판의 반면에는 모두 아홉 개의 점이 있는데, 한가운데의 점을 천원天元이라고 부르며, 네 귀와 네 변에 있는 점들을 화점이라고 부른다. 포석의 단계에는 네 귀의 화점을 중심으로 대부분의 대국을 시작하게 되는데, 왜냐하면 그 네 귀가 집을 짓기에는 가장 좋은 요충지이며, 그 네 귀를 통해서 모든 정석과 작전이 펼쳐지고 있기 때문이다. 흑과 백의 관계는 상호 적대적인 관계이며, 그 돌과 돌이 부딪칠 때에는 실제의 현실에서처럼 피비린내 나는 전투로 일관하게 되어 있다. 포석의 단계에는 화점을 중심으로 전국적인 대세점을 선점하는 것이 중요하고, 중반전에는 깊이 있는 수읽기를 동반한 임전무퇴의 전략이 중요하며, 그리고 마지막으로 종반전에는 한 치의 빈틈도 없는 끝내기의 수법이 중요하다. 바둑판의 361개의 점은 우리가 살고 있는 우주에 비견되며, 그 반상에서의 전투는 우리 인간들의 삶의 그것과도 흡사하고, 그리고 '바둑의 십계명'은 우리 인간들의 실제 생활에서도 매우 유익한 교훈을 던져주고 있다고 해도 과언이 아니다.

1, 부득탐승不得貪勝 : 너무 승리에만 집착하면 승리를 쟁취할 수 없다.

2, 입계의완入界誼緩 : 서로의 경계를 넘어 들어갈 때는 매우 신중하게 행동을 해야 한다.

3, 공피고아攻彼顧我 : 상대방을 공격하기 이전에 먼저 자기 자신을 돌보지 않으면 안 된다.

4, 기자쟁선棄子爭先 : 몇 점의 돌을 버리는 한이 있더라도 선수를 잡는 것이 중요하다.

5, 사소취대捨小取大 : 작은 것을 버리고 큰 것을 취하라.

6, 봉위수기逢危須棄 : 위기에 처하면 모든 것을 과감하게 버려라.

7, 신물경속愼勿輕速 : 경솔하게 행마를 하지 말고 한 수, 한 수 신중하게 두어라.

8, 동수상응動須相應 : 행마를 할 때에는 상호 긴밀히 연관되게 운석을 하라.

9, 피강자보彼强自保 : 상대가 강한 곳에서는 함부로 싸우지 말고 자기 자신을 잘 보강하라.

10, 세고취화勢孤取和 : 상대방의 세력 속에서 고립될 경우에는 어

서 빨리 안정을 취하지 않으면 안 된다.

 1, 부득탐승不得貪勝 : 너무 승부에만 집착하게 되면 마음의 평정심을 잃게 되고, 따라서 과감하게 모험을 해야 할 때에는 움츠러들게 되고, 또한, 그 정반대 방향에서, 너무나도 냉정하고 침착하게 응수를 해야 될 때에는 오히려, 거꾸로 무리수를 거듭 두게 된다.

 2, 입계의완入界誼緩 : 포석의 단계가 끝나고 전투를 시작할 때에는 반드시 상대방의 진영과 아군의 진영을 살펴보고, 그 정확한 형세 판단에 의하여 전투를 시작하지 않으면 크나큰 곤경에 처하게 된다.

 3, 공피고아攻彼顧我 : 적을 알고 나를 알면 '백전백승'이라는 말이 있듯이, 적을 공격하기 이전에 자기 자신의 힘부터 기르지 않으면 안 된다.

 4, 기자쟁선棄子爭先 : 세계적인 바둑기사들의 교훈 중에는 '버려라, 그러면 이긴다'라는 말이 있는데, 이 말은 어떠한 희생을 감수하더라도 유리한 고지를 선점하는 것이 중요하다는 뜻을 지시하고 있다고 해도 지나친 말이 아니다.

 5, 사소취대捨小取大 : 소탐대실小貪大失이라는 말이 있다. 눈앞의 작은 이익을 취하다가는 더 큰 손해를 본다는 뜻인데, 그 반대말은 사소취대가 될 것이다. 눈앞의 이익은 잘 보이고, 전정으로 큰 이익은 멀리 있어 잘 보이지 않는다. 따라서 두 눈에 보이지 않는 큰 이익을 보기 위해서는 오로지 무서운 집중력으로 정진하고, 또 정진하지 않으면 안 된다.

 6, 봉위수기逢危須棄 : 진정으로 위기를 타개하려면 그 모든 것을

다 버릴 수 있는 과감한 결단성이 필요한 것이다.

7, 신물경속愼勿輕速 : 언제, 어느 때나 함부로 경솔하게 행동을 하지 말고, 충분히 숙고한 다음, 너무나도 의연하고 당당하게 행동을 하지 않으면 안 된다.

8, 동수상응動須相應 : 하나 하나의 행동이 그 필연성을 띠면서도 유기적인 일관성과 총체성을 지니지 않으면 안 된다.

9, 피강자보彼强自保 : 자기 자신보다 강한 상대를 만나면 함부로 싸우기보다는 자기 자신의 힘을 기를 때까지는 무한히 참고 인내하지 않으면 안 된다.

10, 세고취화勢孤取和 : 제 아무리 뛰어난 문화적 영웅일지라도 수많은 사람들 속에서 고립되어 있으면 아무런 힘도 쓸 수가 없게 된다. 따라서 무한히 참고 견디며, 그 난관을 타개하기 위해서는 자기 자신의 세력을 더욱더 확대하고 강건하게 만들지 않으면 안 된다. 바로 이 지점에서 화和가 중요시되고 있는 것이다.

바둑판은 우주의 축소판이며, 바로, 거기에는 우리 인간들의 삶의 역사가 담겨 있다고 하지 않을 수가 없다.

양해열 시인은 전남 순천에서 태어났고, 2006년도에 『애지』를 통해서 등단한 바가 있다. 그의 「露宿共和國」은 보기 드물게 바둑을 소재로 해서 씌어진 시이며, 그 바둑을 통해서 과연 '노숙공화국'이라는 의미가 무엇인가를 깊이 있게 추적해보고 있는 시라고 할 수가 있다. 리듬과 운율에 충실하면 음악적이 되고, 이미지에 충실하면 회화적이 되고, 그리고 마지막으로 의미(내용)에 충실하면 시는 주지적(철학적)이 된다. 양해열 시인의 「露宿共和國」은 다소 거칠고 세련되지 못한 것이 그 험이 되고 있기는 하지만, 그 깊이 있는 주제로 인하여 단순한 여가선용이나 잡기의 차원에서 두어지고 있는 바둑을 철학의 차원으로 끌어 올리고 있는 시라고 하지 않을 수가 없다. "왜, 그는 두터워지고 나는 중복되는 걸까 두툼하게 담 쌓을수록 옅어지는 경계, 지을 수 없는 집들"이라는 시구는 돌의 효율성을 중요시하는 바둑에서, 그의 돌은 효율적인데 반하여, 나의 돌은 비효율적이라는 탄식을 뜻하게 된다. 그가 한 수를 두면 내가 한 수를 두고, 내가 한 수를 두면 그가 다음의 한 수를 둔다. 바둑은 그와 내가 똑같은 조건에서 똑같이 바둑돌을 놓아가는 공정한 게임이다. 따라서 돌을 비효율적으로 운영하게 되면 그의 돌은 중복이 되게 되고, 그는 그 집짓기라는 게임에서 패배를 하게 된다. "요원한 내 욕심의 손끝은"이라는 시구에서처럼, 그 욕심에 반하여, 비효율적인 그의 돌들은 바둑판의 19路에 내몰리게 된다. 어느 한 구석에도 자리를 잡지 못하고, 하염없이 떠돌아 다니는 '나'의 입장에서 바라보면, '신도시의 아홉 개의 역'과 그 '역세권의 땅값'은 얼마나 비싼 것이며, 또한, 그 존재의 근거를 상실한 아픔이란 얼마나 더욱더 가혹한 것이란 말인가? 기껏해야 뿌리뽑힌 자의 입장에서 "花點주위 네모반듯한 땅에서 흑백의 각축전"을 벌여보지만, 그러나 그 '이단과 삼단 젖히기'의 오기는 통하지가 않게 되고, 오히려, 거꾸로, 불계패의 수모만을 당하게 된다. 초반전이나 중반전에서 '빵때림'을 당하게 되면 그만큼 전의를 상실할 수밖에 없는데, 왜냐하면 상대방은 30집 이상을 벌어 들이지만, 나는 그 모든 것을 다 잃고

알거지가 되어서 끊임없이 떠돌아 다녀야만 하기 때문이다.

돌을 비효율적으로 운영하고 신도시의 역세권에서 쫓겨나고, 또, 거기다가 빵때림까지 당하게 되면, 그는 그 바둑게임에서 승리를 쟁취할 수가 없게 된다. "그는 사거리 중심에 서서 말을 호령하는 行馬의 達人"이 되지만, "나는 칸살에 들어 앉아 오두막집을" 짓는 주변인에 불과하게 되고, 또한, 그는 "광개토대왕의 말갈기로 중원을" 휘젓게 되지만, 나는 하릴없이 "바둑판이 원고지냐, 핀잔"이나 듣게 되는 시인에 지나지 않게 된다. 일찍이 광개토대왕이 "나라의 기본은 국토이니라. 땅이 없으면 흩어지게 되고 흩어지면 힘이 쇠약해져서 다른 나라의 노예가 될 수밖에 없는 법이다. 반대로 땅을 잘 지키고 넓은 땅을 차지하고 있으면 언젠가는 잘 살고 부강한 나라가 될 것이다. 그러므로 우리는 국토를 잘 지켜야 할 것이며, 나라를 더욱 넓히고 기름지게 하는 것이 바로 내가 말하는 영락의 길이니라"고 역설한 바가 있듯이, 바둑은 궁극적으로 더 많은 집과 더 넓은 영토를 차지하기 위한 게임인 것이다. 바둑은 크게 말해서 두 개의 유형이 있는데, 첫 번째는 '전투바둑'이고, 그 두 번째는 '집바둑'이다. 전투바둑은 눈앞의 자그만 이익이나 그 실리에는 아랑곳 없이 시종일관 화끈한 싸움으로 일관하는 바둑을 말하고, 집바둑은 가능하면 돌이 부딪치는 싸움을 기피하고 시종일관 집짓기에 유리한 실리만을 챙기는 바둑을 말한다. 전투바둑의 대가는 어느 누구에게도 이길 수가 있지만, 그 반면에, 어느 누구에게도 질 수가 있고, 집바둑의 대가는 그 어떤 경우에도 함부로 무너지지 않으며, 그 균형을 취해나갈 수가 있다. 대부분의 관전자들은 전투바둑을 좋아하고 집바둑을 싫어한다. 왜냐하면 집바둑은 이렇다 할 접전 없이 짜증을 불러 일으켜 주지만, 전투바둑은 시종일관 손에 땀을 쥐고 결코 한 눈을 팔지 못하게 하고 있기 때문이다. 언어 영역의 확대는 세계영역의 확대이고, 세계영역의 확대는 영원한 제국의 건설이다. 돌의 영역의 확대는 세계영역의 확대이고, 세계영역의 확대는 영원한 제국의 건설이다. '우주류의 대가', '바둑의 황제', '신산神算', '돌부처', '반상의 미학' 등의 '닉네임'이 바로 그것을 말해준다. 바둑이란 돌을 말(병사)로 보고, 끊임없이 상호간의 전투를 통해서 더 많은 집과 더 많은 영토를 차지하기 위해 싸움을 벌이는 스포츠를 말한다. 더 많은 집과 더 많은 영토가 그 궁극적인 목표이며, 그 영토확장을 위해서라면 언제, 어느 때나 피비린내 나는 싸움도 마다하지를 않는다.

그러나 이 「露宿共和國」의 시적 화자는 실리에 민감하지도 못하고, 또, 싸움에도 능숙하지 못하다. 그의 행마는 좌우로 비틀거리며, 점점 더 노른자위 땅인 역세권에서 쫓겨나고, 그리고 기껏해야 더욱더 서럽고 비참한 노숙자의 신세를 면하지 못하고 있는 실정인 것이다. 노숙자는 오라는 곳도 없고 갈 곳도 없는 존재에 지나지 않는다. 따라서 "나는 칸살에 들어앉아 오두막집 짓거나 시 쓰거나, 바둑판이 원고지냐, 핀잔 들으며// 켜켜이 암울한 어느 날에는 빈칸에 들지 못하고 좌우상하 대각선으로 마구" 달려보지만, 그러나 그 노숙의 신세를 좀처럼 면할 수가 없었던 것이다. 그는 전체의 형세를 판단하는 대세관도 지니지 못했고, 또한, 종반전의 끝내기의 실력도 턱없이 부족하기만 하다. 시인은 언제, 어느 때나 떠돌이―나그네이며, 영원한 노숙자이다. 그러나 그 노른자위 땅, 그 역세권에서 쫓겨난 몸으로 계가計家를 해보기도 전에 불계패를 당한 처지에서, 바둑판의 운명을 따져보자니, 어느 누가 노숙자이고, 어느 누가 노숙자가 아닌지를 문득 분간할 수가 없게 되어 있었던 것이다. "하, 이 판에서 집 한 채란 사거리 한 개라// 여기선 길거리에 나앉는 게 집 한 채 얻는 일이라니, 그도 내 빈 몸도 놀라울 뿐이다"라는 시구가 바로 그것을 말해준다. 바둑에서는 십자로의 교차점이 하나의 집이며, 그 집은 실제로 네거리의 노숙자의 거처와도 같다. 신선놀음에 도끼자루 썩는 줄도 모른다는 말이 있듯이, 바둑은 시간을 물 쓰듯이 쓰는 게임이며, 그 무서운 집중력을 통해서 그 어떠한 피비린내 나는 전투마저도 마다하지를 않는다. 왜냐하면 더 많은 집과 더 많은 영토를 차지하지 않으면 안 되기 때문이다. 따라서 양해열 시인의 "하, 이 판에서 집 한 채란 사거리 한 개라// 여기선 길거리에 나앉는 게 집 한 채 얻는 일이라니, 그도 내 빈 몸도 놀라울 뿐이다"라는 시구는 호화궁궐과도 같은 대저택과 그 넓은 영토를 얻기 위한 싸움이 아니라, 기껏해야 노숙자의 땅을 얻기 위한 싸움이라는 놀라운 사실과 그 허망함을 표현해보인 것이다. 그러나 그것은 어디까지나 표면적인 의미일 뿐, 그것이 주제의 차원에서 '노숙공화국'으로 이어지게 되면, 그 의미는 전혀 다른 뜻이 되게 된다. 왜냐하면 '공수래공수거空手來空手去'라는 말이 있듯이, 빈손으로 왔다가 빈손으로 돌아가야 하는 것이 우리들의 인생이기 때문이다. 어린 아기는 두 손을 움켜쥐고 태어나지만, 이 세상을 떠나가는 사람은 두 손을 펴고 떠나가지 않으면 안 된다. 우리 인간들은 모두가 「露宿共和國」의 원주민들이며, 그 피비린내 나는 전투(생존경쟁)는 단지, 승자도, 패자도 없는 게임일 뿐인 것이다.

  양해열 시인의 「露宿共和國」은 아주 정교하고 세련된 시는 아니지만, 그러나 주제의 차원에서는 매우 깊이가 있고 심오한 울림을 가져다 주고 있는 시라고 하지 않을 수가 없는 것이다.

  양해열 시인은 그의 「露宿共和國」을 통해서 우리 인간들의 삶을 해부하고, 그리고 그 '바둑'을 통해서 우리 인간들의 삶과 바둑판 위에서의 삶이 구조적으로 동일하다는 것을 역설하고 있는 것처럼도 보인다. 바둑은 부르조아지의 삶과 너무나도 일치하며, 그 결과는 공수래공수거라는 말이 있듯이 매우 허망한 결과로 귀착하게 된다. 더 많은 집과 더 많은 영토에 집착하지 말라는 뜻이 바로 그 허무주의에는 담겨 있는 것이다. 그러나 그 공수래공수거는 허망한 것이 아니라, 너무나도 당연한 삶의 이치이고, 그 공수래공수거가 있기 때문에, 이 우주는 소멸하지 않고, 또, 그리고, 우리 인간들의 아름답고 풍요로운 삶은 천 년, 만 년, 영원히 계속될 수가 있는 것이다. 따라서 비록, 공수래공수거의 삶으로 귀착이 될지라도, '더 많은 집과 더 많은 영토를 차지하기 위한 싸움' 역시도 영원히 계속되지 않으며 안 된다. 왜냐하면 그 게임(싸움) 자체가 우리 인간들의 삶의 전부이기 때문이다.

  아아, 이 세상의 시인들이여, 「露宿共和國」의 원주민들이여!

반경환 명시감상 1 (개정판)

초 판 1쇄 발행 2008년 2월 18일
개정판 1쇄 발행 2013년 2월 18일

지은이 반경환
펴낸이 반송림
펴낸곳 도서출판 지혜
편집디자인 김지호
주　　소 300-812 대전광역시 동구 삼성1동 273-6
전　　화 042-625-1140
팩　　스 042-627-1140
전자우편 ejisarang@hanmail.net
애지카페 cafe.daum.net/ejiliterature

ISBN : 978-89-97386-45-1 04810
ISBN : 978-89-97386-44-4 04810(세트)
값 15,000원

저자와의 협의에 의해 인지를 생략합니다.
이 책의 판권은 지은이와 도서출판 지혜에 있습니다.
양측의 서면 동의 없는 무단 전제 및 복제를 금합니다.